PASSAUER KONTAKTSTUDIUM ERDKUNDE 4

Klaus Rother (Hrsg.)
Mitteldeutschland – gestern und heute

PASSAUER KONTAKTSTUDIUM ERDKUNDE 4

Mitteldeutschland gestern und heute

Mit 55 Abbildungen, 22 Tabellen, 20 Bildern und Materialien

Herausgegeben von Klaus Rother

PASSAVIA UNIVERSITÄTSVERLAG PASSAU 1995

© 1995

Printed in Germany
Satz: Fach Geographie der Universität Passau
Verlag: Passavia Universitätsverlag und -Druck GmbH Passau

CIP-Titelaufnahme der Deutschen Bibliothek

Mitteldeutschland – gestern und heute
Klaus Rother (Hrsg.) – Passau: Passavia-Univ.-Verl., 1995
(Passauer Kontaktstudium Erdkunde 4)

ISBN: 3–86036–024–8
NE: Rother, Klaus [Hrsg.]; GT

Inhalt

Vorwort 7

Klaus Rother
Zeitgemäß oder überholt?
Der Begriff „Mitteldeutschland" 9

Luise Grundmann
Probleme des Strukturwandels im Umland sächsischer Großstädte 21

Thomas Keidel
Leipzig-Grünau
Probleme eines Neubaugebietes 33

Friedhelm Frank
Plauen im Vogtland
Die Stadtentwicklung als Spiegel politischer und wirtschaftlicher Veränderungen 43

Wilfried Büttner
Strukturwandel im Niederlausitzer Braunkohlenrevier
Materialien für den Unterricht 51

Helmut Ruppert
Die Euregio Egrensis 61

Johann-Bernhard Haversath
Die neuzeitliche Besiedlung der Randgebirge des Böhmischen Beckens 71

Johann-Bernhard Haversath
Siedlungsformen und Siedlungsentwicklung im Bayrisch-Böhmischen Grenzgebiet *(Exkursion)* 83

Klaus Rother
Das alte Sachsen 91

Vorwort

Seit längerem war von den Teilnehmern unserer Fortbildungsveranstaltungen der Wunsch geäußert worden, bei der 4. Passauer Kontaktsstudiumstagung für die Gymnasiallehrer Niederbayerns und der Oberpfalz am 24./25. Oktober 1994 den heimatlichen Raum als Leitthema zu wählen. Daß statt dessen die weitere deutsche Heimat auf das Programm gesetzt wurde, hatte mehrere Gründe. Der wohl wichtigste ergab sich aus der Wiedervereinigung Deutschlands: Nicht zuletzt die Lehrer der jüngeren und mittleren Generation haben einen großen Bedarf, sich über die im Erdkundeunterricht stark vernachlässigten Gebiete der ehemaligen DDR, die man nur ausnahmsweise durch eigene Anschauung hatte kennenlernen können, möglichst rasch fundiertes Wissen anzueignen, um für die neuen Anforderungen, die sich im Unterrichtsgespräch mit den politisch-geographisch interessierten Schülern stellen, gewappnet zu sein. Jedenfalls hofften wir, daß das aktuelle Thema *Mitteldeutschland gestern und heute* fünf Jahre nach der „Wende" auf mehr Zuspruch stoßen würde als ein anderes Deutschland-Thema. Tatsächlich hat die Tagung diese Auffassung bestätigt.

Das Ausweichen auf das neue Leitthema hatte aber auch personelle Gründe. Zum ersten Mal mußten mehrere auswärtige Redner eingeladen werden, damit die Tagung überhaupt zustandekommen konnte, weil vier Passauer Kollegen in einem Jahr an andere Universitäten berufen worden waren. Bei dieser Gelegenheit möchte ich nicht versäumen, Herrn Kollegen Haversath für seine engagierte Betreuung der Didaktik der Geographie während seiner elfjährigen Tätigkeit in Passau vielmals zu danken und ihm für seinen neuen Wirkungskreis auf einer Professur an der Universität Gießen alles Gute zu wünschen. Seine Nachfolge hat zum 1. September 1994 Herr Studienrat Gerd Bauriegel, Nürnberg, angetreten.

Die Situation des Faches Geographie an der Universität Passau bleibt trotz personeller Verjüngung freilich nach wie vor problematisch, weil – nach der Streichung einer Fiebiger-Professur für Physische Geographie – den zwei Professoren und drei Mitarbeitern derzeit 534 Studenten (davon fast drei Viertel Lehramtskandidaten) gegenüberstehen. Nach der Aufnahme des Lehramtsstudiums in das örtliche Verteilungsverfahren im Wintersemester 1994/95 ist die Lage für die Anfänger zwar entschärft worden. Trotzdem bleibt die schwierige Aufgabe bestehen, in den nächsten Jahren einen ziemlich großen Studentenberg abtragen zu müssen, weil ein zweiter Lehrstuhl – wie im bayerischen Hochschulgesamtplan seinerzeit vorgesehen – mit den notwendigen Sparmaßnahmen sichtlich nicht in Einklang zu bringen ist.

Gleichwohl soll an den Kontaktstudiumstagungen für Erdkunde festgehalten werden, um das Gespräch zwischen Schule und Universität weiterhin zu ermöglichen. Nicht zuletzt sollen vor allem die Absolventen aus dem eigenen Haus die Anlaufstelle kennen, wo sie – wenigstens von Zeit zu Zeit – ihren Wissensdrang auch im beruflichen Alltag befriedigen können.

Der vorliegende Band enthält die teilweise erweiterten Vorträge der Tagung. Er beginnt mit einer begrifflichen Klärung von „Mitteldeutschland" (ROTHER). Es folgen Beiträge zu den drängenden Problemkreisen Stadt (Leipzig, Plauen) und Bergbau/Industrie (Niederlausitz) aus der Sicht der Betroffenen (GRUNDMANN, KEIDEL) und „westlicher" Beobachter (FRANK, BÜTTNER). Grenzübergreifende Fragestellungen behandeln die Aufsätze über die „Euregio Egrensis" (RUPPERT) und die neuzeitliche Siedlungsentwicklung im Umkreis des Böhmischen Beckens (HAVERSATH), wobei letzterer zugleich die gemeinsame Exkursion der Tagungsteilnehmer in das bayerisch/böhmische Grenzgebiet vorbereiten sollte.

Für die finanzielle und organisatorische Unterstützung der Tagung danke ich erneut dem Bayerischen Staatsministerium für Unterricht, Kultus, Wissenschaft und Kunst, München, und dem Ministerialbeauftragten für die Gymnasien im Regierungsbezirk Niederbayern, Herrn Ltd. OStD Herbert Laskos, Landshut. Speise und Trank stellte dankenswerterweise der Rektor der Universität Passau, Herr Prof. Dr. K.-H. Pollok, ein weiteres Mal sicher.

Die Einrichtung dieses Heftes für den Druck übernahm zur Gänze mein Mitarbeiter Herr Dipl.-Ing. (FH) Erwin Vogl, dem ich für seine präzise Arbeit herzlich danke.

Passau, im Frühling 1995　　　　　　　　　　　　*Klaus Rother*

Klaus Rother

Zeitgemäß oder überholt?
Der Begriff „Mitteldeutschland"

Nach der „Wende" vor fünf Jahren müssen wir uns in Deutschland in vielerlei Hinsicht neu orientieren. Dies trifft nicht zuletzt für die geographische Landeskunde zu. Durch die seit 1989 völkerrechtlich gültige Ost-Grenze ist Deutschland im Vergleich zu 1945 zwar nicht größer geworden, aber seine räumliche Lage und damit seine Binnengliederung haben sich etwas verschoben. Die neue Situation erfordert es, die bisher üblichen Bezeichnungen der Teilräume auf ihre fachliche Brauchbarkeit zu überprüfen.

Von vornherein muß bewußt sein, daß die gängigen Termini nie richtig oder falsch, sondern – je nach konkreten Zielen und Aufgaben – zweckmäßig oder unzweckmäßig sind. Damit ist die generelle Frage verbunden, welche Funktion die Bezeichnung von Raumeinheiten hat. Bekanntlich dient eine solche Nomenklatur in erster Linie der Verständigung über Gebiete, die nach gewissen – wissenschaftlichen wie traditionsbedingten – Kriterien untergliedert werden. Zweitens dient sie der Zusammenfassung von Gleichartigem in ausgewählten Bereichen, wie etwa naturräumlichen, wirtschaftsräumlichen oder ähnlichen Sachverhalten. Drittens aber dient sie zugleich dem geopolitischen Gebrauch und Mißbrauch. Gewollt oder ungewollt erwecken Regionalbezeichnungen geopolitische Assoziationen und erhalten unversehens den Rang politischer Begriffe.

Politisch relativ unverfänglich geblieben ist der für unser Land zwischen Mittelgebirgsschwelle und Alpen eingeführte und im Sprachgebrauch fest verankerte Terminus „Süddeutschland". Wie sieht es aber mit „West-", „Nord"-, „Ost"- und insbesondere mit „Mitteldeutschland" aus? „Norddeutschland" zum Beispiel betraf 40 Jahre lang das Tiefland der alten Bundesrepublik. Sollte es nicht selbstverständlich sein, unter „Norddeutschland" heute wieder das gesamte Tiefland des geeinten Deutschlands zu verstehen (nachdem das alte Begriffspaar „Nieder-" und „Oberdeutschland" seit längerem nicht mehr benutzt wird)? Oder: Sollte „Westdeutschland", das mehr und mehr politisch begriffen wurde, geographisch nicht viel besser auf den mittleren Teil im Westen des heutigen Deutschlands beschränkt bleiben? Vor allem aber: Was heißt „Ostdeutschland"? Fast jedermann meint im Sprachgebrauch der alten Bundesrepublik mit diesem Terminus die ehemalige DDR. Müssen wir uns die seit dem Ende des Zweiten Weltkriegs im Ausland übliche Gegenüberstellung von *West Germany* und *East Germany* in der Fachsprache zu eigen machen? Anders gefragt: Gibt es nicht genügend Gründe, von dem seit dem 3. Oktober 1990 plötzlich praktizierten Usus – hier „West-", da „Ostdeutschland" als Ersatzbegriffe für „Bundesrepublik" und „DDR" – abzuweichen und differenzierter zu verfahren, damit allein vom Sprachgebrauch her der innerdeutsche Gegensatz überwunden werden kann?

Um eine Lösung dieses Problems zu finden, sei im folgenden der seit langem eingeführte, freilich von vielen vergessene Begriff „Mitteldeutschland" zur Diskussion gestellt. Ist es berechtigt, ihn weiter zu verwenden oder spricht Gewichtiges dagegen? Geht es bei „Mitteldeutschland" nur um eine inhaltsleere Lagebezeichnung, die sich – historisch gesehen – immer wieder verändern kann, oder um mehr? Haben wir noch oder schon wieder eine Mitte oder ist die Mitte durch die jüngere Entwicklung ausgelöscht worden? Fragen über Fragen, die in diesem Beitrag keinesfalls alle zu beantworten sind. Vielleicht ist uns aber schon mit einer Teilantwort gedient, die einen akzeptablen Vorschlag einschließt und zum weiteren Nachdenken anregen soll.

1 Die Entstehung des Begriffs

Erstmals begegnet uns der Terminus „Mitteldeutschland" in der Sprachwissenschaft[1]. Spätestens in der zweiten Hälfte des 18. Jahrhunderts unterscheiden ihre frühen Vertreter das „Mitteldeutsche" vom Nieder- und vom Oberdeutschen. Das mitteldeutsche Sprachgebiet bildete einen breiten, west-östlich, d.h. „zonal" verlaufenden Streifen von Luxemburg über das Mosel- und Rheinland, Hessen, Thüringen und Sachsen bis Schlesien. Ungefähr zwischen Fulda und Werra zog man die Grenze zwischen „west-" und „ostmitteldeutschem Teilsprachgebiet" (Abbildung 1; vgl. KÖNIG 1978, S. 230/231).

Im 19. Jahrhundert erscheint unser Regionalbegriff schon häufiger, so etwa beim kurzlebigen „Mitteldeutschen Handelsverein", der 1828 gegründet wurde und sechs Jahre später im „Deutschen Zollverein" aufging. Dieser kommerzielle Zusammenschluß, der gegen Preußen gerichtet war, umfaßte Nassau, Hessen-Kassel, Sachsen und die thüringischen Kleinstaaten in der Mitte Deutschlands, aber auch Hannover (*Brockhaus Enzyklopädie*, 12. Bd., 1971, S. 642).

In den Regionalwissenschaften taucht der Terminus nach 1850 mehrfach und in unterschiedlicher Fassung auf, in der Geographie zuerst unter physischem Aspekt. So prägte z.B. A. PENCK (1887) in seinem Werk „Das Deutsche Reich" für die zwischen dem norddeutschen Tiefland und den Schichtstufenlandschaften und Beckenräumen Süddeutschlands gelegenen Mittelgebirge den Begriff der „mitteldeutschen Gebirgsschwelle". PENCK meinte die Höhengebiete vom Rheinischen Schiefergebirge bis zur Saale. Andere Geographen weiteten den Begriff

---

1) Zu folgendem vgl. REINHARD 1936, STEINBERG 1967, WOLF 1968, MÖLLER 1979 und BERSCHIN 1979.

Abbildung 1: Die deutschen Mundarten, Stand 1900 (nach KÖNIG 1991, verändert)

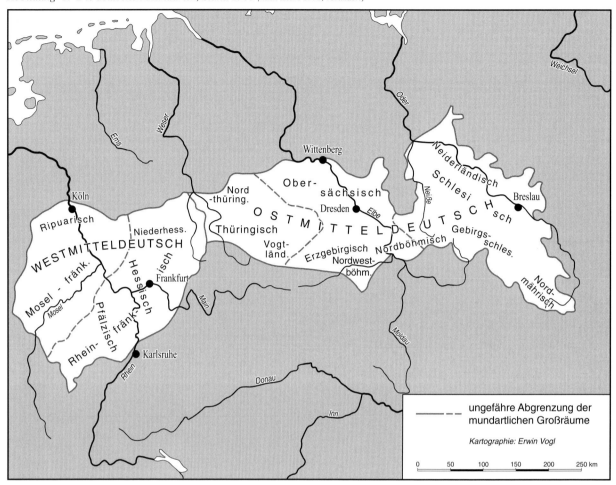

später auf die gesamte Mittelgebirgsregion zwischen Nord- und Süddeutschland, d.h. auch auf das Bergland östlich der Saale, vom Erzgebirge bis zu den Sudeten, aus.

Die weitere Entwicklung zeigt indessen, daß „Mitteldeutschland" in der ersten Hälfte des 20. Jahrhunderts nicht nur zonal, sondern auch anders, d.h. räumlich eingeschränkter verwandt wird, wenn historisch-landeskundliche und wirtschaftsgeographische Gesichtspunkte Berücksichtigung finden. Immer mehr versteht man unter „Mitteldeutschland" ein kompaktes Gebilde inmitten des Deutschen Reiches, nämlich den thüringisch-obersächsischen Raum (Abbildung 2).

Die Ursache für diesen Bedeutungswandel ist in den Bestrebungen zur Neugliederung der Weimarer Republik („Reichsreform") also vor geopolitischem Hintergrund[2] zu suchen, als sich auch namhafte Geographen wie A. Hettner, J. Partsch, A. Penck, E. Scheu und O. Schlüter in die Diskussion einschalteten. Es ging in der Hauptsache darum, eine praktikable Lösung für den recht einheitlichen, aber territorial zerrissenen zentralen deutschen Wirtschaftsraum um Dessau, Halle und Leipzig zu finden. Freilich wurde alles andere als Übereinstimmung erzielt. Die zahlreichen Vorschläge, die sich in teil-, klein- und großmitteldeutsche Lösungen gliedern lassen (vgl. STEINBERG 1971), blieben letztlich ohne Ergebnis, weil die verschiedenen Partikularinteressen von Städten und Gemeinden das Vorhaben zum Scheitern brachten und das heraufdämmernde „Dritte Reich" und der Zweite Weltkrieg den Überlegungen ein jähes Ende setzten.

Gleichwohl ist für unsere Fragestellung von Belang, daß sich bei den lebhaften Auseinandersetzungen der zwanziger Jahre unter der Bezeichnung „Mitteldeutschland" – neben der Auffassung eines zonalen Gebildes – einmal ein klar umrissener Kernraum Deutschlands herausschälte, dessen Grenzen nur im Nordwesten – wegen der strittigen Stellung der Altmark – verschieden gezogen wurden. Zum anderen schuf die Diskussion um die Neugliederung, die unter Einschluß der breiten Öffentlichkeit stattfand, ein neues Regionalbewußtsein. Thüringer, Sachsen und Anhaltiner verstanden sich erstmals als „Mitteldeutsche".

In den darauf folgenden politisch-historischen Epochen, während der Nazi-Herrschaft und des sozialistischen Regimes, regierte der von Berlin ausgehende Zentralismus. Regionalbewußtsein, landsmannschaftliche Identität oder gar ein föderales Prinzip waren nicht gefragt. Dies zeigen mit aller Deutlichkeit die Gleichschaltung aller Landesregierungen bis 1945 und die Auflösung der alten Länder im Jahre 1952, als an ihre Stelle die schematische Bezirksgliederung der DDR trat. Folglich suchen wir unseren Begriff „Mitteldeutschland", vor allem nach 1945, vergebens.

---

[2] Von einer Wiedergabe der Diskussion über die – je nach den politischen Ereignissen des 19. und 20. Jahrhunderts unterschiedliche – Interpretation von „Mitte" in Verbindung mit „Mitteleuropa" oder auch „Mitteldeutschland" sei hier abgesehen (vgl. u.a. SCHULTZ 1989).

Abbildung 2: Geographische Grenzen Mitteldeutschlands (nach WOLF 1968, KÖNIG 1991, verändert)

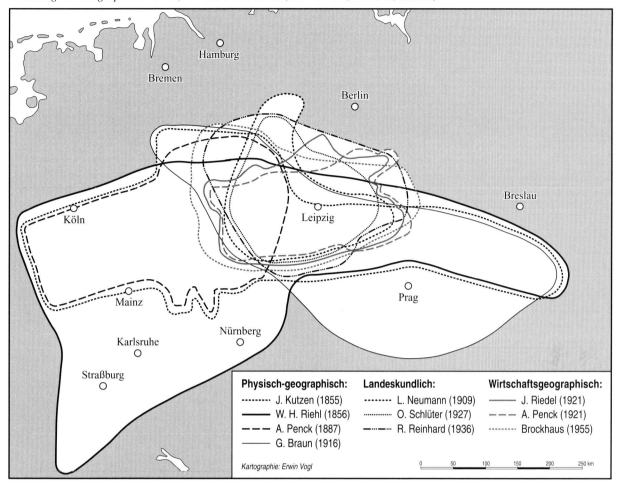

Er wurde bis etwa Mitte der sechziger Jahre, d.h. in der unmittelbaren Nachkriegszeit, fast nur noch im Westen benutzt, jedoch in einem ganz anderen Wortsinn. Der Terminus hatte sich zu einem politischen Begriff in dem Sinne gewandelt, daß auch noch ein Osten dazugehöre, auf den man einen Gebietsanspruch erhob. Räumlich gesehen wurde er um 90 Grad gedreht: „Mitteldeutschland" bedeutete jetzt den mittleren, meridional verlaufenden Streifen des dreigeteilten Deutschlands zwischen Westdeutschland und den (ehemaligen) deutschen Ostgebieten, d.h. die DDR, die im Ausland, wie erwähnt, bald schon *East Germany* hieß, weil die Oder-Neiße-Grenze trotz des Friedensvertrag-Vorbehaltes als faktisch und endgültig aufgefaßt wurde. Außerdem vermied man im bundesdeutschen Sprachgebrauch mit dem Wort „Mitteldeutschland" lange Zeit Ausdrücke wie „Sowjetische Besatzungszone (SBZ)", „Ostzone" oder einfach „Zone" und – mit voller Absicht – „DDR"; denn das zweite „D" dieser Abkürzung suggerierte eine demokratische Staatsform, die nach allgemeinem Verständnis nicht existierte (vgl. KÖNIG 1978, S. 123). Mit der stärkeren Annäherung beider deutscher Teilstaaten, namentlich im Gefolge der Ostpolitik der sozial-liberalen Koalition, die den Verzicht auf das historische Ostdeutschland enthielt, verschwand die Ausweichlösung „Mitteldeutschland" ebenso wie „SBZ" und „Zone" spätestens in den siebziger Jahren zugunsten von „DDR" und schließlich DDR. Das alteingeführte Wort „Mitteldeutschland" wurde im Westen allein von der älteren Generation gebraucht.

Den Bedeutungswandel bzw. die Mehrdeutigkeit des Begriffs „Mitteldeutschland" spiegelt z.B. das *Große Duden-Lexikon* aus dem Jahre 1966 (Bd. 5, S. 538) wider. Es bietet zwei geographische Definitionen und eine politische Definition an: „1. Mittlerer Teil Deutschlands im Bereich der Mittelgebirgsschwelle zwischen Nord- und Süddeutschland; 2. Raum im Flußgebiet der Elbe oberhalb von Magdeburg sowie der Mulde, der unteren Saale und der Unstrut; 3. Bezeichnung für die SBZ."

Mit der Wende 1989/90 fielen für die Menschen östlich der Zonengrenze alle Fesseln ab. Bei dem seither ablaufenden Umstellungsprozeß ist es erstaunlich, daß das sozialistische System am Regionalbewußtsein kaum etwas zu verändern vermocht hat. Schlagartig ist das Zugehörigkeitsgefühl zu den alten Territorien wieder lebendig geworden, und man knüpft nach fast zwei Generationen an Bindungen an, die dem Außenstehenden so gut wie ausgemerzt erschienen waren. Jetzt bekennen sich die einen als Anhaltiner, Thüringer und Sachsen, die anderen als Mansfelder, Vogtländer und Lausitzer und tun dies durch Fahnen, Embleme, Autoaufkleber u.ä. kund, um jedem die wiedergewonnene Freiheit mitzuteilen.

Wie wenig die Diktatur von 1949–89 in dieser Hinsicht bewirkt hat, beweist die Tatsache, daß gleichzeitig auch der in den zwanziger Jahren in den Köpfen verankerte Begriff „Mitteldeutschland" fortlebt, wenn die größere, länderübergreifende regionale Zugehörigkeit demonstriert werden soll (wobei allerdings nicht klar ist, ob der Terminus immer dasselbe meint). Den alltäglichen Umgang damit belegen Zeitungsausschnitte (Abbildung 3), ebenso Namen wie „Mitteldeutscher Rundfunk", Leipzig, „Mitteldeutsche Zeitung", Halle, „Mitteldeutsche Allgemeine Zeitung", Eisenach, „Mitteldeutsche Braunkohle AG (*MIBRAG*)", Bitterfeld, „Mitteldeutsche Kali", Sondershausen, „Mitteldeutsche Wasser und Abwasser GmbH", Halle, „Mitteldeutsche Strukturförderungsgesellschaft mbH", Espenhain, „Mitteldeutscher Sängerbund" u.ä.; der Brocken wird neuerdings als „Mitteldeutscher Olymp" bezeichnet, und es gibt sogar eine Wahl zur „Miß Mitteldeutschland", die 1993 in Erfurt gekürt worden ist (Abbildung 4).

Naturgemäß hätte sich damit eine Chance für die Länder-Neugliederung auftun müssen. Tatsächlich wurden 1990 in rascher Folge Konzepte im Anschluß an die Vorstellungen der zwanziger und fünfziger Jahre (vgl. MÜNCHHEIMER 1954) entwickelt, die zwei bis vier neue Länder für die ehemalige DDR vorsahen (RUTZ u.a. 1993). Mehrheitlich befürworteten die Regierungsberater, darunter wiederum Geographen, eine „großmitteldeutsche" Lösung, d.h. die Vereinigung Sachsens, Thüringens und des südlichen Sachsen-Anhalts zu *einem* neuen Land (Abbildung 5).

Dafür gab es gute Gründe, die immer wieder beschworen wurden, um die entwicklungspolitischen Zielsetzungen, z.B. die Durchführung von Raumordnung und Landesplanung, leichter verwirklichen zu können: 1. die Angleichung an die Größenordnung der meisten Länder in der alten Bundesrepublik, die allein als lebens- und leistungsfähig galten, 2. die landsmannschaftlich-historische Zusammengehörigkeit bzw. die sprachlich-kulturelle Einheitlichkeit, 3. die wirtschaftliche Einheitlichkeit, 4. und nicht zuletzt die naturräumliche Einheitlichkeit.

Die Eile und der politische Druck vor den Landtagswahlen 1990, als die Bevölkerung die endlich wiedergewonnenen Länder lautstark begrüßte und sich um örtliche Zugehörigkeiten rangelte, verdeckten das größere Gemeinsame und brachten schließlich die bis heute geltende administrative Dreigliederung als Kompromißlösung zustande, wie sie mit kleinen Änderungen schon bis 1952 Realität gewesen war. Die große Lösung erwies sich als politisch nicht durchsetzbar. Bekanntlich ist auch in den

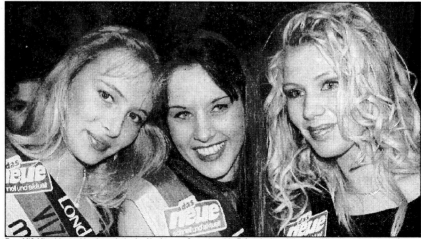

Abbildung 3: Bericht aus Freies Wort *vom 7.11.1991*

Bis zur Jahrtausendwende beseitigt Talsperre Leibis Trinkwassernot

Südthüringer Verantwortung für mitteldeutschen „Durst"

Umweltschützer wollte Natur retten, meinte aber den Bungalow

Während die verantwortlichen Vertreter des Landratsamtes Neuhaus am Rennweg beim Besuch von Thüringens Umweltminister Volker Sieckmann auf der Talsperrenbaustelle Leibis vollständig vertreten waren, hatte man den Bürgermeister von Unterweißbach, als den Hausherrn des Territoriums, vergessen einzuladen. Der Herr Bürgermeister hätte allerdings auch trotz Einladung nicht kommen können – weil der Bürgermeister in Unterweißbach eine F r a u ist.

Bürgermeisterin Gudrun Hoffmann ist ansonsten eine Einwohner und Bauleute näher gekommen, waren Lärm- und andere Belästigungen auf ein erträgliches Maß reduziert worden, mittlerweile konnten auch jene, die es am meisten betraf, nämlich die Leibiser Einwohner, davon überzeugt werden, aus dem künftigen Stauraum nach Neu-Leibis umzuziehen, wo kürzlich bereits Richtfest gefeiert wurde.

Soll nun alles umsonst gewesen sein?

Wer die Zusammenhänge kennt, der weiß, daß zwischen einem Stück Natur und Menschenleben zu entscheiden war und ist. müssen und unter den künftigen Wassermassen ein Stück Lebensglück, ihre alte Heimat begraben?

„Wenn man vom Bürgermeisteramt kommt, ist man schlauer, als man zuvor hineinging", sagt eine alte Volksweisheit. Frau Bürgermeisterin Hoffmann wurde im Januar 1989 gewählt. „Damals war ich auch gegen den Stausee – ich bin da ganz ehrlich. Aber mittlerweile kenne ich die Hintergründe und sehe unsere Verantwortung für Millionen Menschen im Mitteldeutschen Raum bei einer bedarfsgerechten Trinkwasserversor-

Warum nun gerade Wasser aus Südthüringen?

Die Wasserversorgung in Ostthüringen und in den angrenzenden Bereichen der Länder Sachsen und Sachsen-Anhalt ist durch Besonderheiten gekennzeichnet, die Ende der 70er Jahre zu der weitschauenden Erkenntnis führten, die Wasserversorgung in diesen Gebieten aus einem Fernwasserversorgungssystem zu organisieren. Fast 50 Prozent der Oberfläche Ostthüringens sind geprägt durch Schiefergebirgsformationen, die eine mangelhafte Grundwasserführung aufwei-

Abbildung 4: Meldung aus Freie Presse *vom 6.12.1993*

Sieg für Fräulein Nikolaus bei Wahl Miß Mitteldeutschland

Zum Miß Mitteldeutschland wurde in der Nacht zum Sonnabend in Erfurt Andrea Nikolaus (Mitte) aus Ludwigshafen am Rhein gewahlt. Links die Vizemiß Sanda Herbst aus dem thüringischen Rudolstadt, rechts Georgia Köditz aus Apolda, die Rang drei belegte. Fotos: dpa

Abbildung 5: Vorschläge zur Länder-Neugliederung der ehemaligen DDR (nach Rutz 1993)

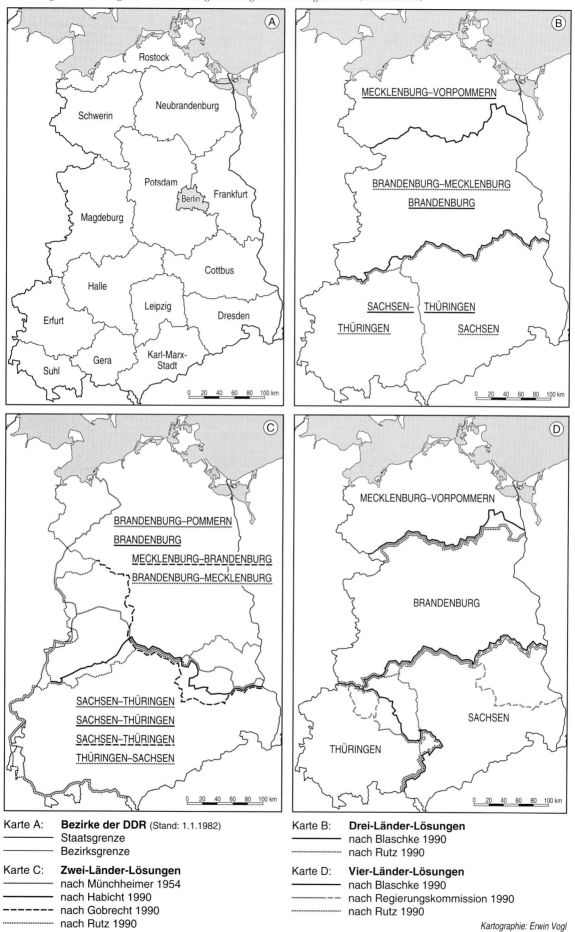

Karte A:	**Bezirke der DDR** (Stand: 1.1.1982)
——	Staatsgrenze
——	Bezirksgrenze

Karte C:	**Zwei-Länder-Lösungen**
——	nach Münchheimer 1954
——	nach Habicht 1990
– – –	nach Gobrecht 1990
······	nach Rutz 1990

Karte B:	**Drei-Länder-Lösungen**
——	nach Blaschke 1990
······	nach Rutz 1990

Karte D:	**Vier-Länder-Lösungen**
——	nach Blaschke 1990
– – –	nach Regierungskommission 1990
······	nach Rutz 1990

Kartographie: Erwin Vogl

„alten" Ländern aus ähnlichen Gründen jede aufkommende Diskussion um Binnengrenzen und Neugliederung im Keim erstickt worden (z.B. ERNST 1993).

2 Der Begriffsinhalt

Was macht nun aber wirklich die eben genannte Einheitlichkeit eines geographisch verwendbaren Begriffs „Mitteldeutschland" aus? Nach der allgemein akzeptierten landeskundlichen Definition von SCHLÜTER (1927, 1929; vgl. SCHLÜTER und AUGUST 1959–61) ist Mitteldeutschland ein eigenständiges Raumindividuum und nicht nur eine Lagebezeichnung für einen Teilraum Deutschlands. Es handelt sich um jenes Gebiet, das im Südwesten und Südosten von den zwei gegeneinander geneigten Flügeln der Mittelgebirgsschwelle, vom Thüringer Wald und vom Erzgebirge, klar begrenzt ist. Im Norden bilden Fläming und Lausitzer Landrücken eine undeutliche Grenze zum jungpleistozänen Tiefland Brandenburgs; im Westen treten Eichsfeld, Harz und Flechtinger Höhenzug als trennender Saum gegen das hessisch-niedersächsische Berg- und Schollenland an Werra und Leine etwas stärker hervor.

Die Einheitlichkeit dieses Binnenraums, der nach allen Himmelsrichtungen mehr oder weniger durchgängig ist und im Laufe seiner Kulturgeschichte tatsächlich eine wichtige Mittlerstellung zwischen West und Ost bzw. Nord und Süd erfüllt hat, besteht in seinen inneren Gegensätzen, die seine Binnengliederung vorgeben.

Das naturräumliche Gefüge Mitteldeutschlands wird vom Kontrast der niederschlagsreichen, sommerkühlen Mittelgebirge und den relativ trockenen, warmen Talräumen, Becken und Ebenen gekennzeichnet, die fast ganz zum Einzugsgebiet der mittleren Elbe mit dem natürlichen Fußpunkt Magdeburg gehören.

Indessen ist die Einheitlichkeit Mitteldeutschlands nicht allein naturräumlich zu fassen. Die siedlungsgeographische Sonderstellung kommt im Gegensatz von Altsiedelland auf altem Reichsboden westlich der Saale und dem Kolonialland der Marken östlich des Flusses zum Ausdruck. Beide Teile haben sich zwar im Laufe der Jahrhunderte in den kulturräumlichen Merkmalen sehr stark angeglichen und, wie erwähnt, eine sprachliche-kulturelle Einheitlichkeit des Gesamtraumes hervorgebracht. Trotzdem besteht der alte Kontrast der ländlichen Siedlungsformen bis heute.

In politisch-territorialer Hinsicht muß das einigende Band des Hauses Wettin betont werden. Es hatte seinen Kern – um Meißen an der mittleren Elbe – weit im Osten; sein Aufstieg zur Landesherrschaft ist aber mit dem Rückgriff auf alten Reichsboden eng verbunden. Obwohl das Territorium schon am Ende des Mittelalters (1485) aus dynastischen Gründen geteilt wurde, blieb der innere Zusammenhalt nicht nur im Reformationszeitalter, dem geistig-kulturellen Höhepunkt der mitteldeutschen Geschichte, sondern auch dann gewahrt, als die zersplitterten thüringischen Länder und das große Kursachsen dem Druck von Preußen und Habsburg ausgesetzt waren und sich, wenn auch an Fläche dezimiert, gegen die Übermacht im Norden und Süden behaupteten.

Die Einheitlichkeit des „mitteldeutschen Wirtschaftsraums", besonders von dem Wirtschaftshistoriker G. AUBIN (1927) hervorgehoben, bezieht sich in erster Linie auf das zentrale Tiefland, den Ballungsraum um Leipzig, Halle, Bitterfeld und Dessau, der sich an der Wende zum 20. Jahrhundert herausbildete. Spannt man den Bogen weiter, wird die innere Gegensätzlichkeit auch in sozioökonomischer Hinsicht deutlich. Mitteldeutschland vereinte hochentwickelte Großlandwirtschaft und bodenständige Großindustrie im Norden und Kleinlandwirtschaft bzw. „bodenentfremdete" Klein- und Mittelindustrie im Süden. Beide waren innig verflochten; der interne Austausch war immer größer als die Orientierung nach außen. Dieses gewachsene Abhängigkeitsverhältnis hatte vor allem den Anstoß zu Überlegungen für eine großmitteldeutsche Lösung, zur Zusammenfassung der beiden, sich ergänzenden Wirtschaftsteilräume gegeben.

Aus einsichtigen Gründen mußten die letzten Zeilen im Imperfekt formuliert werden. Es stellt sich nämlich die Frage, was heute von dieser Einheitlichkeit übriggeblieben ist. Das naturräumliche Gefüge, das siedlungsgeographische Grundmuster und die historisch-territorialen Bezüge ändern sich selbstredend nicht. Aber geographische Lage, wirtschaftlich gesteuerte kulturräumliche Strukturen und geopolitische Wahrnehmung unterliegen, zumal nach dem Fall des Eisernen Vorhangs und der Wende in den osteuropäischen Ländern, sehr wohl einem Wandel.

Wegen der kurzen Entwicklungszeit kann man sich kaum auf fachwissenschaftliche Literatur stützen, um sich ein objektives Urteil über die aktuelle Situation zu bilden. Um so mehr bestärken den westlichen Beobachter die täglichen Pressemeldungen in der Auffassung, daß die Mitte Deutschlands spätestens seit Ende des Zweiten Weltkriegs ihre Vorrangstellung verloren hat und in ihrer sozioökonomischen Raumausstattung nicht mehr so beschaffen ist wie bis 1989. Jeden Tag nehmen wir einerseits erfreuliche Meldungen über betriebliche Neuanfänge und andere Initiativen zur Kenntnis, viel mehr wird jedoch berichtet vom Industriesterben und von Altlasten, vom endgültigen Niedergang des Bergbaus, von der schwierigen Übergangsphase in der Landwirtschaft, dem langwierigen Prozeß der Reprivatisierung „volkseigenen" Besitzes, der hochgradigen Arbeitslosigkeit, der anhaltenden Tages- und Langzeitpendelei von Ost nach West u.a. Allmählich wächst die Neigung, dem Glauben zu schenken, was zwei sicher unbefangene englische Geographen jüngst formuliert haben: "… it is unrealistic, …, to expect a resurrection of the historical and theoretical Mitteldeutschland model of a dynamic 'Central' Germany, which Dickinson referred to in 1943 as 'the economic epitome and heartland of Germany' …" (WILD, JONES 1993, S. 293).

Daraus könnte man schließlich die Konsequenz ziehen und akzeptieren, daß „Ostdeutschland" auch als geographische Bezeichnung im Augenblick die beste Lösung sei. Aber eben doch nur im Augenblick und unter Fortschreibung des alten Ost-West-Gegensatzes! Daß dies problematisch wäre, weil politische Führung, Pressewesen, Privatwirtschaft und Teile der Bevölkerung sich nicht uneingeschränkt als „ostdeutsch" verstehen, wurde bereits angesprochen. Bei genauer Analyse wird dem Betrachter rasch bewußt, daß das Gebiet der ehemaligen DDR, die ja mit diesem Terminus gemeint ist, schon immer aus mindestens zwei Teilen bestanden hat.

Was zeichnet den Raum nördlich der Grenze Mitteldeutschlands, entlang des Flämings und des Lausitzer Landrückens, denn aus? Als wesentliche sozioökonomische Merkmale im Vergleich zum Süden seien hier (natürlich mit Ausnahme Berlins) hervorgehoben: die weitaus geringere Bevölkerungsdichte und die damit verbundene Städtearmut (Abbildung 6), die einseitige agrarische Prägung und die Konzentration der Industrie auf wenige Hafenstädte, die Orientierung zur Küste mit einem nicht unwichtigen Handelsverkehr und Tourismus. In historisch-

Abbildung 6: Die Bevölkerungsdichte Mitteldeutschlands 1925 (nach SCHLÜTER u. AUGUST 1959–61)

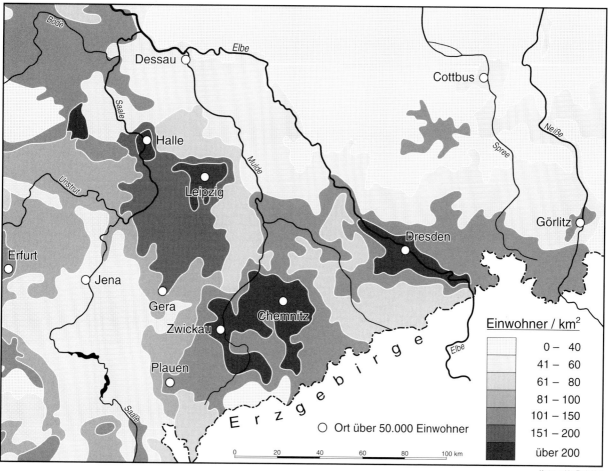

geographischer Hinsicht beherrschen den Norden Flächenterritorien, koloniale Plansiedlungen mit slawischem Substrat und Gutswirtschaft ohne Ausnahme. Nicht zuletzt tritt im Naturraum die jungglazial gestaltete Seen- und Plattenlandschaft hervor, die im Tiefland des Südens fehlt. Selbst die Verwaltungsreform der „neuen" Länder, die 1993/94 in die Tat umgesetzt worden ist, dokumentiert mit der viel größeren Landkreisgröße im Norden den schon lange bestehenden räumlichen Kontrast (Abbildung 7).

Das sind gewiß genügend Belege dafür, den Süden „Ostdeutschlands" von seinem Norden zu unterscheiden und nach wie vor als eine eigenständige Raumeinheit aufzufassen. Wie sollen wir sie aber benennen? Man zögert zusehends, das Wort „Mitteldeutschland" als Regionalbegriff wiederaufzunehmen, das vor allem geopolitisch nicht mehr akzeptabel ist, obschon es in der Region selbst – unbeeindruckt von den jüngsten Grenzveränderungen – gebräuchlich bleibt; denn einerseits verbietet es die Lage innerhalb des neuen Deutschlands, nur für den thüringisch-sächsischen Raum von der Mitte zu sprechen, und andererseits ist nicht bekannt, ob das wichtigste Wesensmerkmal, die Mittlerstellung, wieder zustandekommen wird. Man darf es natürlich hoffen, wie der thüringische Ministerpräsident, der davon überzeugt ist, daß das „moderne Deutschland gegenwärtig in Mitteldeutschland entsteht" (*F.A.Z.*, 9.2.1994, S. 21)[3].

Ebenso untauglich wie „Mitteldeutschland" ist aus geographischer Perspektive aber „Ostdeutschland", mit dem bis zur Vertreibung die Gebiete östlich von Oder und Neiße bezeichnet

worden sind. So liegen z.B. Niederbayern und die Oberpfalz weiter im Osten als Thüringen, nur eben südlicher. „Und ein Land wie Thüringen ist doch beim besten Willen nicht Ostdeutschland" schreibt empört ein *F.A.Z.*-Leser (29.3.1993). Sollen wir diesen Terminus tatsächlich in der Fachsprache verankern, ein Wort, das sich ursprünglich auf etwas ganz anderes bezieht, als wir meinen und den Generationenkonflikt schürt? Mit ihm würde überdies der bedrückende wirtschaftliche und soziale Augenblickszustand auf Dauer festgehalten und jegliche Hoffnung auf eine Änderung von vornherein zunichte gemacht. Sollte die DDR-Zeit in die deutsche Geschichte nicht als eine beklagenswerte historische Phase, aber eben doch als Episode eingehen?

3 Neue Vorschläge

Eingangs war festgestellt worden, daß jede geographische Differenzierung nolens volens politische Assoziationen hervorruft. Angesichts der jüngeren deutschen Vergangenheit kann es deswegen gar keine allgemein akzeptable Lösung geben. Aber man

---

3) Das von verschiedenen Seiten vorgebrachte Konzept der „neuen Mitte" hat eine andere (visionäre) Blickrichtung. Es zielt auf die wirtschaftliche Belebung der zurückgebliebenen Gebiete beiderseits der ganzen ehemaligen Zonengrenze ab (zur Kritik vgl. PLETSCH 1991, S. 270; WILD, JONES 1993, 1994, S. 12 ff.).

Abbildung 7: Die Kreisreform in den neuen Ländern 1993/94 (aus Berliner Zeitung Nr. 274, 1993)

kann versuchen, einen Weg zu weisen, der aus dem terminologischen Dilemma herausführt, vielleicht in der Fachwelt ein Echo findet und bei der künftigen Regionalisierung Deutschlands beachtet wird.

Selbstverständlich gibt es seit der Wiedervereinigung schon Vorschläge zur Gliederung und Benennung Deutschlands. Beispielsweise hat der Schulgeograph RICHTER (1991b, S. 10) ein „neues" Konzept vorgestellt, das aber älteren Vorbildern folgt. Er verwendet weiterhin die Namen Nord-, West-, Mittel-, Ost- und Süddeutschland und gibt ihnen teilweise einen anderen Inhalt als seither. Zum Norden stellt er u.a. Mecklenburg-Vorpommern als nordöstlichen Teil. Ostdeutschland soll sich aus Brandenburg (ohne Prignitz und Uckermark), Berlin, dem östlichen Sachsen-Anhalt und Ostsachsen zusammensetzen; Nordhessen, Süd-Niedersachsen, das südliche Sachsen-Anhalt, Thüringen und Westsachsen sollen Mitteldeutschland bilden. RICHTER zieht dabei – um den Terminus „Ostdeutschland" aufrechtzuerhalten – mehrere Grenzen, die Gleichartiges trennen, so daß die Einteilung nicht in jedem Fall schlüssig erscheint. Warum soll die Elbe Sachsen in Mittel- und Ostdeutschland teilen? Böte sich dazu nicht eher die Elbe-Saale-Linie an?

Die erste nach der Wende über unser Land erschienene Gesamtdarstellung, betitelt „Das vereinte Deutschland. Eine kleine Geographie" (*Inst. f. Länderkunde* 1992), hilft uns ebenfalls nicht weiter. Das Buch hat wiederum den Ost-West-Gegensatz im Blickwinkel, „benutzt die politischen Begriffe Ost- und Westdeutschland unreflektiert"[4] und kümmert sich leider nicht um andere Möglichkeiten der Raumgliederung, weil es ein anderes Ziel verfolgt.

Welche Ansicht vertritt die junge, historisch unbelastete Generation unserer Tage? Kann sie mit dem herkömmlichen

---

[4] Rezension von D. RICHTER in der Geogr. Rundschau 46 (1994), S. 181.

Begriff „Mitteldeutschland" überhaupt noch etwas anfangen? Zu diesem Zweck hat der Vf. im Sommersemester 1993 vor Beginn seiner Vorlesung „Mitteldeutschland" die 111 anwesenden Studentinnen und Studenten der Geographie des 1. bis 8. Semesters befragt; davon waren 83% Lehramtskandidaten, der Rest strebte den Magister und den Diplom-Kulturwirt an. Ihnen wurde eine stumme Karte, die nur Flußläufe, Gebirgsräume und die Lage der großen Städte wiedergibt, vorgelegt und die Aufgabe gestellt: „Umgrenzen Sie mit einer Linie Mitteldeutschland im geographischen Sinne!"

Mitteldeutschland wird von den Befragten eindeutig als ein zonales Gebilde verstanden, das der sprachwissenschaftlichen Definition von „mitteldeutsch" weitgehend entspricht (Abbildung 8). Eine Vorstellung von „Mitteldeutschland", wie es im geographischen Schrifttum seit SCHLÜTER aufgefaßt worden war, ist ebensowenig vorhanden wie eine solche im politischen Sinne. Keiner hat die Grenze um die ehemalige DDR gezogen! Das umgrenzte Gebiet wird beliebig zwischen Nord und Süd, großzügig oder genau, eingeordnet, häufig mit einer psychologisch bedingten Orientierung an den Flußläufen von Rhein, Main und Neiße. Der Kernraum reicht von der französischen bis zur polnischen Staatsgrenze und vom Main bis zum nördlichen Fuß der Mittelgebirgsschwelle. Extreme Auslegungen schließen Lothringen ein und scheuen auch nicht vor Warschau zurück. Nur wenige (höhere) Semester, die 1991 an einer Exkursion in die Landschaften zwischen Saale und Mulde teilgenommen hatten, umkreisen den sächsisch-thüringischen Raum mehr oder weniger exakt.

Welche Erkenntnis können wir aus dieser Umfrage gewinnen? Weder historisch-politische, herkömmlich geographische noch – und dies sei unterstellt – linguistische Aspekte haben die Studenten bei ihrer Entscheidung in irgendeiner Weise bewegt. Sie haben sich einfach am Wort und damit letztlich an der geographischen Lage orientiert; denn in ihrem Erdkundeunterricht hat man ihnen den Begriff „Mitteldeutschland" sichtlich nicht vermittelt.

Nun liegt uns nichts ferner, als den Terminus „Mitteldeutschland" auf Grund der studentischen Entscheidung auszudehnen. Im Gegenteil, nach unserer Meinung kann das Wort „Mitteldeutschland", mit dem sich die Vorstellung einer bestimmten geographischen Lage und einer bestimmten Raumausstattung verbindet, als Fachterminus heute nicht mehr aufrechterhalten werden, es sei denn im historisch-geographischen Kontext, wenn vom thüringisch-sächsischen Raum bis zur Mitte des 20. Jahrhunderts die Rede ist. Der Begriff ist gewissermaßen besetzt und erweckt fest umrissene Leitbilder. Anders als in der Region selbst üblich, erscheint es deswegen ratsam, semantisch auszuweichen.

Vorausgesetzt Norddeutschland umfaßt als „Der Norden" das ganze Tiefland und Süddeutschland bleibt in seinen Grenzen als „Der Süden" unumstritten, wird vorgeschlagen, den mittleren Streifen Deutschlands analog der sprachwissenschaftlichen Einteilung an der hessisch-thüringischen Landesgrenze zu trennen und ihn als die „westliche Mitte" und die „östliche Mitte" Deutschlands zu bezeichnen (wobei *östliche Mitte* für das alte Mitteldeutschland steht und heute mehr ein Programm für die Zukunft ist als die aktuelle Wirklichkeit). Es soll also der zonalen Gliederung der Vorzug gegeben werden, wie es z.B. der DIERCKE-Atlas in seinem physischen Kartenteil seit langem praktiziert. Die Fachtermini „westliche Mitte" und „östliche Mitte" hätten den Vorteil einer neutralen Lagebezeichnung; die überfrachteten Begriffe „West-", „Ost-" und „Mitteldeutschland" würden umgangen. Naturgemäß bleibt es unbenommen, die mit neuen Namen belegten „alten" Raumeinheiten Deutschlands weiter zu untergliedern.

Solange es keine besseren Vorschläge gibt, müßte die sprachliche Blässe bzw. die sperrige Handhabung der neuen Regionalbegriffe als Übergangslösung in Kauf genommen werden. Die Frage, wie sie mit geographischem Inhalt zu füllen sind, bleibe zunächst dahingestellt. Natürlich ist sich der Vf. darüber im klaren, daß es Selbsttäuschung wäre, einhellige Zustimmung zu erwarten. Die Erfahrung lehrt, daß sich künstliche Regionalbegriffe schwer durchzusetzen vermögen, wenn sie vom allgemeinen Sprachgebrauch abweichen.

Literatur

AUBIN, G. (1927): Die wirtschaftliche Einheit Mitteldeutschlands. – In: Mitteldeutschland auf dem Wege zur Einheit. Hrsg. vom Landeshauptmann der Provinz Sachsen. – Merseburg 1927, 2. Teil, S. 315.

BERSCHIN, H. (1979): Deutschland – ein Name im Wandel. Die deutsche Frage im Spiegel der Sprache. – München, Wien (Analysen und Perspektiven, 1).

ERNST, E. (1993): Länderneugliederung in Deutschland. Hintergründe und Perspektiven. – In: Geogr. Rundschau 45, S. 446–458.

Institut für Länderkunde (1992): Das vereinte Deutschland. Eine kleine Geographie. – Leipzig.

KÖNIG, W. (1991): dtv-Atlas zur deutschen Sprache. – 8. Aufl., München (dtv 1680)

PENCK, A. (1887): Das Deutsche Reich. – Wien, Prag, Leipzig.

MÖLLER, H. u.a. (1979): Aus Deutschlands Mitte. Teil 3: Mitteldeutschland, Versuch begrifflicher Definitionen unter fachwissenschaftlichen Aspekten. – 2. Aufl., Bonn.

MÜNCHHEIMER, W. (1954): Die Neugliederung Mitteldeutschlands bei der Wiedervereinigung. – Göttingen.

PLETSCH, A. (1991): Hessen, Land in der neuen Mitte. – In: Geogr. Rundschau 43, S. 262–270.

REINHARD, R. (1936): Mitteldeutschland. – In: Geogr. Zeitschrift 42, S. 321–359.

RICHTER, D. (1991a): Die staatliche Gliederung der Bundesrepublik Deutschland. – In: Geogr. Rundschau 43, S. 543–546.

– (1991b): Deutschland im Geographieunterricht der 1990er Jahre. – In: Praxis Geogr. 4, S. 8–10.

RUTZ, W., SCHERF, K. u. STRENZ, W. (1993): Die fünf neuen Bundesländer. Historisch begründet, politisch gewollt und künftig vernünftig? – Darmstadt.

SCHLÜTER, O. (1927): Mitteldeutschland als geographischer Raum. – In: Mitteldeutschland auf dem Wege zur Einheit. Hrsg. vom Landeshauptmann der Provinz Sachsen. – Merseburg, 2. Teil, S. 17–33.

– (1929): Der Begriff Mitteldeutschland. – Beitrag zur Landeskunde Mitteldeutschlands, Festschrift des 23. Deutschen Geogr.tags in Magdeburg. – Braunschweig, S. 7–13.

SCHLÜTER, O. u. AUGUST, O. (1959–1961): Atlas des Saale- und mittleren Elbegebietes. – Leipzig (= 2. Auflage von O. SCHLÜTER, Mitteldeutscher Heimatatlas, Halle 1935).

STEINBERG, H.G. (1967): Der Begriff „Mitteldeutschland". – In: Berichte zur deutschen Landeskunde 39, S. 31–48.

– (1971): Pläne zur Neugliederung Mitteldeutschlands in den Jahren der Weimarer Republik. – Veröffentlichungen der

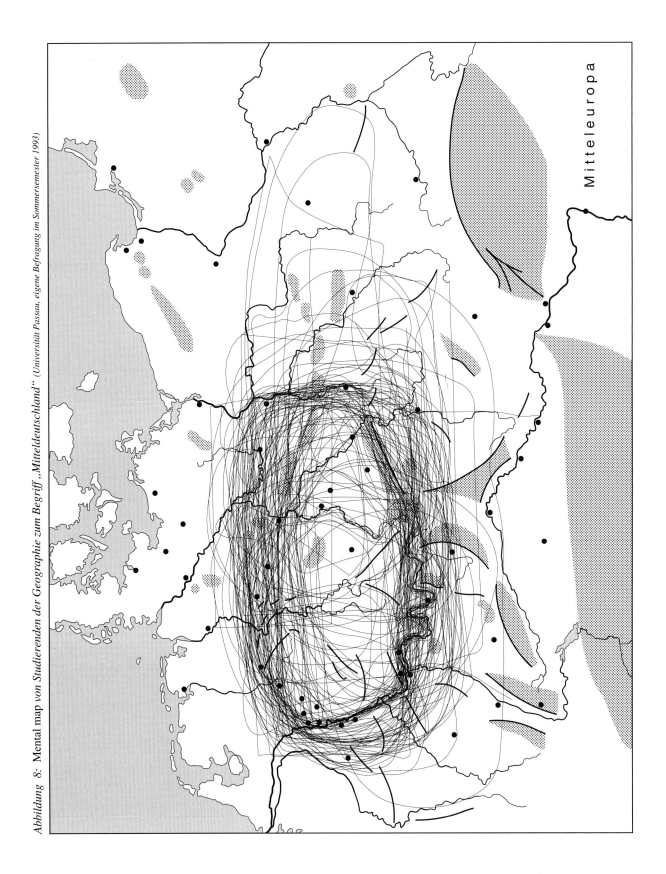

Abbildung 8: Mental map *von Studierenden der Geographie zum Begriff „Mitteldeutschland"* (Universität Passau, eigene Befragung im Sommersemester 1993)

Akademie für Raumforschung u. Landesplanung, Forschungs- u. Sitzungsberichte 62 (Historische Raumforschung 9). – Hannover, S. 149–216.

SCHULTZ, H.-D. (1989): Deutschlands „natürliche" Grenzen. – In: Geschichte und Gesellschaft 15, S. 248–281.

WILD, T. u. JONES, Ph. (1993): From Peripherality to New Centrality? Transformation of Germany's Zonenrandgebiet. – In: Geography 78, S. 281–294.

– (1994): Spatial impacts of German Unification. – In: The Geographical Journal 160, S. 1–16.

WOLF, H. (1968): Wandlungen des Begriffs „Mitteldeutschland". – In: H. SCHLESINGER (Hrsg.), Festschrift für F. v. Zahn, Bd. I (= Mitteldeutsche Forschungen, 50, I). – Köln, Graz, S. 3–23.

Prof. Dr. Klaus Rother
Lehrstuhl I für Geographie der Universität Passau
Schustergasse 21, 94032 Passau

Luise Grundmann

Probleme des Strukturwandels im Umland sächsischer Großstädte

1 Problem- und Zielstellung

In dem folgenden Beitrag soll ein aktueller Entwicklungsprozeß in den neuen Bundesländern in den Mittelpunkt gestellt werden, der mit der Ablösung der sozialistischen Planwirtschaft durch marktwirtschaftliche Strukturen verbunden ist. Dieser allgemein als Strukturwandel bezeichnete Prozeß geht über den eigentlichen wirtschaftlichen Wandel hinaus; er greift in fast alle Bereiche des gesellschaftlichen Lebens ein, wobei insbesondere die sozialen Belange der Bevölkerung berührt werden. Ein deutlicher Unterschied zu den strukturellen Veränderungen der Wirtschaft in den alten Bundesländern besteht in dem schnellen Tempo, mit dem sich in den fünf neuen Ländern der Wandel vollzieht, so daß die analoge Verwendung des Begriffes „Strukturbruch" durchaus gerechtfertigt ist. Die Darstellung der Veränderungsprozesse in ihrer ganzen Breite ist an dieser Stelle nicht möglich; es soll vielmehr der Blick auf einige geographisch bedeutsamen Aspekte gelenkt werden. Damit treten zunächst am Beispiel des Freistaates Sachsen räumliche Auswirkungen in den Vordergrund, die sich in strukturellen und funktionellen Veränderungen ganzer Regionen niederschlagen.

Räumliche Schwerpunkte der raschen Veränderung der Wirtschaft sind in Sachsen die Großstadtregionen. In ihnen begann ab 1990 eine Entwicklung, die in den siebziger und achtziger Jahren für die westeuropäische Großstadtentwicklung als „Suburbanisierungsprozeß" bekannt geworden ist (FRIEDRICHS 1978, 1985; HEINEBERG 1986). Im Zusammenwirken mit dem gegenwärtigen Strukturwandel erreicht dieser Prozeß in den sächsischen Großstädten eine sichtbare räumliche Dimension, die durch einen enormen Bedeutungszuwachs des Umlandes gekennzeichnet ist. Das nähere und weitere Umland der Großstädte partizipieren von dem Strukturwandel, im Umland werden derzeit Neuinvestitionen und Betriebsverlagerungen im großen Umfang getätigt, die einen erheblichen Flächenbedarf haben. Der Prozeß bedeutet Veränderungen in der Funktionsteilung zwischen der Stadt und dem Umland, Veränderungen der Flächennutzungsstrukturen, verbunden mit erheblichen Bauaktivitäten für neue Gewerbe-, Dienstleistungs- und Verkehrseinrichtungen „auf der grünen Wiese". Dagegen verlieren die Städte wichtige Funktionen an das Umland, immer mehr übernehmen die Umlandgemeinden auch Wohnungsbaufunktionen; und erste Tendenzen der Abwanderung von Bevölkerung aus den Städten lassen sich beobachten. Diesen räumlichen Auswirkungen in den sächsischen Großstadtregionen soll im zweiten Teil des Beitrages nachgegangen werden. Speziell am Beispiel der Stadtregion Leipzig können detaillierte Entwicklungen dokumentiert werden. Den Aussagen liegen statistische Auswertungen von Raumordnungsverfahren, von Berichten der Industrie- und Handelskammern, Gutachten, Stellungnahmen, Pressemeldungen und Voruntersuchungen zu Flächennutzungs- und Bebauungsplänen sowie eigene Recherchen und Kartierungen vor Ort zugrunde.

2 Überblick

Der Strukturwandel begann auch in Sachsen 1990 zunächst in der sektoralen Ebene mit Veränderungen der Wirtschaftsbereiche und der Industriezweige. Die wichtigsten Merkmale sind: der Bedeutungsrückgang der Landwirtschaft und des industriellen Sektors zugunsten des Dienstleistungsbereiches. Infolge der neuen Wettbewerbsbedingungen und der veränderten Absatzmärkte muß die Industrie sowohl von der Produktionsseite als auch von ihren Betriebsgrößen vollkommen umgestellt werden. In allen Bereichen der Wirtschaft setzen sich gleichzeitig neue Eigentumsformen durch. Die Privatisierung und Entflechtung ehemaliger Großbetriebe (in Sachsen waren 31 Kombinate zu entflechten) ist nach vier Jahren fast abgeschlossen; Betriebsschließungen größten Ausmaßes mit großen sozialen Problemen sind die Folge. Die gesamte technische Infrastruktur muß einer Erneuerung und Erweiterung unterzogen werden; das betrifft in erster Linie die Verkehrsinfrastruktur und die Kommunikationssysteme. Hier stehen noch große Aufgaben an.

Gegenüber den übrigen neuen Bundesländern weist der Freistaat Sachsen eine Reihe von Besonderheiten auf, die bei der Bewältigung des wirtschaftlichen Strukturwandels sowohl fördernd als auch hemmend wirken. In der Vergangenheit verdankte Sachsen seine wirtschaftliche Stärke der Industrie und dem Bergbau, verbunden mit bedeutenden Forschungseinrichtungen, die zur Weiterentwicklung der Industrie wesentlich beigetragen haben. Bis 1989 war der Industrialisierungsgrad sehr hoch, er lag in Sachsen nach RUDOLPH (1990) mit 54% Anteil der im produzierenden Gewerbe Tätigen an den Gesamtbeschäftigten höher als in den übrigen Bezirken der ehemaligen DDR. Maschinen- und Fahrzeugbau hatten innerhalb der Industrie einen Beschäftigtenanteil von 15%, gefolgt von der Leichtindustrie, Bauwirtschaft und Elektroindustrie. Im tertiären Sektor arbeiteten 39% der Beschäftigten. Als eine der ältesten Industrieregionen in Deutschland verfügte Sachsen über ein breites Spektrum von Industriezweigen mit gut ausgebildeten Facharbeitern, über ein dichtes, vielfach aber verschlissenes Netz der technischen Infrastruktur, ein dichtes Siedlungsnetz mit einer großen Städtezahl und über ein überdurchschnittlich hohes Potential an Forschungseinrichtungen. Gegenwärtig ist die sächsische Wirtschaft durch rückläufige Industrieproduktion und Industrieexport, durch eine Entwertung des Kapitalbestandes in der Industrie und durch sinkende Beschäftigtenzahlen gekennzeichnet.

Nach Berechnungen des Sächsischen Staatsministerium für Wirtschaft (1993) wurde in Sachsen 1991 ein Bruttoinlandsprodukt von nur noch 11.049 DM je Einwohner erreicht; damit liegt es unter dem Wert von Griechenland. Bei dem gegenwärtigen jährlichen Wirtschaftswachstum von 9,5% könnte die Angleichung an die westdeutsche Wirtschaft in etwa 15 Jahren erreicht werden.

Die Ausgangsbedingungen und Ansatzpunkte für Strukturwandel und wirtschaftliches Wachstum sind in den einzelnen Gebieten Sachsens unterschiedlich. Diejenigen Regionen, in denen durch einen vielseitigen Branchenmix günstige Voraussetzungen für einzelne Zweige bestehen, gehören bereits jetzt zu den bevorzugten Standorten neuer Investoren. Langfristig werden als günstige Ausgangsbedingungen die östliche Lage des Landes und die daraus resultierenden traditionellen Verbindungen zu Polen und zur Tschechischen Republik angesehen, mit denen wieder engere Kontakte über die vier Euroregionen Euregio Egrensis, Euroregion Erzgebirge, Euroregion Elbe/Labe und Euroregion Neiße hergestellt werden sollen. Bisher wirkt sich allerdings die östliche Randlage im EU-Binnenmarkt eher negativ auf die Wirtschaftsentwicklung aus.

Als ein sehr früh industrialisiertes Land verfügt Sachsen aber auch über Regionen mit einseitiger Struktur, in denen die heutigen Strukturschwächen der Zweige Bergbau, Grundstoff-, Textil-, Holzverarbeitungsindustrie und Maschinenbau wirksam werden. Hier hat die Stillegung von Betrieben zu einem Abbau von Arbeitsplätzen geführt, die bisher weder durch neue Gewerbe noch durch Einrichtungen des tertiären Sektors zu ersetzen waren. So ist in den Regionen Oberlausitz, Erzgebirge und Vogtland mit einseitiger Industriestruktur – z.B. Textilindustrie – die Arbeitslosigkeit überdurchschnittlich hoch. Von 24 Landkreisen dieser Regionen haben sieben eine Arbeitslosenquote von über 20% (1993), die weit über der im Vergleich zu den übrigen Bundesländern niedrigen Gesamtarbeitslosenquote von Sachsen liegt (1994: 12,0%). Auch die einseitig vom Braunkohleabbau und der Braunkohleverarbeitung geprägten Gebiete in Westsachsen und in der Niederlausitz sind von der Strukturkrise stark betroffen; hier stehen zudem große ökologische Schäden der Neuansiedlung von innovativer Industrie gegenwärtig noch entgegen. Unter dem Landesdurchschnitt liegen die Arbeitslosenquoten in den drei sächsischen Großstädten Leipzig, Dresden und Chemnitz; der Wegfall von industriellen Arbeitsplätzen konnte in den Dienstleistungsbereichen teilweise ersetzt werden, sie sind zugleich Schwerpunkte für Neuansiedlungen des mittelständischen Gewerbes.

Der Vergleich der Beschäftigtenstatistik 1989 und 1992 macht deutlich, daß bereits eine Verschiebung des primären und sekundären Wirtschaftssektors zugunsten der tertiären Bereiche auch in Sachsen begonnen hat:

Tabelle 1: Anteil der Beschäftigten nach Wirtschaftsbereichen in Sachsen in %

Bereich	1989	1990	1992
Land- und Forstwirtschaft	7,0	5,7	4,4
Produzierendes Gewerbe	54,0	51,1	48,5
Handel, Verkehr und sonstige Dienstleistungen	39,0	43,2	47,1

Quelle: *Statistisches Landesamt Freistaat Sachsen* 1993

In der Landwirtschaft bedeutete der Strukturwandel zunächst eine Arbeitskräftefreisetzung von etwa 135.000 Beschäftigten = $1/3$ der Beschäftigten von 1989, veränderte Eigentumsverhältnisse und Anbaustrukturen sowie die Umwidmung landwirtschaftlicher Nutzflächen durch Flächenstillegung (gegenwärtig 11% der Flächen) und für Bebauungszwecke.

Der absolute Rückgang der Gesamtbeschäftigten in Sachsen im Jahr 1992 gegenüber 1989 um etwa 63,2% = 1 Million Beschäftigte ergibt sich aus dem Arbeitsplatzabbau in der Land- und Forstwirtschaft und im produzierenden Gewerbe, während das Kredit- und Versicherungswesen und sonstige Dienstleistungsunternehmen Zunahmen verzeichnen (Tabelle 2). Außer der Arbeitslosigkeit sind bei diesem Umstellungsprozeß auch die Vorruhestandsregelungen und die Abwanderung von Erwerbsbevölkerung in die alten Bundesländer zu berücksichtigen.

In der langfristigen wirtschaftlichen Entwicklung sollen die wettbewerbsfähigen Industriebetriebe an den Standorten mit günstigen Ausgangsbedingungen bestehen bleiben. So gibt es

Tabelle 2: Erwerbstätige im Jahresdurchschnitt 1989 bis 1992 (am Arbeitsort) nach Wirtschaftsbereichen

Wirtschaftsbereich	1989	1990	1991	1992	Veränderung 1989/1992	
					absolut	%
Land- und Forstwirtschaft, Fischerei	193.143	157.647	88.395	58.103	− 135.040	30,1
Energie- und Wasserwirtschaft, Bergbau, Verarbeitendes Gewerbe	1.354.636	1.179.551	808.746	524.933	− 829.703	38,8
Baugewerbe	169.749	173.094	167.729	190.039	+ 20.290	111,9
Handel	237.778	214.552	185.646	188.688	− 49.090	79,4
Verkehr und Nachrichtenübermittlung	170.415	159.559	141.910	123.098	− 47.317	72,2
Kreditinstitute, Versicherungsgewerbe	16.820	21.996	28.515	29.300	+ 12.480	174,2
Sonstige Dienstleistungsunternehmen	162.598	182.872	230.742	255.878	+ 93.280	157,4
Staat	502.852	487.002	392.443	397.442	− 105.410	79,0
Organisationen ohne Erwerbszweck, private Haushalte	56.671	31.097	39.309	42.155	− 14.516	74,3
Insgesamt	2.864.662	2.607.370	2.083.435	1.809.636	−1.055.026	63,2

Quelle: *Statistisches Landesamt Freistaat Sachsen* 1993, eigene Berechnungen

für die Region Chemnitz Bestrebungen, die Industriebranchen Textilmaschinen- und Werkzeugmaschinenbau zu erhalten. Motor des Strukturwandels ist der Fahrzeugbau wie das VW-Werk in Zwickau-Mosel und die Motorradproduktion in Zschopau sowie die Haushaltgeräteproduktion. Für das vom Rückgang der Industrie stark betroffene Erzgebirge, das obere Vogtland und das Lausitzer Bergland könnte mittelfristig der Tourismus wieder stärker an Bedeutung gewinnen (z.B. Ausbau der touristischen „Silberstraße" zwischen Zwickau und Dresden in den einstigen Silbergewinnungs- und -verarbeitungsgebieten). Ebenfalls hohe Erwartungen an den Tourismus als Erwerbsquelle werden in den Mittelgebirgsregionen Ostsachsens gestellt, die zu den strukturschwachen Gebieten zählen. Der Raum Dresden erhielt bereits durch die Ansiedlungen der Elektrotechnik Impulse für den industriellen Aufschwung. Zudem nehmen in der alten und nun wieder neuen Landeshauptstadt die Verwaltungsfunktionen zu. In der Region Westsachsen-Leipzig deutet sich eine überproportionale Entwicklung des Dienstleistungsbereiches an. Die Stadt Leipzig entwickelt sich zum Zentrum des Banken- und Versicherungswesens und des Handels und wird zu einer Medienstadt im weitesten Sinne ausgebaut.

In Sachsen sind tragfähige regionalpolitische Konzepte entwickelt worden, die die Regionen beim Wandlungsprozeß unterstützen. Sie sind in verschiedenen Landesgesetzen, im Landesentwicklungsplan und in den regionalen Entwicklungsplänen festgeschrieben. Außerdem werden etwa 300 verschiedene Wirtschafts- und Strukturförderprogramme der EU, des Bundes und des Freistaates wirksam, welche die Neuansiedlung von Gewerben im Rahmen der Gemeinschaftsaufgabe „Verbesserung der regionalen Wirtschaftsstruktur im Freistaat Sachsen" vorsehen. Gefördert werden auch die Landwirtschaft, der Wohnungsbau, der Städtebau und Denkmalschutz. Im Rahmen dieser Gemeinschaftsaufgaben können Gemeinden oder Gemeindeverbände beispielsweise Fördermittel bis zu 60% zur Erschließung von Industrie- und Gewerbegebieten und zum Ausbau des Fremdenverkehrs erhalten, wenn gegen eine Erschließung keine planungsrechtlichen, raumordnerischen, städtebaulichen oder ökologischen Bedenken vorliegen. Investitionszuschüsse werden den Kommunen in ausgewiesenen Gebieten Sachsens, vorzugsweise in Ober- und Mittelzentren, in solchen mit gutem Technologieangebot und in räumlicher Nähe zu den wissenschaftlichen Einrichtungen ebenfalls zum Ausbau von Gewerbeparks gewährt, die sich bereits heute als Investitionsschwerpunkt erweisen. Wirtschaftsförderung und regionale Entwicklung orientieren sich nach anfänglichen unkontrollierten Investitionen stärker an den Entwicklungskonzepten und gesetzlichen Grundlagen.

So legt der 1994 bestätigte Landesentwicklungsplan Sachsen für die zukünftige Entwicklung der Siedlungsstruktur und der Wirtschaft sowie für den großräumigen Leistungsaustausch das punktaxiale System der Zentralen Orte und Achsen als Leitvorstellung zugrunde. Zentrale Orte und Achsen bilden einen Netzzusammenhang, der das Grundgerüst der räumlichen Verflechtung (Verbindung von Raumeinheiten) und der anzustrebenden räumlichen Entwicklung (Ordnung der Siedlungsstruktur) regional und überregional darstellt. Die Achsen übernehmen die raumordnerischen Aufgaben zur Konzentration der Siedlungsentwicklung und Bündelung der Infrastruktur, zur Raumerschließung für die Versorgung der Bevölkerung und zur Sicherung von Freiräumen. Zur Entwicklung einer ausgewogenen Siedlungs- und Wirtschaftsstruktur werden Städte unterschiedlicher Zentralitätsbedeutung als Mittelpunkte des wirtschaftlichen, sozialen und kulturellen Lebens ausgewiesen. Als Oberzentren sind die Städte Dresden, Leipzig, Chemnitz und Zwickau eingestuft, denen bei entsprechendem Ausbau und entsprechender Förderung räumlicher Verflechtungen eine gesamteuropäische Entwicklungsperspektive eröffnet werden und die in den planerischen Überlegungen als City-Region „Sachsendreieck" eine Rolle spielen sollen. Die Stadt Plauen und ein funktionsteilig zu entwickelnder Städteverbund Bautzen-Hoyerswerda-Görlitz sollen darüber hinaus in ihrer Ausstattung und Umlandwirksamkeit zu Oberzentren ausgebaut werden (Abbildung 1). 33 Städte werden zu Mittelzentren entwickelt, weitere könnten als Städteverbund oder kooperierende Zentren diesen Status erlangen. Für Gebiete mit unbedingt erforderlichen Förderungs- und Sanierungsaufgaben, etwa grenznahe Räume, ökologisch stark belastete Gebiete oder Bergbaugebiete werden besondere Entwicklungskonzepte erarbeitet, die dem Erhalt der natürlichen Lebensgrundlagen, der Bewahrung von Freiräumen und dem Umweltschutz Rechnung tragen und ökologische Schäden beheben sollen.

Die Regionalplanung als Teil der Landesplanung wird von kommunal verfaßten „Regionalen Planungsverbänden" wahrgenommen, die fünf „Regionale Planungsstellen" u.a. mit der Ausarbeitung der Regionalentwicklungspläne beauftragen. Die Pla-

Bild 1:
Einkaufs- und Dienstleistungszentrum Freiberg/Sachsen
(Aufnahme: K. ROTHER April 1994)

Abbildung 1: Konzept der Europäischen Cityregion „Sachsendreieck" (Dezentrale Konzentration)
(Quelle: Landesentwicklungsplan Sachsen. *Hrsg.:* Sächsisches Staatsministerium für Umwelt und Landesentwicklung *(Stand 08/1994))*

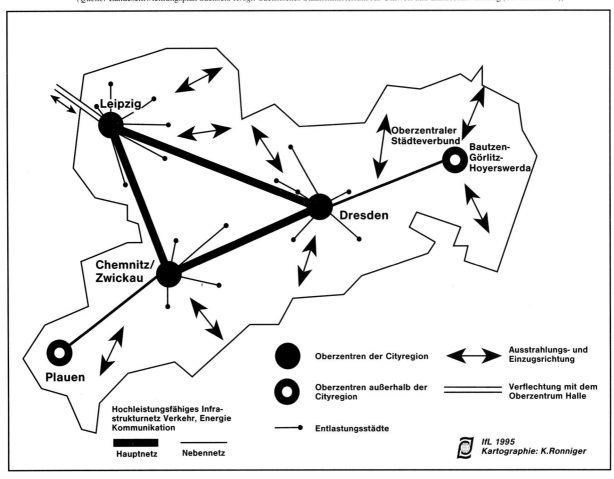

nungsregionen Westsachsen, Westerzgebirge/Vogtland, Chemnitz/Oberes Erzgebirge, Oberes Elbtal/Osterzgebirge und Oberlausitz/Niederschlesien verfolgen/bezwecken die Bündelung der Bautätigkeit in ausgewiesenen Siedlungsbereichen (Wohnungsbau, Gewerbeansiedlung mit überörtlicher Bedeutung), die funktionsteilig Ergänzungs- bzw. Entlastungsaufgaben für die Oberzentren erhalten. Eine wichtige Funktion als Entwicklungsschwerpunkte übernehmen die Verkehrsachsen, an denen sich eine Verdichtung mit Baugebieten vollzieht. Bei dem enormen Baugeschehen der Gegenwart ist die Erhaltung von Freiräumen eine wichtige regionalplanerische Aufgabe, um einer weiteren Zersiedlung entgegenzutreten.

Eine Schlüsselfunktion bei der Verbesserung der Wirtschaftsstruktur Sachsens kommt dem Ausbau und der Rekonstruktion der dichten, aber teilweise veralteten technischen Infrastrukturnetze zu. Insbesondere die Verkehrsstrassen mit nationaler Bedeutung werden modernisiert, so daß Sachsen eine wichtige Brückenfunktion zwischen den Verkehrswegen Ost- und Südosteuropas und Westdeutschlands gewinnen kann. Neue und auszubauende Straßen- und Schienenverbindungen sind in den „Verkehrswegeplan Deutsche Einheit" aufgenommen worden, und durch ein beschleunigtes Genehmigungsverfahren gehen die Planungen und teilweise der Bau schnell voran (Abbildung 2). Die beiden überregionalen Flughäfen Leipzig-Halle und Dresden, die noch erweitert werden, sind ebenfalls günstige Standortfaktoren der Wirtschaftsentwicklung. Über die Bundes-

autobahn A 4 Görlitz-Dresden-Eisenach besteht die Verbindung zu der großen Agglomeration im Rhein-Main-Gebiet; ihr Ausbau hat begonnen und die Fortsetzung in Richtung Breslau ist vorgesehen. Die A 9 Berlin-Nürnberg sichert in der Region Leipzig den Anschluß an eine wichtige Nord-Süd-Verbindung im europäischen Fernstraßennetz. Gegenwärtig sind folgende Autobahnausbaustrecken in Sachsen in der Planvorbereitung bzw. in der Bauphase:

A 4 = sechsspuriger Ausbau Landesgrenze Thüringen bis Dresden und vierspurig von Dresden zur polnischen Grenze

A 9 = sechsspuriger Ausbau im Bereich Schkeuditzer Kreuz

A 14 = Ausbau im Raum Leipzig in Verbindung mit einem neuen Messegelände

A 13 = geplanter Neubau Dresden-Prag

A 83 = geplanter Neubau Leipzig-Chemnitz

A 140 = Neubau Südtangente Leipzig mit Anschluß an die A 9 und A 14

Sachsen verfügt über ein dichtes Schienennetz, das allmählich an das westeuropäische Netz – auch im Hinblick auf den Anschluß nach Osteuropa – integriert werden soll und im Intercity-Verkehr zu verbessern ist. Auch davon werden positive Strukturveränderungen erwartet. Zwei Schienenverkehrsobjekte aus dem „Verkehrswegeplan Deutsche Einheit" betreffen Abschnitte in Sachsen: Das Projekt 8 einer neuen Trasse im Abschnitt Erfurt-Halle-Leipzig, Baubeginn 1994/95, berührt Sach-

Abbildung 2: Ausbaustrecken des Hauptverkehrsnetzes in Sachsen (Planungen)
(Quelle: nach Ausführungen „Verkehrsprojekte Deutsche Einheit", Bundesminister für Verkehr, Bonn 1992)

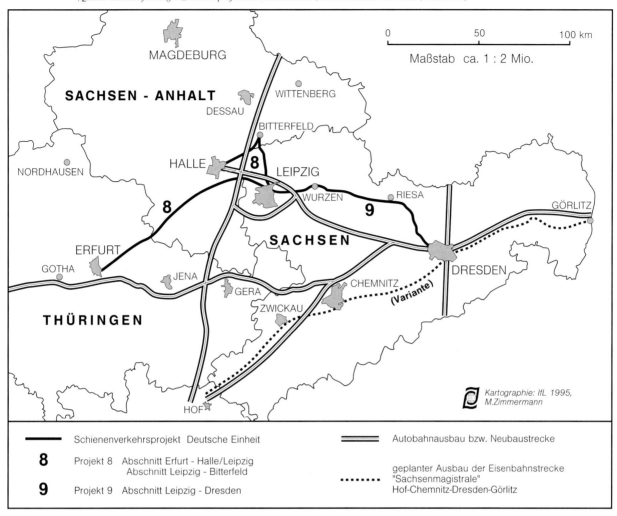

sen auf 16 km Streckenführung. Mit dieser Hochgeschwindigkeitsverbindung wird eine weitere strukturelle Aufwertung des schon jetzt begünstigten westsächsischen Wirtschaftsraumes unterstützt. Das Projekt 9 soll die Verbindung zwischen dem Wirtschaftsraum Halle-Leipzig und der Landeshauptstadt Dresden verbessern und den Anschluß Ostsachsens an das westdeutsche Netz schaffen (115 km Ausbau bzw. Neubau mit ca. 2 Mrd. Investitionsumfang, Baubeginn 1993). Zusätzlich ist der Ausbau der sogenannten „Sachsenmagistrale" Görlitz-Dresden-Chemnitz-Hof vorgesehen, womit die Verbindung nach Bayern verbessert werden soll. An der Schnittstelle von Schiene und Straße entstehen derzeit drei neue Güterverkehrszentren in Leipzig, Dresden und Glauchau, die zur Entlastung des Straßenverkehrs beitragen werden.

3 Das Umland der Großstadtregionen

Der Wegfall zahlreicher Arbeitsplätze im landwirtschaftlichen Bereich und in der Industrie veranlaßte die Kommunen, in kurzer Zeit Flächen für die Neuansiedlung von Gewerbe und für Dienstleistungseinrichtungen auszuweisen sowie Fördermittel zur Schaffung neuer Einrichtungen und damit von Arbeitsplätzen zu beantragen. In Sachsen wurden nach Erhebungen des Sächsischen Gemeinde- und Städtetages 1993 etwa 60% aller neu beantragten Gewerbeflächen in kleinen Gemeinden mit weniger als 2.000 Einwohner ausgewiesen. Diesen Absichten stehen aber die realen Ansiedlungswünsche wie auch regionale Entwicklungsvorstellungen entgegen, so daß selbst geförderte Gewerbegebiete nur teilweise bebaut werden. Eine Auswertung der raumordnerisch befürworteten Flächen und die Überprüfung der Baurealisierung in Sachsen ergibt eine überdurchschnittlich hohe Konzentration auf die Oberzentren und ihre Umlandbereiche. Eine erste statistische Aussage zum Umfang der Investitionstätigkeit ist über die Analyse von Anträgen auf Raumordnungsverfahren bzw. zur Erteilung von Baugenehmigungen möglich. Daraus ist zu erkennen, daß sich die vier Stadtregionen der Großstädte Leipzig, Dresden, Chemnitz und Zwickau zu regionalen Schwerpunkten für die Ansiedlung neuer Gewerbegebiete, Dienstleistungs- und Verkehrseinrichtungen und teilweise auch des Wohnungsbaus herauskristallisieren (Tabelle 3).

In der Planvorbereitung sind weitere Flächen ausgewiesen, so daß nach diesen Vorstellungen insgesamt 10.490 ha Fläche der Stadtregionen neu bebaut werden sollen. Davon entfallen, nach der Flächengröße geordnet, auf die Stadtregionen Chemnitz 3.800 ha, Leipzig 3.600 ha, Dresden 1.630 ha und Zwickau 1.460 ha.

Tabelle 3: Baugebietsflächen nach Hauptfunktionen in Stadtregionen (Stand 1993)

Nutzungsart	Baugebietsflächen (in ha) in Vorbereitung/Realisierung			
	Dresden	Leipzig	Chemnitz	Zwickau
1 Industriegebiete	—	92,0	42,0	107,0
2 Gewerbegebiete	847,2	1.138,3	199,0	223,9
3 Sondergebiete (Einzelhandel)	54,6	256,0	40,1	48,2
4 Mischgebiete	18,3	222,0	4,7	0,5
5 Wohngebiete	140,6	59,1	37,2	25,5
Summe 1–5	**1.060,7**	**1.767,4**	**323,0**	**624,4**

Quelle: nach SCHMIDT, R. u.a. 1993

Als fördernde Standortfaktoren zur Ansiedlung in den Stadtregionen werden von den Investoren die Branchenvielfalt, gute Verkehrserschließung, ausgebildetes Fachpersonal und das Vorhandensein wissenschaftlicher Einrichtungen (Universitäten, Hochschulen und außeruniversitäre Forschungseinrichtungen in allen vier Städten) sowie als sogenannte „weiche Standortfaktoren" kulturelle Institutionen genannt. In den Großstädten selbst können diese Vorzüge allerdings nur im begrenzten Umfang in Anspruch genommen werden, da einige Faktoren die Entwicklung einschränken. Das sind insbesondere der Mangel an Freiflächen für Neubauten und Verkehrseinrichtungen, vorrangig für den ruhenden Verkehr, die Präsenz einer Vielzahl von Industrieflächen sowie ehemals militärisch genutzter Flächen mit Altlasten (schlechter Bauzustand, Baugrundverunreinigungen), vielfach ungeklärte Eigentumsverhältnisse von Grundstükken sowie hohe Bodenpreise. Um einerseits die Standortvorteile der Großstädte zu nutzen, andererseits nicht mit den einschränkenden Bedingungen konfrontiert zu werden, sind die Gebiete außerhalb der eigentlichen Kernstadt, also das Umland der Städte zu bevorzugten Standorten für Investitionen unterschiedlichen Ausmaßes geworden. Einerseits beanspruchen neue Technologien im produzierenden Gewerbe große Flächen, und die Dienstleistungseinrichtungen streben nach Großeinheiten, etwa im Bereich des Handels. Zum anderen werden von den Umlandkommunen ehemals landwirtschaftlich genutzte Flächen mit geklärten Eigentumsverhältnissen preisgünstig angeboten.

Der wirtschaftliche Wandel wird somit zu einem erheblichen Teil durch die Neuansiedlung auf großen Freiflächen der Umlandgemeinden sichtbar. 90% aller Investitionen werden gegenwärtig durch Siedlungserweiterungen auf ehemaligen landwirtschaftlichen Flächen getätigt, während der Abriß bestehender Einrichtungen und die nachfolgende Bebauung und Nutzung innerhalb der eigentlichen Siedlungsflächen die Ausnahmen sind. Als ein wesentliches Merkmal des Strukturwandels in den Großstadtregionen muß deshalb die Aufwertung des Umlandes genannt werden, das in wachsendem Maß Funktionen der gewerblichen Produktion, der Dienstleistungen, des Verkehrs und des Wohnungsbaus aufnimmt. Dieser als „Suburbanisierung" benannte Prozeß der Stadtentwicklung äußert sich in räumlichen Veränderungen, die durch innerregionale Dekonzentration von Bevölkerung und Beschäftigung, d.h. durch eine Bedeutungszunahme des Umlandes im Verhältnis zur Gesamtentwicklung der Stadtregionen, gekennzeichnet sind. Dagegen verliert die Kernstadt eine Reihe der genannten Funktionen, speziell die Einzelhandels- und Gewerbefunktion. Neuerdings sind auch bereits Tendenzen der Wohnortsverlagerung zu erkennen. Die Reihenfolge der Aufzählung gibt zugleich die zeitliche Abfolge der Suburbanisierung wieder. Während in vergleichbaren westeuropäischen Stadtregionen als erste Phase die Verlagerung von Wohnfunktionen aus den Großstädten einsetzte, beginnt der Prozeß in den sächsischen Regionen mit dem Aufbau großflächiger Einzelhandelseinrichtungen (Großmärkten) (JÜRGENS 1994). In der zweiten Phase, vielfach räumlich mit dem Aufbau der Einkaufszentren am Stadtrand oder in benachbarten Gemeinden gekoppelt, entstehen Gewerbegebiete, die größtenteils gefördert werden. Immer mehr sind diese Prozesse mit der Vergrößerung der bebauten Siedlungsflächen verbunden, die Umlandgemeinden zeigen die Tendenz des Zusammenwachsens und die Konzentration der Einrichtungen fördert die Herausbildung von bandartigen Siedlungskörpern.

Dieser Trend der Funktionsverlagerung oder des Verlustes von Funktionen hat für die Struktur der Kernstädte eine Reihe von Konsequenzen, die eine Neubewertung der bisherigen Stadtflächennutzung bedeuten. Zunächst ist eine Entleerung der Citybereiche vom Einzelhandel charakteristisch. Dieser Prozeß wird durch erhöhte Mieten der Ladenflächen und durch den Abzug von Kaufkraft der Bevölkerung infolge der neuen Supermärkte im Umland nachhaltig beeinflußt. Zugleich werden auch Nebenzentren durch preisgünstigere Angebote der Flächen wieder aufgewertet. In diese Stadtentwicklungsphase fällt ebenfalls die Stillegung bisheriger Industrieflächen, die teilweise über längere Zeit brach liegen und teilweise zu Büro- und Handelsstandorten umgebaut werden (SCHMIDT, H. 1994). Diese Entwicklungsphase ist gegenwärtig noch nicht abgeschlossen. Zu beobachten sind erste Tendenzen der Abwanderung von Wohnbevölkerung aus den Städten in die Umlandgemeinden (HERFERT 1994). Das Bemühen der Stadtverwaltungen um die Revitalisierung der Innenstädte durch neue Handels- und Dienstleistungseinrichtungen und um die Aufwertung der kulturellen Funktionen wirken in einer zweiten Entwicklungsphase diesem Entleerungsprozeß entgegen.

Bei der generellen Funktionsaufwertung gegenüber der Kernstadt oder bei den Verlagerungen von Einrichtungen sind die einzelnen Teile der Stadtregion in die Entwicklung unterschiedlich einbezogen. In allen Stadtregionen bevorzugen die Investoren die Nähe zu regional und überregional bedeutsamen Verkehrsachsen, die durch bauliche Verdichtung zu Entwicklungsachsen des Siedlungswachstums werden. Besondere Standortgunst haben Flächen in Autobahnnähe und im Nahbereich der Flughäfen in Dresden und Leipzig-Halle.

Im Umland von *Chemnitz/Zwickau* ist gegenwärtig der Investitionsdruck groß; in 35 von insgesamt 54 Gemeinden sind

neue Industrie- und Gewerbegebiete in der Planvorbereitung bzw. werden schon gebaut. Es zeichnen sich drei Entwicklungsräume ab (nach SCHMIDT, R. u.a. 1993, S. 29):
1. Entwicklungsraum West entlang der Autobahn 72 von Chemnitz in Richtung Zwickau-Plauen-Hof,
2. Entwicklungsraum Nordost in Anbindung an die Autobahn Chemnitz-Dresden,
3. Entwicklungsraum Süd zwischen Chemnitz und Zschopau (Wohngebiete).

Insgesamt werden fast 1.000 ha für neue Nutzungsfunktionen einbezogen, weitere 500 ha stehen in den Planungen zur Disposition.

Bei der Entwicklung der Stadtregion *Dresden* vollzieht sich das Baugeschehen unmittelbar am Stadtrand und zwar auf den Hochflächen entlang der Autobahnen Leipzig-Dresden-Bautzen bzw. Dresden-Berlin, während die traditionellen ehemaligen industriellen Schwerpunkte im oberen Elbtal als Baugebiete gemieden werden. Dieser Raum ist durch Schließung von Betrieben gekennzeichnet. Die Flächen liegen teilweise brach, und die Zahl der Industriebeschäftigten ist in diesem Gebiet teilweise um 70% gesunken. Die Autobahnen und die Bundesstraße 6 in Richtung Polen bilden Ansiedlungsschwerpunkte für Gewerbe- und Handelseinrichtungen. Neue Wohngebiete halten sich dagegen an das landschaftlich schöne weitere Umland der Stadt. Die nach Westen gerichtete Entwicklungsachse verändert durch die Ansiedlung großer Gewerbe- und Handelsstandorte die ehemals ländliche Struktur der Gemeinden und beansprucht über 250 ha Fläche. 90% aller neuen Nutzungsstrukturen betreffen landwirtschaftliche Nutzflächen, nur 5% der Flächen wurden schon vorher gewerblich genutzt. Die durch Eingemeindungen ohnehin große Siedlungsfläche der Stadt wird nochmals nach außen erweitert. Insgesamt werden Baugebiete von 1.600 ha Größe ausgewiesen; damit wird eine weitere Zersiedlung des Dresdner Raumes eintreten. Die eigentliche Siedlungsfläche des Umlandes ist von 10% auf 17% angestiegen. Zusätzlich beanspruchen umfangreiche Verkehrsbauten wie die künftige Autobahntrasse Dresden-Prag, die Ausbaustrecke der Eisenbahntrasse nach Leipzig sowie Straßenbaumaßnahmen und Flugplatzerweiterung die Landschaft. Die Siedlungen, auch die ehemals ländlich geprägten, übernehmen verstärkt Arbeitsplatz-, Handels- und Wohnfunktionen der Stadt Dresden.

Die Stadtregion *Leipzig* ist die Region mit der größten Dynamik in der Bauentwicklung, aber auch hinsichtlich der Neuorientierung auf den Dienstleistungssektor (Abbildung 3). Der Wegfall von einem Drittel der industriellen Arbeitsplätze wird bereits durch die Erweiterung des Banken- und Versicherungswesens und im Medienbereich teilweise kompensiert. Die ausgewiesenen Industrie- und Gewerbeflächen im Umland haben die doppelte Größe wie in der Region Dresden, die Flächen der Einkaufszentren übersteigen die in Dresden um das Sechsfache. Dagegen sind in Dresden mehr Flächen als Wohngebiete beantragt.

Innerhalb des dichtbebauten Stadtgebietes wurden zunächst kaum neue Gewerbegebiete erschlossen. Auf fünf Standorten mit ca. 500 ha Fläche versucht die Stadt Leipzig neuerdings, vor allem dem einheimischen Gewerbe eine preisgünstige Ansiedlung zu ermöglichen. Weitere bebaute Flächen werden einer neuen Nutzung zugeführt *(Flächennutzungsplan der Stadt Leipzig 1993)*. Diesen von der Stadt angebotenen Baugebieten stehen im Umland 3.000 ha gegenüber, auf denen schon neue Einrichtungen entstehen bzw. geplant sind. Infolgedessen faßt die Stadtplanung nunmehr die Umwidmung von innerstädtischen Gebieten ins Auge. Gegenwärtig wird das alte Industriegebiet Plagwitz, das im vorigen Jahrhundert planmäßig angelegt wurde, zum großflächigen Umgestaltungsgebiet für Büros, Gewerbe und Handel erklärt, und erste Funktionsveränderungen können wirksam werden. Ein weiteres Beispiel ist die Umwidmung der Industriebrache eines ehemaligen Schwermaschinenbaubetriebes; auf einem Areal von 32 ha entsteht ein Gewerbepark mit 18 mittelständischen Unternehmen. Weitere fünf Gewerbeparks, teilweise erschlossen mit Fördermitteln des Landes und der Stadt, sind am Stadtrand im Aufbau: Gewerbepark Nordost, Gewerbegebiet Torgauer Straße, Gewerbegebiet Paunsdorf, Leipzig-Südwest sowie auf dem ehemaligen Flughafen Leipzig ein Gewerbegebiet mit Einkaufszentrum (Abbildung 3). Da in den Gewerbegebieten wie auch auf Einzelstandorten der Stadt eine Vielzahl von Büroflächen enthalten sind und in den Gewerbegebieten des Umlandes Bürohäuser entstehen, ist bereits jetzt eine hohe Leerstandsquote für diese Gebäude abzusehen.

Die größten baulichen Veränderungen vollziehen sich entlang der wichtigsten Verkehrsachsen, speziell entlang der Autobahntrassen und der Bundesstraße 6 in Richtung zum Oberzen-

Bild 2:
Einkaufszentrum „Saalepark" bei Leipzig
(Aufnahme: L. GRUNDMANN Februar 1992)

Abbildung 3: Planung und Erschließung neuer Standorte in der Stadtregion Leipzig
(Quelle: Flächennutzungsplan der Stadt Leipzig *1993*. Unterlagen des Regierungspräsidiums Leipzig 1993, eigene Erhebungen 1994)

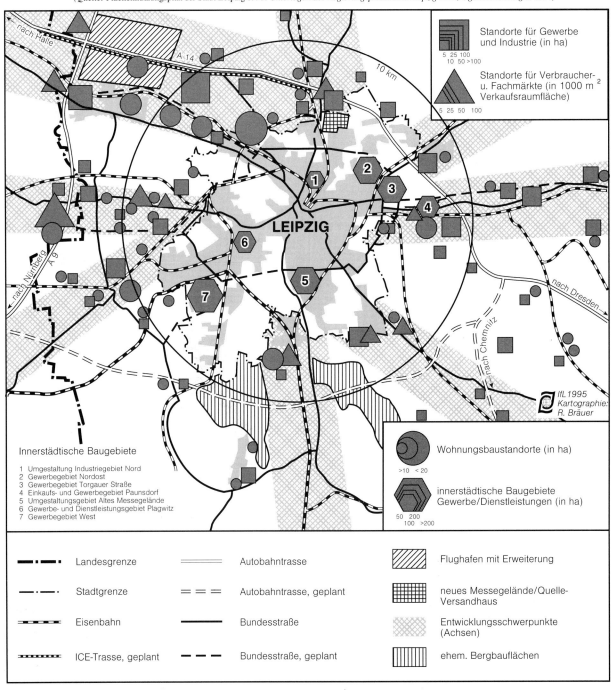

trum Halle und nach Dresden, sowie an den Bundesstraßen 181 in Richtung Merseburg. Einem Funktionswandel größten Ausmaßes unterliegt gegenwärtig der Norden der Stadtregion (Abbildung 4). Unmittelbar am nördlichen Stadtrand Leipzigs liegt der derzeit größte Investitionsschwerpunkt Sachsens (Baubeginn: 1991), auf dem überregional bedeutsame Funktionen in einem Baugebiet von mehr als 200 ha Gesamtfläche angesiedelt werden. Hierzu gehört eine Großinvestition zur Verlagerung der Messe-Einrichtungen aus der Innenstadt (Messehäuser der Konsumgütermesse) bzw. aus der Südost-Vorstadt (Technische Messe) an den nördlichen Stadtrand. In modernster Gestaltung und mit besserer Verkehrsanbindung entsteht das neue Messegelände

nördlich des bereits fertiggestellten Quelle-Versandhauses (1995 ca. 3.500 neue Arbeitsplätze). Es umfaßt auch die verschiedensten Folgeeinrichtungen wie Hotels, Modezentrum, Büros, Erholungsflächen, Parkflächen usw. Hier werden nach der Inbetriebnahme im Jahr 1996 nationale und internationale Funktionen lokalisiert sein. Unmittelbar in der Nähe ist bereits 1992 der Großeinkaufsmarkt „Sachsenpark" errichtet worden. In den Umlandgemeinden Wiederitzsch, Seehausen und Podelwitz, die sich 1993 zum Zweckverband „Erschließung neues Messegelände" zusammengeschlossen haben, werden zudem neue Gewerbe- und Wohngebiete erschlossen. Diese Investitionen ziehen erhebliche Verkehrsaufkommen nach sich. Zur besseren Verkehrsan-

Abbildung 4: Flächennutzungs- und Funktionsveränderungen in der Stadtregion Leipzig (Nordteil) seit 1990 und Planung (Quelle: Unterlagen des Regierungspräsidiums Leipzig 1993, eigene Kartierungen 1994)

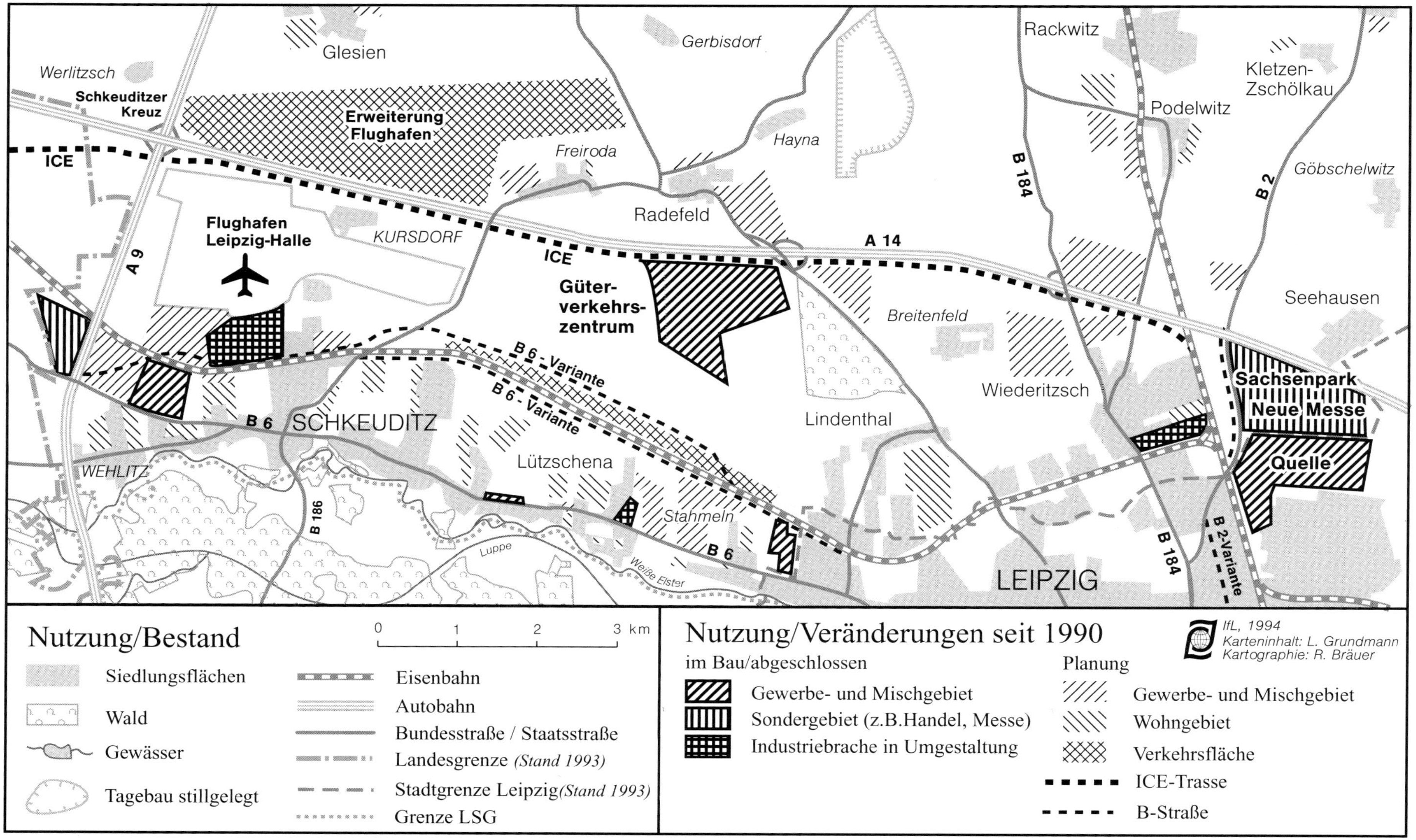

bindung sind neue Verkehrsbaumaßnahmen begonnen worden: die Verbreiterung der unmittelbar benachbarten Autobahn A 14 mit einer neuen Auf- bzw. Abfahrt zum Messegelände, eine S-Bahnstrecke, die Verlängerung einer Straßenbahnstrecke sowie ein neuer Bundesstraßenabschnitt B 2 in Richtung Innenstadt.

Weitere Ansiedlungs- und Verdichtungsimpulse im Leipziger Umland gehen von den international, national und regional bedeutsamen Verkehrsstrassen in Richtung Halle bzw. Berlin (A 14, A 9, 2 Haupteisenbahnstrecken, 2 Bundesstraßen) bzw. vom Ausbau des Flughafens Leipzig-Halle aus. Eine Konzentration der Investitionen in diesem Bereich macht den unmittelbaren Zusammenhang von Verkehrslage und innovativer Raumentwicklung deutlich. Die Bundesautobahn A 14, die Bundesstraße B 6 und die als Hochgeschwindigkeitsstrecke vorgesehene Eisenbahnverbindung fungieren als axialer Entwicklungsraum zwischen den beiden Oberzentren Leipzig und Halle (Sachsen-Anhalt). Er erhält neue Funktionen für den Nah- und Fernverkehr, was sich bereits jetzt in einem hohen Flächenbedarf für neue Verkehrseinrichtungen bzw. Erweiterungen niederschlägt: Erweiterung des Flughafens, Errichtung eines Güterverkehrszentrums, neue Hochgeschwindigkeitsstrecke, Verbreiterung und Ausbau der beiden Autobahnabschnitte und ihres Schnittpunktes im Schkeuditzer Kreuz sowie Verlegung eines Abschnittes der B 6 und einiger Kreisstraßen.

Weitere etwa 250 ha neue Gewerbeflächen in der Stadtregion nordwestlich von Schkeuditz stehen im Zusammenhang mit dem Ausbau des Flughafens oder mit der Autobahnnähe. Bedeutende neue Dienstleistungseinrichtungen wurden im Bereich des Schkeuditzer Kreuzes in dem „Mitteldeutschen Dienstleistungszentrum" auf einer Fläche von 25 bis 30 ha geschaffen, das etwa 5.000 bis 6.000 neue Arbeitsplätze anbietet. Dieses Zentrum des Bankenwesens und der Mode- und Ausstellungsbranche erfüllt Funktionen für den gesamten mitteldeutschen Wirtschaftsraum, d.h. für Sachsen, Sachsen-Anhalt und Thüringen.

Gleichzeitig mit dem Strukturwandel im Raum Leipzig-Halle verändern sich die Funktionen der Siedlungen: die Kleinstadt Schkeuditz entwickelt sich zum Arbeits- und Wohnort und wird die Ausstattung eines Mittelzentrums erhalten. Die übrigen Gemeinden mit teilweise noch ländlicher Grundstruktur übernehmen im Zuge des Wandels gewerbliche und Dienstleistungsfunktionen für die Stadtregion bzw. für einen größeren Raum. Ihre Siedlungsflächen wachsen durch den Wohnungsbau schnell. In der gesamten Stadtregion entstehen neue Arbeitspendlerströme mit erhöhtem Verkehrsaufkommen. Raumplanerisch steht jetzt die Aufgabe bevor, der starken Verdichtung und Konzentration aller Funktionen im nördlichen und nordwestlichen Umland Leipzigs entgegenzusteuern, Freiräume für die Naherholung und die Schutzgebiete zu bewahren und die Siedlungen vom hohen Verkehrsaufkommen zu entlasten.

4 Schlußbemerkung

Die genannten allgemeinen Entwicklungstendenzen in den vier sächsischen Großstadtregionen sollten die ersten erkennbaren Auswirkungen des Strukturwandels in einigen sehr dynamischen Wirtschaftsräumen der neuen Länder seit 1990 deutlich machen. Das nördliche Umland der Stadtregion Leipzig wurde ausführlicher behandelt, um das Ausmaß der Veränderungen zu verdeutlichen. Schon in der kurzen Zeitspanne von vier Jahren nach der politischen und wirtschaftlichen Wende zeichnet sich ein Umbruch der regionalen Strukturen und Funktionen ab, deren Erforschung und Darstellung eine dringliche Aufgabe der geographischen Landeskunde geworden ist. Bei der Behandlung der Wirtschaftsstruktur Sachsens im Geographieunterricht sollte dieser aktuelle Prozeß gebührende Beachtung finden.

Literatur

BERKNER, A. (1993): Der Südraum Leipzig – Braunkohlenbergbau, Grundstoffindustrie und Folgelandschaftsgestaltung im Umbruch. – Berichte zur deutschen Landeskunde. 67, 1, S. 35–53.

BRAUSE, G., GRUNDMANN, L. (1994): Funktion und Struktur im Wandel – der Nordwesten der Stadtregion Leipzig. – Europa Regional 2, S. 10–21.

Deutsches Institut für Urbanistik (Hrsg. 1993): Entwicklungschancen deutscher Städte. Die Folgen der Vereinigung – Berlin (Schriften des Deutschen Instituts für Urbanistik, 86).

Flächennutzungsplan der Stadt Leipzig. Entwurf November 1993. – Hrsg.: Dezernat für Stadtentwicklung und Raumplanung der Stadt Leipzig.

FRIEDRICHS, J. (Hrsg.) (1978): Stadtentwicklungen in kapitalistischen und sozialistischen Ländern. – Hamburg.

– (Hrsg.) (1985): Stadtentwicklungen in West- und Osteuropa. – Berlin.

Gewerbeflächenatlas der Industrie- und Handelskammer zu Leipzig. Leipzig 1992.

Gesetz zur Raumordnung und Landesplanung des Freistaates Sachsen (Landesplanungsgesetz – Sächs. LPlG) vom 24. Juni 1992. Sächsisches Gesetz- und Verordnungsblatt Nr. 21/1992. Dresden, S. 259–269.

HARTWIG, J. (1993): Der Suburbanisierungsprozeß unter den kleinen Bürofirmen und freien Berufen im Verdichtungsraum München. – Kallmünz, Regensburg (Münchener Geographische Hefte, 50).

HEINEBERG, H. (1986): Stadtgeographie. – Paderborn (Grundriß Allgem. Geographie X).

HEINEBERG, H., HEINRITZ, G. (1993): Konzepte und Defizite der empirischen Bürostandortforschung in der Geographie. In: H. HEINEBERG u.a.: Beiträge zur empirischen Bürostandortforschung. – Kallmünz, Regensburg, S. 9–28 (Münchener Geographische Hefte, 50).

HERFERT, G. (1994): Suburbanisierung der Bevölkerung in Großstadtregionen Sachsens. – Europa Regional 3, S. 10–19.

JÜRGENS, U. (1994): Saalepark und Sachsenpark. Großflächige Einkaufszentren im Raum Halle-Leipzig. – Geographische Rundschau 46, S. 516–523.

KARRASCH, P. (1993): Chancen und Perspektiven der Leipziger Metallindustrie. In: Die Region Leipzig-Halle im Wandel. – Köln, S. 49–53 (Materialien zur Angewandten Geographie, 22).

KISTENMACHER, H. (1978): Zur Problematik von Entwicklungsachsen. In: Akademie für Raumforschung und Landesplanung, Arbeitsmaterial Nr. 10.

KOWALKE, H. (1992): Umstrukturierung der Industrie im Freistaat Sachsen. – Standort, Zeitschrift für Angewandte Geographie, S. 27–32.

KOWALKE, H. (1994): Wirtschaftsraum Sachsen. – Geographische Rundschau 46, S. 484–490.

Mayr, A. (1980): Entwicklung, Struktur und planungsrechtliche Problematik von Shopping-Centern in der Bundesrepublik Deutschland. In: Heineberg, H. (Hrsg.): Einkaufszentren in Deutschland. – Münster (Münsterische Geographische Arbeiten 5, S. 9–41).

Rahmen, J. (1993): Die neue Leipziger Messe – Probleme und Chance der Region. In: Die Region Leipzig-Halle im Wandel, Köln, S. 79 (Materialien zur Angewandten Geographie 22).

Rudolph, H. (1990): Beschäftigtenstrukturen in der DDR vor der Wende. In: Mitteilungen aus der Arbeitsmarkt- und Berufsforschung, 23, S. 493.

Schmidt, H. (1994): Leipzig zwischen Tradition und Neuorientierung. – Geographische Rundschau 46, S. 500–507.

Schmidt, R. u.a. (1995): Entwicklungstendenzen im Umland großer Städte in den neuen Bundesländern am Anfang der 90iger Jahre. – Dresden, S. 35–53 (IÖR-Schriften 01).

Statistisches Jahrbuch Sachsen. – Kamenz 1991, 1992, 1993.

Wiest, K. (1993): Die Region Halle-Leipzig. Neugliederung und Kooperationsansätze. – Europa Regional 2, S. 1–11.

Dr. Luise Grundmann
Institut für Länderkunde
Beethovenstraße 4, 04107 Leipzig

Thomas Keidel

Leipzig-Grünau
Probleme eines Neubaugebietes

Bereits vor der Jahrhundertwende entstanden in verschiedenen Städten Deutschlands einheitlich geplante Wohngebiete, für die bereits in der Planungsphase auch die Ausstattung mit Einrichtungen der sozialen Infrastruktur vorgesehen war. Neben den Werkssiedlungen, beispielsweise im Ruhrgebiet für die Arbeiter bestimmter Industriebetriebe, gab es weitere sozial motivierte Siedlungen. In Leipzig steht der Name des Verlegers HERMANN MEYER für den ersten sozialen Wohnungsbau in der Stadt. Er rief 1888 einen „Verein für Erbauung billiger Wohnungen" ins Leben. Die in verschiedenen Stadtteilen Leipzigs entstandenen Siedlungen sollten es finanziell schwachen Schichten ermöglichen, Wohnraum zu besitzen, dessen Mietzins ein Siebtel des monatlichen Einkommens nicht überstieg. Neben den eigentlichen Wohnungen in mehrgeschossigen Gebäuden wurden große Höfe teilweise mit Mietergärten, teilweise mit parkartigem Baumbestand angelegt. Die soziale Infrastruktur enthielt bereits zur Jahrhundertwende auch Kindergärten.

Nach dem Ersten Weltkrieg entstanden mit staatlicher Finanzierung umfangreiche Wohnanlagen, um der Wohnungsnot zu begegnen. Weitere Siedlungen wurden über Genossenschaften aus Eigenmitteln der zukünftigen Bewohner finanziert. Solche Anlagen errichtete man sowohl in Blockbauweise, wie bereits vor dem Ersten Weltkrieg, als auch in der neu aufkommenden Zeilenbauweise.

Diese Entwicklung setzte sich – unterbrochen im Dritten Reich – nach dem Zweiten Weltkrieg fort, als durch die Heimstattbewegung freistehende Kleinhaussiedlungen bevorzugt wurden. Nur in Gebieten mit Kriegsschäden ist auch nach 1945 wieder die Blockbauweise benutzt worden, die sonst durch in Zeilen angeordnete Gebäude verdrängt wurde (vgl. dazu den Beitrag F. FRANK über Plauen im Vogtland).

Während in beiden deutschen Staaten nach dem Krieg zunächst drei- und viergeschossige Gebäude in traditioneller Ziegelbauweise errichtet wurden, begann man in der DDR ab Mitte der 50er Jahre mit der Betonplatten-Fertigbauweise, die äußerlich kaum von den Gebäuden des westdeutschen sozialen Wohnungsbaus zu unterscheiden war. Erst in einer zweiten Generation wurde auf den Verputz der Platten verzichtet. Man begann, die Dächer zunehmend zu verflachen, so daß die Gebäude auch äußerlich von der traditionellen Bauweise deutlich zu unterscheiden waren.

1 Großsiedlungen

Die 60er Jahre markieren eine neue Dimension des Siedlungsbaus in Deutschland. Große randstädtische Areale lösten kleine innerstädtische Standorte ab. Projekte mit vielen tausend Wohnungen wurden ins Auge gefaßt. Die Ergebnisse solcher Planungen werden als Großsiedlungen bezeichnet.

*Definition: „Mit dem Begriff »Großsiedlung« bezeichnen wir solche Wohngebiete, die in den **60er und 70er Jahren** als separate oder zumindest funktional **eigenständige Siedlungseinheiten** geplant und realisiert wurden. Nicht nur sämtliche Wohnungen, sondern auch die Infrastruktur, Grün- und Freizeitflächen sowie die Verkehrserschließung waren Gegenstand der Planung und Realisierung. Das Erscheinungsbild ist durch eine dichte und **hochgeschossige** Bebauung geprägt. Der **überwiegende Anteil** des Wohnungsangebots besteht aus **Mietwohnungen**, von denen ein hoher Anteil **öffentlich gefördert** ist. Die Siedlung sollte **mindestens** einen Bestand von **500 Wohneinheiten** umfassen (GIBBINS 1988, S. 9).*

Bei der Abgrenzung zu den bisherigen Bauvorhaben ist die absolute Größe der Großsiedlungen ein wesentliches Kennzeichen. Während in Deutschland die Obergrenze bei 150.000 Einwohnern liegt, werden in den Staaten Osteuropas Bewohnerzahlen von weit über 200.000 pro Siedlung erreicht.

Die zur Definition herangezogenen weiteren Merkmale lassen sich sowohl auf westdeutsche als auch auf Siedlungen in der ehemaligen DDR anwenden. Trotzdem gibt es wesentliche Unterscheidungsmerkmale. Nur in den fünf neuen Bundesländern erreichen sie nach der Einwohnerzahl gemessen, die Dimension von Großstädten (vgl. Tabelle 1). Auch in der Gesamtzahl der dort wohnenden Menschen übertrifft die ehemalige DDR die alte Bundesrepublik nicht nur relativ, sondern auch absolut. Selbst Neubaugebiete kleinerer Städte erreichen in den fünf neuen Bundesländern die Dimension von Großsiedlungen.

Die Unterschiede setzen sich bei den Gebäuden fort. Statt einer einheitlichen Typenprojektierung mit Plattenbauten sind die Wohngebiete im Westen individuell geplant worden. Eine erhebliche architektonische Bandbreite ist die Folge. So sind die einzelnen Baugruppen des Märkischen Viertels im Westteil Berlins z.B. jeweils durch andere Architektenteams projektiert worden.

Ebenso auffällig ist das andersartige Konzept der Infrastruktureinrichtungen. Die sozialistische Ideologie spiegelt sich in den ausreichend vorhandenen Vorschul- und Schuleinrichtungen, Ärztehäusern und anderen Kommunikationseinrichtungen der sozialen Infrastruktur wider. Dagegen verzögerte sich die Fertigstellung notwendiger Handels- und Dienstleistungseinrichtungen oftmals erheblich oder unterblieb ganz. Diese eher für die Marktwirtschaft typische Infrastruktur ist in Westdeutschland stets in mehr als ausreichendem Maße vorhanden.

Nicht unmittelbar sichtbar ist die Zusammensetzung der Einwohnerschaft. Großsiedlungen waren in der alten Bundesrepublik ein Mittel, um sozial benachteiligten Schichten Wohn-

Tabelle 1: Großsiedlungen in Deutschland im Vergleich

	Alte Bundesländer	Neue Bundesländer
Anzahl der Wohnungen in Großsiedlungen	600.000	1.016.000
Anzahl der Einwohner in Großsiedlungen	2.000.000	3.000.000
Anteil der Einwohner in Großsiedlungen an der Gesamtbevölkerung in %	3	20
Anzahl der Großsiedlungen bis 5.000 Wohnungen	51	55
Anzahl der Wohnungen in Großsiedlungen bis 5.000 Wohnungen	166.000	193.000
Anzahl der Großsiedlungen über 5.000 Wohnungen	14	70
Anzahl der Wohnungen in Großsiedlungen über 5.000 Wohnungen	127.000	823.000
Größte Großsiedlung in Wohnungen	20.000	59.000
Anzahl der Großsiedlungen mit mehr als 100.000 Einwohner (Planungsstand vor 1989)	——	7

Quelle: BMBau 1991 (unverändert übernommen)

raum mit einem Mindestmaß an Komfort zu bieten. Weitreichende Vergaberechte verhinderten den Zuzug kapitalkräftiger Mieter. Erst nach der in jüngster Zeit auftretenden Wohnungsknappheit in den Großstädten ist eine Öffnung dieser Stadtteile auch für solche Bevölkerungsteile zu beobachten. Außerdem wird versucht, das verbreitete Negativimage durch Nachbesserungsmaßnahmen seitens der Eigentümer abzubauen.

Eine Wohnung in einem Neubaugebiet (d.h. in einer Großsiedlung) zu bekommen, war dagegen in der DDR ein erstrebenswertes Ziel für viele; denn das im Westen bevorzugte Einfamilienhaus wurde nur in sehr geringem Umfang errichtet, und es waren bekanntlich gute Beziehungen nötig, um an ein Grundstück oder an Baumaterial zu gelangen. Neben den Bewohnern heruntergewirtschafteter gründerzeitlicher Wohnviertel bezogen die Neubürger der Städte, vor allem junge Familien, die Großsiedlungen, die im allgemeinen einen überproportionalen Anteil an Mietern mit Hoch- und Fachschulabschluß haben.

2 Die Großsiedlung Leipzig-Grünau

Bis 1989 wurden in weniger als 15 Jahren seit der Grundsteinlegung (1.6.1976) am Westrand von Leipzig für über 90.000 Bewohner 37.600 Wohnungen erstellt. Bis heute sind die günstige Westlage und die Nähe zu Erholungseinrichtungen (Naherholungsgebiet „Kulkwitzer See") ein entscheidender Vorzug Grünaus. Der Plan, als Wohnstandort für Industriebetriebe im benachbarten Stadtteil Plagwitz zu dienen, hatte sich bereits vor der Wende nicht erfüllt; denn die Arbeitnehmer der betreffenden Betriebe zogen keineswegs in die neu errichteten Gebäude. Der Umbruch seit 1989 bedeutet ohnedies den Verlust nahezu sämtlicher industrieller Arbeitsplätze.

Außer der Großsiedlung Grünau gibt es neben vielen kleinen Standorten nur noch ein bedeutendes Neubaugebiet (Abbildung 1). In Paunsdorf am Ostrand Leipzigs entstanden Wohnungen für etwa 40.000 Menschen. Grünau wie Paunsdorf haben also eine periphere Lage. Damit ist ein großer Weg- und insbesondere Zeitaufwand, namentlich infolge der unzureichenden Qualität der Nahverkehrsverbindungen und des Straßennetzes in der übrigen Stadt, verbunden. Andererseits sind beide Großsiedlungen wenigstens teilweise von landwirtschaftlichen Flächen umgeben, die sich für die Naherholung anbieten.

Grünau selbst ist in verschiedene Wohnkomplexe untergliedert. Diese liegen nicht immer unmittelbar benachbart, da bei der Planung alte Siedlungselemente (Kleinhaussiedlung Grünau, Parkanlagen u.a.) berücksichtigt worden sind (Abbildung 2).

Jeder Wohnkomplex ist mit Einrichtungen der Grundversorgung ausgestattet. Neben Handels- und Dienstleistungseinrichtungen ist dies vor allem eine ausreichende Anzahl von Kindertagesstätten und Schulen. Die in den meisten Fällen von fünf- oder sechsgeschossigen Plattenbaublöcken umschlossenen Höfe bieten normalerweise nur eine bescheidene Ausstattung für die Erholung in der unmittelbaren Wohnumgebung. Die fast ausnahmslos vorhandenen großen Rasenflächen werden durch Wäschestangen und Kinderspielplätze gegliedert. In wenigen Fällen befinden sich an den zum Hof liegenden Balkonseiten der Wohnblöcke Mietergärten. Trotz der auf den ersten Blick großzügigen Freiflächen werden in Grünau weitaus höhere Einwohnerdichten erreicht als in der gründerzeitlichen Altbausubstanz Leipzigs (Tabelle 2). Neben den normalen Wohngebäuden sind in manchen Komplexen auch Altenwohnanlagen und Internate von Bildungseinrichtungen eingestreut.

Tabelle 2: Einwohnerdichte ausgewählter Gebiete

Gebiet	Einwohnerdichte in E./km²
Grünau-Süd (WK 8 und WK 7 Südteil	19.162
Grünau-Nord (WK 7 Nordteil)	18.266
Grünau-Mitte (WK 4 und WK 5.2)	16.504
Grünau-Ost (WK 1–3)	11.183
Gohlis-Mitte (nächstdichtester Stadtteil)	11.860
Leipzig (dichtest besiedelte Stadt Ostdeutschlands)	3.581
Hannover (zum Vergleich)	2.419

Quelle: *Rat der Stadt Leipzig* 1993a

Dennoch ist die Bevölkerungszusammensetzung eines in kurzer Zeit errichteten Wohnkomplexes nach der Altersstruktur sehr homogen. Vorwiegend Familien mit kleinen Kindern erhielten in der DDR die Möglichkeit, eine solche Wohnung zu beziehen (Abbildung 3). Es besteht auch ein deutlicher Zusammenhang zwischen dem Erstbezug der Wohnungen und der Altersstruktur ihrer Bewohner (vgl. Tabelle 3; die Wohnkomplexnummer entspricht in etwa dem Ablauf der Fertigstellung).

Abbildung 1: Industrieller Wohnungsbau und großflächiger Einzelhandel in Leipzig (Quelle: Eigene Erhebungen)

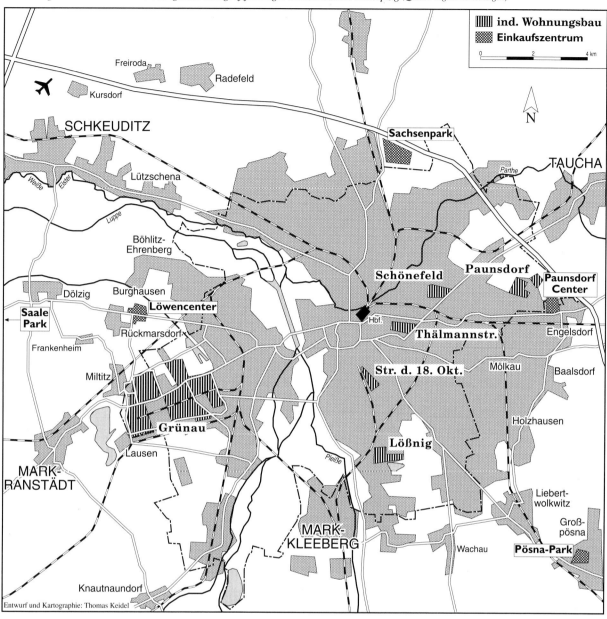

Tabelle 3: Bevölkerungsstruktur ausgewählter Gebiete Leipzigs

	Grünau-Ost WK 1–3	Grünau-Mitte WK 4, 5.2	Grünau-Süd WK 7 Süd, 8	Grünau-Nord WK 7 Nord	Stadt Leipzig
Fläche (km^2)	1,1	1,3	1,1	0,9	146,5
Wohngebäude	408 (1,1%)	501 (1,4%)	562 (1,5%)	424 (1,2%)	36.812
Einwohner Hauptwohnung	12.671 (2,5%)	21.797 (4,3%)	21.003 (4,2%)	16.374 (3,2%)	504.696
Einwohner Nebenwohnung	1.262 (5,1%)	859 (1,7%)	197 (0,8%)	332 (1,3%)	24.822
Einwohner ab 60 Jahre	18 %	15 %	12,6%	13,6%	21,2%
Einwohner bis 10 Jahre	5,9%	9,7%	13 %	11,9%	11,1%
Einwohner 11–20 Jahre	15 %	17,3%	14 %	18,3%	10,5%

Quelle: *Rat der Stadt Leipzig* 1992a

Die Anordnung der Gebäude und Verkehrswege wurde so gewählt, daß die Bewohner Wege zu den gemeinschaftlichen Einrichtungen im allgemeinen ohne eine gefahrvolle Überquerung von Hauptstraßen zurücklegen können (vgl. Abbildung 4). Die Haltestellen des Nahverkehrs sind immer in kurzer Wegezeit zu erreichen. Eine Verkehrsberuhigung wird durch ein sackgassenartiges Straßennetz mit am Rand angeordneten Sammelstraßen erzielt. Nur für einen Teil der privaten Kraftfahrzeuge der

Abbildung 2: Innere Gliederung Grünaus (Quelle: Eigene Erhebungen)

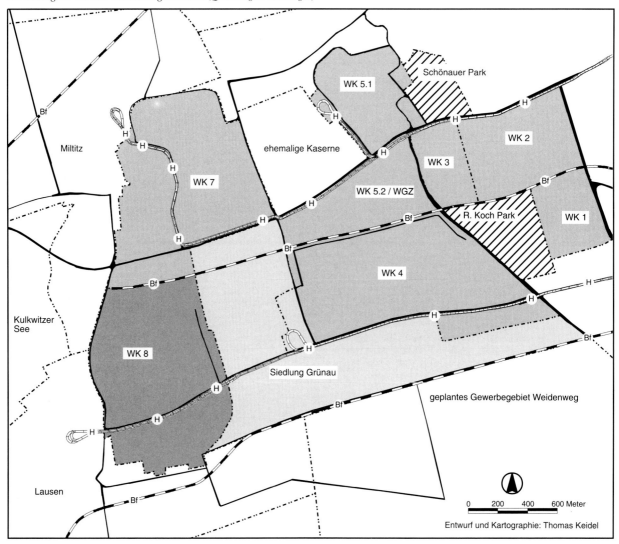

Bewohner gibt es Abstellmöglichkeiten in unmittelbarer Wohnungsnähe. Der andere Teil ist auf peripher gelegene Sammelparkplätze angewiesen.

Trotz dieser einheitlichen Gesamtkonzeption weisen die einzelnen Wohnkomplexe aufgrund ihres Baualters und der Gebäudeanordnung erhebliche Unterschiede auf. Während die zuerst fertiggestellten Komplexe bereits mit dichter, in die Höhe gewachsener Bepflanzung versehen sind, findet sich in den zuletzt erbauten Komplexen oftmals nur eine monotone Rasenfläche. Verstärkt wird dieser Gegensatz durch den wachsenden Geldmangel des Bauträgers, der den Verzicht auf individuelle Kleinmöblierung (Bänke, Tische u.a.), die Aufstellung von Kunstwerken u.ä. nach sich zog. Vielfach wurden Einrichtungen des Infrastruktursektors verzögert und teilweise gar nicht mehr ausgeführt.

Individuellen Charakter haben manche Teilgebiete durch die Einbindung vorhandener Strukturen, wie alter Gebäude (Dorfkern Schönau im WK 5.1) und Parkanlagen (Lindenallee WK2 / WK3), erhalten.

3 Probleme der Großsiedlung Leipzig-Grünau

In den Neubaugebieten waren bereits vor der Wende 1989 Mängel aufgetreten. Ein Teil davon konnte seit der Wende abgebaut werden. Andere sind geblieben oder haben sich verstärkt. Zudem ergeben sich neue Schwierigkeiten.

3.1 Unfertige Teilgebiete

Sparmaßnahmen waren ein wichtiger Bestandteil der Planwirtschaft in der DDR, um Notwendiges verwirklichen zu können. Während ideologisch bedingte Bauprojekte in jedem Fall realisiert werden mußten, stellte man infrastrukturelle Bauvorhaben und den Bau von Anlagen für den ruhenden Verkehr ebenso zurück wie die Gestaltung von Freiflächen. Das Ergebnis waren unvollständig ausgestattete Wohngebiete. In Grünau sind die Wohnkomplexe 7 und 8 (keine Gaststätten, zu wenig Sportanlagen und am Rand liegende Sammelparkplätze) und das Wohngebietszentrum davon besonders betroffen; hier fehlt das eigentliche Handels- und Kulturzentrum, es gibt brachliegende Freiflächen und provisorische bauliche Anlagen. Die Großsiedlung wurde gewissermaßen zu einer „Schlafstadt" ohne lebende Mitte. Die verzögerte Fertigstellung ist freilich auch auf die Abgabe

Abbildung 3: Altersstruktur im Vergleich
(*Quelle:* Rat der Stadt Leipzig *1992a*)

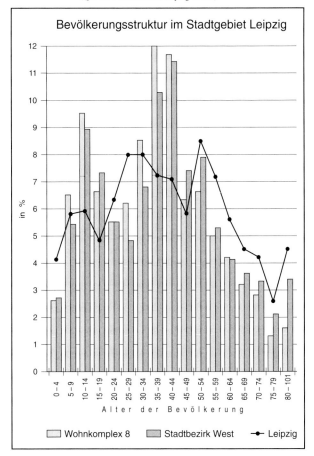

von Kapazität „zum Aufbau der Hauptstadt der DDR" zurückzuführen. Berlins Großsiedlungen sind trotz späterer Fertigstellung mit sämtlichen Infrastruktureinrichtungen ausgestattet worden (Beispiel: Zentrum Marzahn).

Die Defizitbereiche werden von den Bürgern bei Befragungen deutlich genannt (eigene Erhebung 1993). An erster Stelle stehen Lücken im Kultur- (70%) und Sportbereich (82%); Einkaufs- (9%), Behörden- und Sozialbereich (7%) treten dagegen weit zurück. Als größtes „Einzeldefizit" wird das Fehlen einer Schwimmhalle (62%) angesehen. Ein Kino (42%), Jugendeinrichtungen (16%), sowie Gaststätten und Tanzmöglichkeiten (15%) werden ebenso stark vermißt.

Eine Beseitigung der Mängel ist derzeit kaum zu erwarten; denn mit der Wende wandelten sich die Anforderungen an neue Bauvorhaben. So ist durch kurzfristigen ambulanten Handel im Wohngebiet und Baumaßnahmen „auf der grünen Wiese" der Zeitpunkt der Realisierung von baulichen Ergänzungen immer weiter hinausgeschoben worden. Vor allem ist es schwierig geworden, Investoren für durch örtliche Gegebenheiten festgeschriebene Baumaßnahmen zu finden. 1994 sind in Grünau erstmals Ergänzungsbauten errichtet worden (Beispiel: Dienstleistungsbaustein Wohnkomplex 7). Das Wohngebietszentrum ist ebenfalls in einem ersten Teilbauabschnitt seit Mitte 1994 in Bau. Dabei mußte die Stadt aufgrund des hohen Investorendruckes im Umland auf den vorgesehenen Neubau von kulturellen Einrichtungen verzichten (Schwimmhalle, Kino, Kulturzentrum, Rathaus).

3.2 Der Einfluß des Umlandes

Der Einfluß neu errichteter großflächiger Einzelhandelseinrichtungen auf „grüner Wiese" wird immer mehr zu einem Hemmnis der weiteren Entwicklung von Großsiedlungen. Der Kaufkraftentzug führt nicht nur zu einer Gefährdung der bestehenden Einrichtungen des periodischen Bedarfs, sondern verzögert bzw. verhindert die für eine umfassende Versorgung notwendige Ergänzung der vorhandenen Infrastruktur. Die neuen Handels- und Dienstleistungseinrichtungen umfassen auch den Freizeitsektor (Kinocenter im Saalepark, Gaststätten) und sind – weil nur 3 km entfernt – sowohl mit dem Pkw wie auch mit dem Fahrrad bequem zu erreichen (vgl. Abbildung 1). Eine direkte Anbindung an öffentliche Verkehrsmittel fehlt dagegen.

Ein steuernder Einfluß der Stadt Leipzig auf den Bau solcher neuer Zentren war bislang kaum festzustellen; denn das 3 km entfernte Löwencenter befindet sich bereits in der Gemeinde Burghausen, der Saalepark in der Gemeinde Günthersdorf in Sachsen-Anhalt.

Auch in der unmittelbaren Umgebung des Wohngebietes gibt es aufgrund der administrativen Zuständigkeiten erhebliche Probleme (vgl. in den Abbildungen 1, 2 die Lage der Stadtgrenze Leipzigs). Ursprüngliche Planungen sahen westlich und nördlich des Wohnungsbaustandortes die Anlage von Erholungseinrichtungen vor. Im Norden sollten neue Kleingartenanlagen, im Westen Sportanlagen als Erweiterung des Naherholungsgebietes „Kulkwitzer See" geschaffen werden. Diese waren auch als Ausgleich für die nicht im unmittelbaren Wohnumfeld angelegten Plätze gedacht. Die Eigentümer der Grundstücke, die Gemeinden Miltitz und Lausen, verfolgen seit der Wende aber andere Pläne. Sie erwerben durch die Ausweisung von Gewerbegebieten zusätzliche Steuereinnahmen. Eine Annäherung der unterschiedlichen Interessen ist zumindest im Fall der Gemeinde Miltitz bis heute nicht erfolgt; sie arbeitet mit der jenseits des Sees gelegenen Kleinstadt Markranstädt zusammen (Lausen wurde am 1.1.1995 nach Leipzig eingemeindet). Gebaut wurde bislang eine Tankstelle. 1993 begannen Vorarbeiten für ein Einkaufszentrum unmittelbar am westlichen Rand der Großsiedlung. Zu diesem Zweck ist ein vor etwa 10 Jahren durch die Stadt Leipzig angepflanzter Wald entfernt worden. Die Stadt Leipzig konnte zwar einen bis heute andauernden Baustopp erwirken; die Zukunft der fraglichen Flächen ist aber noch nicht geklärt.

3.3 Die Gebäudesanierung

Anders als ursprünglich angenommen, haben die Bauten der Großsiedlungen im allgemeinen eine hohe Lebensdauer. Abrißpläne westlicher Architekten und Politiker wichen deshalb sehr schnell Überlegungen, was an dem vorhandenen Bestand nachgebessert werden kann. Dennoch gibt es Problembereiche, bei denen eine sofortige Sanierung geboten ist. Neben Fragen der Energieeinsparung durch Wärmedämmmaßnahmen sind dringende Reparaturarbeiten zu erledigen. Als baufällig erwiesen sich beispielsweise die Balkonaufhängungen bestimmter Bauserien. 1993 sind deshalb viele Brüstungen ausgewechselt worden. Außerdem begannen kurz nach der Wende umfangreiche Sanierungsmaßnahmen an einzelnen Gebäuden. Es wurden Fassaden und Fenster erneuert sowie Sanitäranlagen und Elektroleitungen ausgetauscht. Eine grundlegende Veränderung des Wohnkomforts und Wohnungszuschnitts erfolgte im Gegensatz zu westdeutschen Sanierungsprojekten nicht. Eine wesentliche Motivation für solche Sanierungsmaßnahmen sind vorhandene Alt-

Abbildung 4: Struktur und Verkehrssituation der Großsiedlung Grünau, Wohnkomplex 8 (Quelle: Eigene Erhebungen)

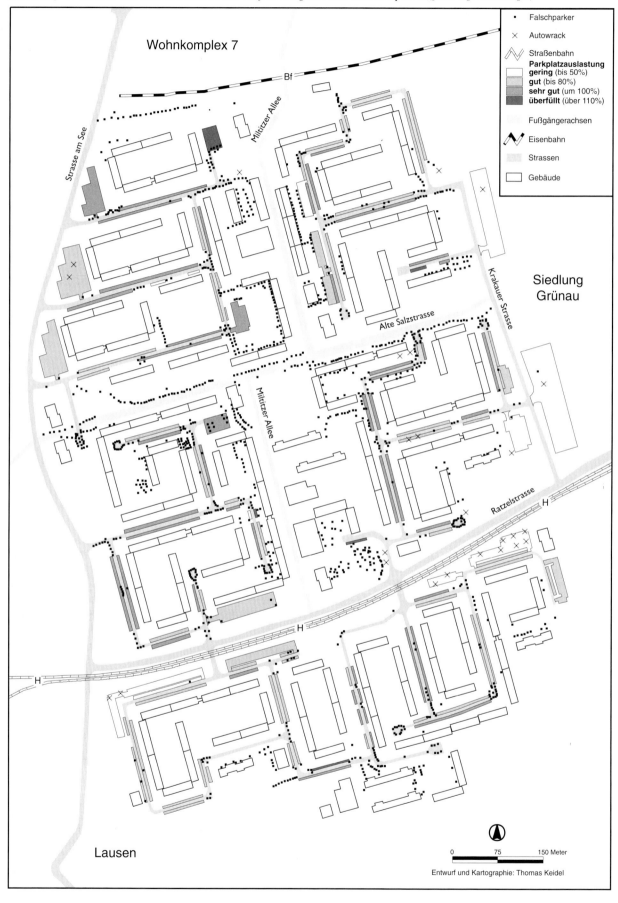

schulden. Nur nach einem elfprozentigem Verkauf des Wohnungsbestandes ist die Bundesregierung bereit, die Schulden zu stunden. Nicht sanierte Wohnungen sind aufgrund der unabwägbaren Folgekosten für die potentiellen Käufer nicht attraktiv.

3.4 Der ruhende Verkehr

Untersuchungen zur Mobilität der Bewohner nehmen einen wichtigen Teil der Forschungen zu Großsiedlungen ein. Dem „Projektbereich urbane Landschaften" am Umweltforschungszentrum Leipzig-Halle geht es dabei vor allem um die Aufdeckung der Zusammenhänge zwischen den Auswirkungen des angestiegenen ruhenden Verkehrs und dem Zustand des Wohnumfeldes.

Der Aufbau von Großsiedlungen am Stadtrand war bereits in der DDR verkehrserzeugend. Die Wege zu den Arbeitsplätzen wurden länger und führten zu einer häufigeren Nutzung privater Kfz. Trotzdem blieb der städtische Personennahverkehr dominierend. Der Umzug aus der Altstadt in die randstädtische Großwohnsiedlung hatte sogar zur Folge, daß öffentliche Verkehrsmittel verstärkt genutzt wurden, weil viele Wege nicht mehr zu Fuß zurückgelegt werden konnten (VOIGT 1987).

Mit dem Jahr 1990 ist der PKW zum wichtigsten Konsumgut vieler ostdeutscher Familien geworden. Starke Steigerungen des privaten Kraftfahrzeugbestands hat es auch in Leipzig gegeben (1989: 230 Fahrzeuge pro 1.000 Einwohner, Mitte 1991: 357, Prognose 450–470, GORMSEN 1992, S. 132). Eine große Zahl von Haushalten mußte in Anpassung an den wirtschaftspolitischen Wandel seinen Lebensstil grundlegend ändern. Erst der eigene PKW machte es möglich, flexibel auf Arbeitsplatzangebote im Umland reagieren zu können, das mit öffentlichen Verkehrsmitteln nicht oder nur schwer erreichbar ist. Die neuen Verbrauchermärkte an den Autobahnen sind ohnedies am besten mit dem PKW anzufahren. Natürlich war der persönliche Wunsch nach Mobilität, insbesondere in der Freizeit ebenfalls maßgebend dafür, daß die PKW-Ausstattungsquoten der Haushalte bald jenen der alten Bundesländer entsprach. Im Jahr 1993 hatten 93% der befragten Grünauer einen PKW, 26% sogar zwei Fahrzeuge.

Der Vergleich der Verkehrsmittelwahl für den Arbeitsweg zwischen den Untersuchungsjahren 1987 und 1992 (Untersuchungen von KAHL) zeigt, daß der Gebrauch des PKW allein zu diesem Zweck von 18 auf 35% zugenommen hat. Zurückgegangen ist die Nutzung des ÖPNV (der immer noch den größten Anteil an Fahrten zur Arbeit stellt) und des Fahrrades (KAHL 1992, Abbildung 5).

Die DDR-Gesellschaft war vorrangig auf öffentliche Verkehrsmittel eingestellt. Dem wurde in den „sozialistischen Städten" Rechnung getragen. Auch für die Großwohnsiedlung Leipzig-Grünau hatte man eine massenhafte Nutzung von privaten PKW nicht geplant. Für je drei Wohnungen war ein PKW-Stellplatz vorgesehen und gebaut worden. Erst für den „Sättigungsmotorisierungsgrad" von 1 PKW/3,5 Einwohner, der nicht vor dem Jahr 2010 erwartet wurde, sah man einen Stellplatz je Wohnungseinheit (unabhängig von der Mieterzahl) vor. Für einen Mitte der 80er Jahre noch auf Jahrzehnte berechneten Zeitraum war eine geringere Zahl durchaus angemessen (VOIGT 1987).

Das Parkraumkonzept bestand in der begrenzten Anlage von Parkflächen in unmittelbarer Nähe der Wohnung (*Hausparkplätze*, WK 8: 3.059 Stück) und im Bau von größeren Parkplätzen in Randlage zum Wohngebiet (*Sammelparkplätze*, WK 8:

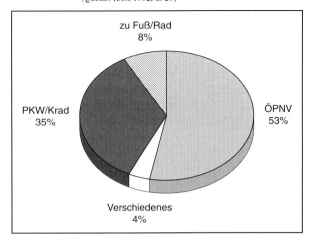

Abbildung 5: Verkehrsmittelwahl 1992 Leipzig-Grünau
(Quelle: KAHL 1992, S. 29)

2.236 Stück). Diese sind zwar von allen Wohnungen in wenigen Minuten zu erreichen. Wegen der Gefahr des Fahrzeugdiebstahls werden sie jedoch nur ungenügend angenommen.

Der hohe Stellenwert des Kraftfahrzeugs spiegelt sich im ruhenden Verkehr wider. In Abbildung 4 lassen sich unterschiedliche Parkräume abgrenzen. Die zentralen Parkmöglichkeiten werden völlig ausgeschöpft, während in den Randbereichen noch zahlreiche Stellplätze unbesetzt und zum Teil mit einer erheblichen Zahl Autowracks belegt sind. Die beengten Verhältnisse im zentralen Bereich zeigen sich auch deutlich an der hohen Zahl falschparkender Fahrzeuge. Gehwege, Brachflächen und besonders Grünflächen werden als Behelfsparkplätze umgenutzt (vgl. Abbildung 7). Die gesamte Fußgängerachse „Alte Salzstraße" ist zugeparkt (Abbildung 6). Umständlich erreichbar und in einem schlechten Zustand sind dagegen die Sammelparkplätze.

Mit dem ruhenden Verkehr in Großneubaugebieten beschäftigt sich die Stadtplanung gegenwärtig zu wenig. In manchen Fällen werden schnelle, aber kurzsichtige Lösungen angeboten. Die z.B. in Halle-Neustadt 1993 begonnene Umwidmung von Grünflächen in Parkplätze für 512 PKW ist nicht nur unökologisch, sondern weist auch in eine aus der Sicht der Raumplanung gefährliche Richtung. Parkplatzprobleme in Großneubaugebieten sind nicht durch Flächenumwidmungen für ebenerdiges Parken zu lösen. Dafür ist der Bedarf viel zu groß und würde alle anderen Freiflächenfunktionen weitgehend zurückdrängen.

WINKLER (1993) wies nach, daß für Grünau (37.600 Wohnungen laut Planung) bei einem Richtwert von 1,5 Stellplätzen je Wohnungseinheit und 17,8 m notwendigem Parkraum *(Rat der Stadt Leipzig 1992b)* für ebenerdiges Parken 101 ha Fläche allein für den ruhenden Verkehr nötig werden. Dies entspräche einem Viertel der Gesamtfläche Grünaus (WINKLER 1993, S. 87). Parken in mehreren Etagen (Parkhaus, Tiefgarage) wird wohl die einzig denkbare Lösung sein, welche auch die – vor scheinbare Alternativen gestellten – befragten Anwohner vorziehen. Bevorzugt werden dabei die Parkhäuser (69%) vor den Tiefgaragen (41%). Neue (ebenerdige) Stellplätze halten viele Anwohner jedoch auch für notwendig und möglich (46%). Immerhin würden 26% akzeptieren, daß Grünflächen zur Verfügung gestellt werden. Mit Polizeimaßnahmen gegen Falschparker (28% der Befragten wünschen mehr Polizeikontrollen, 32%, daß Falschparker abgeschleppt werden) läßt sich keine Lösung auf Dauer herbeiführen.

Abbildung 6:
Beparkung von Fußgängerwegen WK 8
(Aufnahme: THOMAS KEIDEL, 4. Mai 1993)

Abbildung 7:
Beparkung ehemals gestalteter Grünflächen WK 8, Zingster Straße
(Aufnahme: THOMAS KEIDEL, 4. Mai 1993)

Die Anwohner verbinden mit einer für sie akzeptablen Lösung des Parkproblems ganz bestimmte Forderungen. An erster Stelle steht die Sicherung des PKW gegen Diebstahl (88%). Am zweitwichtigsten ist den Bürgern der sichere (63%) und kurze (61%) Weg zur Wohnung. Die Parkfläche selbst sollte, wegen der Diebstahl- und Überfallgefahr, übersichtlich (51%) sein. Wichtig ist auch, daß ein Stellplatz garantiert wird, also eine persönliche Reservierung möglich ist. Dies wünschen 50% der Befragten. Erst danach folgen Pflegezustand (42%) und Straßenbelag (38%).

Von Seiten der Kommunen scheitert die Verbesserung des Parkraumproblems häufig an mangelnden Finanzen. Die Mehrzahl der Befragten ist jedoch durchaus bereit, für sicheres und wohnungsnahes Parken 100 DM (21%) bis 200 DM (29%) zu bezahlen. Bei 500 DM Jahresgebühr scheint die Grenze des gegenwärtig Möglichen erreicht zu sein (bis 500 DM 9%, darüber 1%). Diese Summe reicht jedoch bei weitem nicht aus, um die gewünschte Parkraumqualität zu finanzieren. Immerhin ist auch ein erheblicher Teil der Befragten nicht bereit, eine Parkplatzgebühr zu entrichten (19%).

3.5 Freiflächen

Der Wohnkomplex 8 ist – ähnlich wie andere Teile von Leipzig-Grünau – nach quantitativen Kennwerten der Grünausstattung relativ gut versorgt, wenigstens besser als viele altstädtische Wohngebiete. Beispielsweise befinden sich im dritten Baufeld südlich der Ratzelstraße 20,05 ha Freianlagen (Hochbauten 3,07 ha, Verkehrsanlagen 9,93 ha). Trotzdem besitzt das Wohngebiet kaum erholungswirksame Freiräume. Es sind in der Regel offene Rasenflächen, z.T. durch Strauchpflanzungen gegliedert, d.h. lediglich Abstandsflächen zwischen den Wohnhäusern. Die Vorgärten sind dagegen meist bepflanzt und gestaltet.

Bis zur Wende wurde die Pflege überwiegend durch die Anwohner selbst besorgt. Sie bekamen entweder individuell oder als Hausgemeinschaft im Rahmen einer vertraglichen Vereinbarung mit dem für Grünflächenpflege zuständigen Stadtamt dafür ein Entgelt. Von diesen Einnahmen wurden in manchen Häusern Gemeinschaftsräume ausgebaut und Hausfeste finanziert. Nach der Wende fielen diese Verträge weg. Die Pflege wurde auf den meisten Flächen stark vernachlässigt oder unterblieb von Seiten der Stadtverwaltung als Rechtsträger ganz. Auch in Vorgärten siedelten sich deshalb Ruderalpflanzen an. Obwohl sie den Anwohnern nicht gefallen, greifen sie in der Anonymität ihrer Wohnsituation nicht zur Selbsthilfe. Die meisten Mieter wollen sich an einer Pflege nicht mehr beteiligen. Daß insbesondere die Rasenflächen von den Anwohnern nicht angenommen werden, zeigt ihre Nichtnutzung. Die Grünflächen, die keinen eigentlichen Wert für Erholung oder Landschaftsbild darstellen, werden bei Bedarf umgewidmet. Die Anwohner haben nur wenige oder keine Bedenken, sie zum ungeregelten Parken zu benutzen. Der Wunsch nach wohnungsnahem Parkraum hat den funktionslosen Grünraum bereits an vielen Stellen verdrängt.

Eine Zurücknahme dieser Veränderungen ist kaum möglich, solange nur der alte Zustand (einfaches Abstandsgrün) wiederhergestellt wird. Es sollte statt dessen überlegt werden, in welcher Weise Großwohngebiete sinnvoll und für die Anwohner akzeptabel mit Grünflächen ausgestattet werden können; denn nutzbares Grün ist für die Bewohner des Großneubaugebietes durchaus ein wesentliches Anliegen.

chermaßen vorhandenen Ordnungs- und Sauberkeitssinn entgegen. Auch hier suchen die Bewohner etwas Verlorengegangenes, nämlich gepflegte Vegetation. Erst aufgrund der übertriebenen Pflege vieler Flächen in Westdeutschland hat man sich an die Schönheit spontaner Vegetation erinnert.

Es besteht nicht vorrangig der Wunsch nach mehr Grünflächen, sondern nach einer anderen Gestaltung und Nutzbarkeit. Die meisten Befragten wünschen sich mehr Bäume, sehr viele Rabatten, intensivere Pflege. Rasen zum Spielen sind ebenso erwünscht wie Ruhebereiche. Die Gestaltungsvorstellungen gehen also sehr klar in die Richtung einer intensiv gepflegten Garten- oder Parklandschaft, die abwechslungsreich begrünt und funktional differenziert gestaltet sein soll. Eine Annahme von Flächen erfolgt insbesondere bei Wohngrün durch eigene Bearbeitung. Diese Pflege von Grünflächen durch Anwohner kann nicht anderweitig ersetzt werden, weil nur diese Form einen Beitrag zur Stabilität von Großwohnsiedlungen bringen kann. Mögliche Varianten sind in den Haus- und Mietergärten zu sehen. Fast immer hat die individuelle Gestaltung einen positiven Einfluß auf den gesamten Wohnhof (Abbildung 8).

Abbildung 8:
Mietergärten Wohnkomplex 5.2, Heidelberger Straße
(Aufnahme: THOMAS KEIDEL, 2. August 1993)

Die Befragung zeigte, daß sowohl im Innenhof als auch vor dem Gebäude bzw. im gesamten Wohngebiet Grün einen hohen Stellenwert genießt. Für 62% der Befragten ist es vor dem Haus „sehr wichtig", für weitere 26% „wichtig". Dieses Ergebnis scheint im Gegensatz zum beobachteten Umgang mit dem Grün zu stehen. Aber die Schlußfolgerung, ungepflegte Vorgärten und befahrene Rasenflächen deuteten auf eine geringe Wertigkeit hin, ist so nicht richtig. Gewünscht wird vielmehr ein anderes Grün im Wohngebiet.

Die ökologischen Vorstellungen aus den alten Bundesländern, spontane Vegetation mehr im Bewußtsein und städtischen Wohngebieten zu integrieren, lassen sich gegenwärtig in den neuen Bundesländern nur schwer anwenden. Dort, wo durch fehlende Pflege und Stadtverfall seit Jahrzehnten Spontanvegetation einen festen Platz hatte, haftet ihr heute der Makel des Mangels und der Unordnung an. Diese sollten aber gerade überwunden werden.

Deshalb kommt man mit westdeutschen Planungsvorstellungen der 70er und 80er Jahre dem im Osten Deutschlands glei-

Die bisher brachliegenden Flächen sollten als Gestaltungspotential des Wohngebietes aufgefaßt werden. Eine verschiedenartige Nutzung dieser Freiflächen ist denkbar. In den meisten Fällen handelt es sich um ehemalige Grünflächen oder zumindest um Flächen, deren Begrünung vorgesehen war. Sie werden nicht als ökologische Ressourcen oder Biotope angesehen, sondern als Schandflecken im Wohngebiet; sie stoßen also auf keine bestandsgarantierende Einstellung der Bewohner. Die wenigsten Befragten können sich vorstellen, sie als naturnahe Flächen zu erhalten. Eher besteht der Wunsch nach gepflegtem Grün oder Spielflächen, d.h. nach einer Parkstruktur. Weit über die Hälfte der Befragten möchte sie allerdings als Abstellfläche für PKWs verwendet wissen.

4 Entwicklungschancen der Großsiedlung

Die Entwicklungsrichtung der gesamten Großsiedlung Grünau ist ebenso wie in anderen Großsiedlungen Ostdeutschlands durchaus noch unbestimmt. Vieles wird davon abhängen, ob es gelingt, die vorhandenen inneren Differenzierungen (individuelle Gestaltung, abwechslungsreiches Grün, akzeptable Gebäudeanordnung u.a.) weiter zu fördern. Daß dies nicht für die gesamte Großsiedlung möglich ist und Teile davon mit einer ökologischen Sanierung und Revitalisierung des Wohnumfeldes große Probleme haben werden, erscheint denkbar. Die damit verbundene und kaum vermeidbare soziale Segregation muß aber nicht dazu führen, daß die gesamte Großsiedlung zum Wohngebiet sozial benachteiligter Bevölkerungsteile absinkt. Noch sind „Gutverdienende" in Grünau stärker als in anderen Mietwohnvierteln Leipzigs vertreten. Die Frage, ob diese Gruppen auf Dauer hier bleiben werden, kann gegenwärtig nicht beantwortet werden.

In naher Zukunft besteht die Möglichkeit, über gezielte, viertelsbezogene Privatisierung und Förderung die Wohn- und Wohnumfeldsituation ganz Grünaus oder von Teilen der Siedlung zu verbessern und ihr eine Entwicklungsperspektive zu geben. Die Verkehrssituation erscheint dabei der Schlüssel für die Freiflächengestaltung zu sein. Es zeigt sich, daß die bestehenden Freiflächen, wie viele andere Bestandteile der Großsiedlung, nicht den gegenwärtigen Bedürfnissen ihrer Bewohner entsprechen. Die künftige Gestaltung ist von der Lösung des Problems, das der ruhende Verkehr stellt, abhängig. Die gegenwärtige Situation – ungeregeltes Parken und zerstörte Grünflächen – wird ja von den meisten Bewohnern selbst als unzumutbare Belastung empfunden. Eine Aufwertung des Wohnumfeldes durch mehrgeschossiges, kostenpflichtiges Parken, verbunden mit einer freizeitorientierten Grüngestaltung wäre ein wichtiger Beitrag zu einer zukunftsträchtigen Entwicklung der Großsiedlung Grünau.

Literatur

BMBau (Bundesministerium für Raumordnung, Bauwesen und Städtebau Hrsg.) (1991): ExWoSt Information 1 Forschungsfeld Entwicklung großer Neubaugebiete. – Bonn.

FISCHER, D. (1986): Das Wohngebiet Leipzig-Grünau – ein Beitrag zur Lösung der Wohnungsfrage in der Stadt Leipzig. In: Architektur der DDR 35, H. 5, S. 268–269.

GIBBINS, O. (1988): Großsiedlungen. Bestandspflege, Weiterentwicklung. – München.

GORMSEN, N. (1992): Spannungsfeld Stadtmitte – Stadtrand. Zur Verkehrssituation und Verkehrskonzeption der Stadt und Region Leipzig. In: GRÜNDLER, U. (Hrsg.): Verkehrspolitik zwischen Krisenmanagement und Zukunftsgestaltung. – St. Augustin, S. 131–142.

GRUNDMANN, W. (1986): Historisches rund um Grünau. – Leipzig.

HOSCISLAWSKI, T. (1991): Bauen zwischen Macht und Ohnmacht. Architektur und Städtebau in der DDR. – Berlin.

JANA, G. und W. STEIN (1986): Baumaßnahmen des Verkehrs im Wohngebiet Grünau. In: Architektur der DDR 35, H. 5, S. 285–287.

KAHL, A. (1992): Grünau '92. Intervallstudie Forschungsinstitut Wohnen. – Leipzig.

NEUMANN, P. (1992a): Berlin-Marzahn und Berlin-Märkisches Viertel: ein Vergleich von Großwohnsiedlungen in Ost und West. – Münster.

Rat der Stadt Leipzig (Hrsg.) (1992a): Kommunale Gebietsgliederung der Stadt Leipzig. – Leipzig.

Rat der Stadt Leipzig (1992b): Verkehrskonzeption (Entwurf). Dezernat für Stadtentwicklung und Raumplanung. – Leipzig.

Rat der Stadt Leipzig (Hrsg.) (1993a): Ortsteilkatalog 1993. – Leipzig.

Rat der Stadt Leipzig (Hrsg.) (1993b): Flächennutzungsplan Stadt Leipzig. Entwurf. – Leipzig.

SIEGEL, H. (1974): Wohngebiet Leipzig-Grünau. Ideenwettbewerb und Planung. In: Architektur der DDR 21, H. 10, S. 596–602.

VOIGT, W. (1987): Verkehr und Wohngebiet. Grundsätze und Methoden der Planung. – Berlin.

WELLNER, H. D., G. EICHHORN, W. SCHEIBE und G. WALTHER (1986): Geplant – gebaut – bewohnt: Wohngebiet Leipzig-Grünau. In: Architektur der DDR 35, H. 5, S. 273–279.

WINKLER, W. (1993): Großsiedlung Leipzig-Grünau. Freiraumplanerischer Beitrag zur Umweltentwicklung. Diplomarbeit Inst. f. Städtebau, Wohnungswesen und Landesplanung und am Inst. f. Landschaftspflege und Naturschutz d. Univ. – Hannover.

Thomas Keidel M.A.
Umweltforschungszentrum Leipzig-Halle GmbH – Projektbereich Urbane Landschaften
Permoserstraße 15, 04318 Leipzig

Friedhelm Frank

Plauen im Vogtland
Die Stadtentwicklung als Spiegel politischer und wirtschaftlicher Veränderungen[1]

1 Die Behandlung im Erdkundeunterricht

Nachdem Themen aus dem Gebiet der ehemaligen DDR im Erdkundeunterricht Bayerns bis zum Jahre 1989 nur gelegentlich behandelt wurden, schlug mit der Wiedervereinigung Deutschlands das Pendel in die andere Richtung aus; denn die Nachfrage der Lehrer nach Materialien über die Geographie der neuen Länder war groß. Inzwischen ist auch hier wieder Normalität eingezogen, und es gilt herauszufiltern, was Schülern in Bayern über die neuen Länder gelehrt werden sollte. Ein zentraler Themenbereich ist sicher die Raumwirksamkeit politischer Entscheidungen. So zeigen sich sowohl im ländlichen Raum als auch in den Städten große Unterschiede zwischen West und Ost, die ihre Ursache allein in den unterschiedlichen politisch-ökonomischen Systemen haben.

Unter diesem Aspekt wird der Vergleich der Nachkriegsentwicklung von deutschen Städten vor allem ein Thema des Unterrichts in der 11. Jahrgangsstufe sein. Im Themenbereich 1.4 Wirtschafts- und Sozialräume Deutschlands lernen die Schüler „die Raumwirksamkeit politischer Entscheidungen (…) kennen. Darüber hinaus erhalten Sie einen Einblick in stadtgeographische Phänomene, Modelle und Prozesse und werden so zur Anwendung auf konkrete Beispiele in Deutschland befähigt" (Amtsblatt des Bayerischen Staatsministeriums für Unterricht, Kultus, Wissenschaft und Kultur, 1990, Sondernummer 3).

In diesem thematischen Zusammenhang ist Plauen ein geeignetes Beispiel für die Darstellung der typischen Entwicklung von Städten in der DDR. Diese war gekennzeichnet durch
- den Wiederaufbau von kriegszerstörten Innenstadtbereichen ohne Rücksicht auf die überkommenen Baufluchten,
- die ‚sozialistische' Wohnbebauung mit allen Entwicklungsphasen vom Formalismus bis hin zum Plattenbau der 70er Jahre,
- den Verfall der Wohnbebauung im Bereich der Innenstadt,
- freigeräumte und nicht wieder bebaute Flächen in der Innenstadt sowie
- Stadterweiterungen mit Wohnsiedlungen in Plattenbauweise.

Weiterhin zeigt gerade die Plauener Innenstadt mit umfangreichen Renovierungsarbeiten und Neubauten die Auswirkungen der Wiedervereinigung, insbesondere die Anpassung an marktwirtschaftliche Strukturen.

Für den Erdkundeunterricht in Bayern ist Plauen insofern ein dankbares Beispiel, weil es nicht nur die für die DDR typischen Entwicklungen deutlich macht, sondern auch im Rahmen einer Exkursion von vielen nordbayerischen Schulen aus leicht erreicht werden kann. In den vom ISB (= Staatsinstitut für Schulpädagogik und Bildungsforschung) herausgegebenen Handreichungen zur Exkursionsdidaktik *(zur Zeit im Druck)* ist der Vorschlag für eine Exkursion nach Plauen enthalten.

2 Die Stadtentwicklung Plauens

2.1 Das Wachstum bis 1945

Bis zum Beginn der modernen Zeit lag Plauen an einem wichtigen West-Ost-Handelsweg. Hier entwickelte sich früh das städtische Gewerbe, in dem Tuchweberei und Spitzenherstellung bedeutend waren. Daneben hielt schon im 15. und 16. Jahrhundert – von der benachbarten Markgrafschaft Bayreuth beeinflußt – die Baumwollweberei Einzug. Bevorzugtes Produkt waren Baumwolltücher, die zunächst im Auftrag Nürnberger Kaufleute erzeugt und von diesen vor allem nach Ostmitteleuropa verhandelt wurden.

Im Industriezeitalter verstärkte sich die günstige Verkehrslage Plauens durch die um 1850 angelegten Eisenbahnlinien nach Leipzig, Reichenbach, Hof und Eger. Das Textilgewerbe war die Leitbranche, insbesondere die Stickerei, die sich bald als führendes Plauener Gewerbe erweisen sollte. Eine wichtige Rolle spielten auch die mechanische Spinnerei und Weberei. Unter den verschiedenen Ausrüstungsbetrieben der Textilbranche trat seit den 80er Jahren des vorigen Jahrhunderts der Maschinen- und Metallbau als ein weiterer Industriezweig hervor.

Als Folge der Industrialisierung wuchs die Bevölkerung Plauens von 13.640 Einwohner im Jahre 1854 auf 128.014 Einwohner im Jahre 1912, d.h. sie verzehnfachte sich innerhalb von knapp sechzig Jahren, und die Stadt erreichte die größte Bevölkerungszahl ihrer Geschichte (Tabelle 1). Der folgende und anhaltende Bevölkerungsrückgang hatte seine Ursache zunächst in den ersten schweren Konjunkturkrisen der Textilindustrie. Schon vor dem Ersten Weltkrieg war der Niedergang der Stickerei- und Spitzenherstellung dafür verantwortlich. Später wirkten sich außer der Weltwirtschaftskrise die Schwankungen in der Mode aus. 1933 war in Plauen jedenfalls die Hälfte aller Beschäftigten erwerbslos; unter sämtlichen Großstädten Deutschlands hatte es die höchste Arbeitslosenrate.

---

[1] Diesem Beitrag liegen Beobachtungen zugrunde, die bei einer Begehung mit einer studentischen Arbeitsgruppe in der Innenstadt Plauens im Januar 1990 gemacht wurden. Dabei entstand auch eine Fotodokumentation, die bei einer späteren Untersuchung über die baulichen Veränderungen ausgewertet werden soll. An dieser Stelle danke ich allen beteiligten Studenten, besonders meinem damaligen Kollegen Rudolf Stauch, für die Unterstützung.

Tabelle 1: Die Einwohnerentwicklung Plauens 1854–1993 (Quelle: Stadtverwaltung *Plauen*)

Jahr	1854	1880	1900	1912	1930	1945	1950	1960	1970	1988	1989	1993
Einwohner	13.640	34.286	71.922	128.014	114.220	78.724	84.438	79.443	81.730	77.593	73.971	69.500

Bis Mitte des 19. Jahrhunderts war das bebaute Areal Plauens auf das ummauerte Stadtgebiet um Rathaus und Altmarkt beschränkt geblieben. Abbildung 1 zeigt, daß die mittelalterliche Stadtentwicklung Plauens im wesentlichen die Grundzüge vergleichbarer Städte widerspiegelt. Der Siedlungskern ist im Bereich des Hochufers zwischen St. Johanniskirche und Malzhaus zu suchen (Plauen I). Einer ersten Ummauerung der mittelalterlichen Stadt (Plauen II) folgt eine Stadterweiterung durch die Neustadt (Plauen III), deren Ummauerung nun auch das Schloß der Vögte mit in die befestigte Stadt einbezieht. Trotz wiederholter verheerender Stadtbrände (1430, 1548, 1635, 1732, 1844) blieb dieses Grundgerüst bis in die Mitte des 19. Jahrhunderts hinein bestehen.

Mit dem enormen Bevölkerungswachstum bis zum Ersten Weltkrieg und dem Anschluß an das Eisenbahnnetz wuchs die Siedlungsfläche erheblich. Insbesondere der Bau des Oberen Bahnhofs im Norden der Stadt gab die Richtung der stürmischen städtebaulichen Entwicklung vor. Es entstand die Bahnhofsvorstadt, deren Hauptachse die Altstadt mit dem Bahnhof verband und die das Hauptgeschäftszentrum Plauens wurde. Bis 1850 war der Marktplatz (Altmarkt) mit der ihm zugewandten Schaufassade des (alten) Rathauses der eindeutige Mittelpunkt gewesen. Nun verlagerte es sich in die Bahnhofstraße. Der Marktplatz geriet ins Abseits und verlor an Bedeutung (Abbildung 2). Dies zeigt auch die bauliche Entwicklung des Rathauses. War das alte Rathaus noch auf den Marktplatz ausgerichtet, so ist die Schauseite des neuen Rathauses, das zwischen 1913 und 1922 angebaut wurde, dem neuen Zentrum an der Bahnhofstraße zugewandt.

Altstadt und Bahnhofsvorstadt waren zunächst durch das Tal der Syra getrennt. Als ein Verkehrshindernis empfunden, ist es im Laufe der Zeit aufgefüllt worden und heute an der Nahtstelle zwischen Altstadt und Bahnhofsvorstadt nur noch andeutungsweise zu erkennen, weil im aufgeschütteten Bereich der „Tunnel" zu einem zentralen Platz umgestaltet wurde. Den Aufriß der Neustadt beherrschten repräsentative Gebäude mit Gründerzeit- und Jugendstildekor, die ein Ausdruck des Reichtums Plauener Unternehmer waren. Vor der Teilung Deutschlands galt die Stadt bis nach Oberfranken hinein deshalb als reich und vornehm.

Die Stadterweiterungen nach Westen (Neundorfer Vorstadt und Straßberger Vorstadt), Nordosten (Hammervorstadt), Süden

Abbildung 1: Die Entwicklung Plauens im Mittelalter (nach Ludwig 1993)

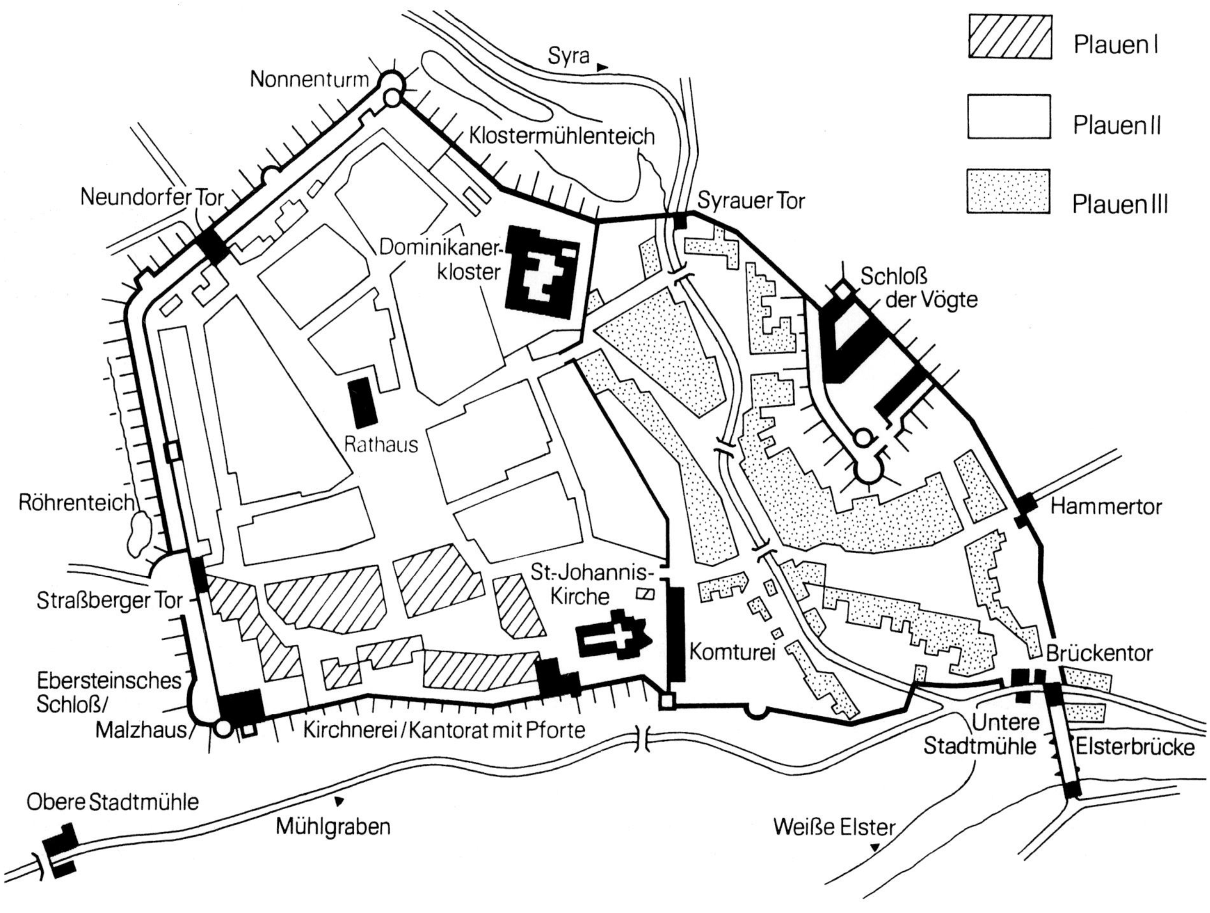

Abbildung 2: Die Entwicklung Plauens bis 1893 (Quelle: Autorenkollektiv 1986)

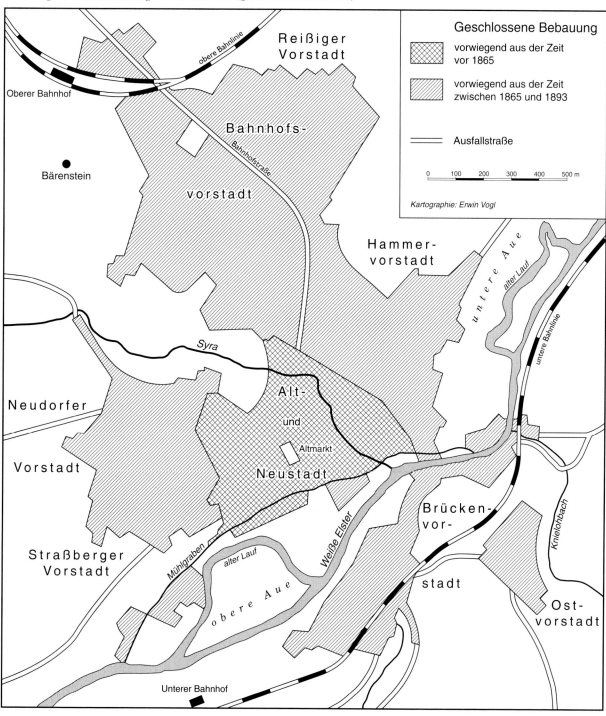

(Brückenvorstadt) und Osten (Ostvorstadt) standen der Bahnhofsvorstadt an Größe deutlich nach.

Eine Zäsur in der Entwicklung bedeutete der Zweite Weltkrieg, unter dem Plauen mehr zu leiden hatte als andere Städte vergleichbarer Größe. Noch am 10. April 1945 erlebte es einen Großangriff britisch-amerikanischer Bomberverbände, bei dem 92% der Schulen, 80% der Kulturstätten, 75% des Wohnraums, 70% der Industrieanlagen, 55% der Verwaltungsanlagen und 48% des Verkehrs- und Versorgungsnetzes vernichtet wurden. Nach Halberstadt (82%) und Dessau (80%) verzeichnete Plauen mit 75% den dritthöchsten Zerstörungsgrad an Wohnraum im Gebiet der späteren DDR (*Autorenkollektiv* 1986, S. 108).

Mindestens ebenso einschneidend für das Schicksal Plauens war aber die Tatsache, daß es nach der Teilung Deutschlands zur DDR kommen sollte. Neben den allgemeinen Rahmenbedingungen im Zeichen der Planwirtschaft litt es besonders unter der Durchtrennung seiner Wirtschaftsregion, die weit nach Oberfranken hineingereicht hatte. Durch die Grenzziehung wurde ihr innerer Zusammenhang zerschlagen; sowohl Zulieferer als auch Kunden gehörten von nun an zum großen Teil einem anderen Wirtschaftssystem an.

2.2 Die Nachkriegsentwicklung

2.2.1 Allgemeine Grundlagen (Exkurs)

Um die Situation Plauens in der Gegenwart besser verstehen zu können, sei ein vergleichender Überblick über die Entwicklung der Städte in den beiden Teilen Deutschlands und die sie bestimmenden Faktoren und rechtlichen Rahmenbedingungen vorangestellt (vgl. z.B. RICHTER 1974; SCHÖLLER 1961, 1967, 1986; WALLERT 1974; Tabelle 2).

staltet. Das Ergebnis des Wiederaufbaus sind Innenstädte, die sich im Vergleich zu den Städten Westdeutschlands durch viele Freiflächen und eine Bebauung in großen Abständen auszeichnen.

Bei der Neugestaltung der innerstädtischen Wiederaufbaugebiete kam der Wohnfunktion stets eine wichtige Rolle zu. Selbst in den zentralen Bereichen der großen Städte, wie am Alexanderplatz in Berlin oder an der Prager Straße in Dresden, waren die Neubauten im wesentlichen Wohngebäude. Eine Nut-

Tabelle 2: Die Nachkriegsentwicklung der Städte in den beiden Teilen Deutschlands (Übersicht)

Problemgebiet	BR Deutschland	DDR
Wiederaufbau zerstörter Städte	Fortbestehen des Eigentums an Grund und Boden — Weiterbestehen der Parzellenstruktur — Wiederaufbau im wesentlichen in den alten Baufluchten	Aufbaugesetz von 1959: Beschränkung oder Entziehung des Eigentumsrechts — Aufbau einer ‚sozialistischen' Stadt — alte Baufluchten und ehemaliger Grundriß gehen verloren
nicht kriegszerstörte Innenstadtbereiche	Verlust der Wohnqualität in den Innenstädten 60er Jahre: Bundesstädtebauförderungsgesetz — Stadtsanierung Versuch der Revitalisierung	Verfall der Innenstädte („Ruinen bauen ohne Waffen"), ab den 80er Jahren Ansätze zur Sanierung und Erneuerung

zentrale Innenstadtbereiche der größeren Städte	marktwirtschaftliche Preisbildung für Wohn- und Geschäftsflächen
	— Citybildung
	  – Konzentration von Handel und Dienstleistung
	  – Verdrängung der Wohnbevölkerung
		Ausschaltung des Marktes als Faktor der Mietpreisbildung
		— keine Ansätze der Citybildung
		— Fortbestand der Wohnfunktion in der Innenstadt

Die entscheidende Grundlage für den Neuaufbau der kriegszerstörten Städte in der DDR bildete das Aufbaugesetz vom 6. September 1950, in dem die Regierung beauftragt wurde, für den planmäßigen Wiederaufbau der Städte zu sorgen. In den durch dieses Gesetz erklärten städtischen Aufbaugebieten war ein Zugriff auf bebaute und unbebaute Grundstücke und eine damit verbundene dauernde oder zeitweilige Beschränkung oder Entziehung des Eigentums und anderer Rechte möglich.

Mit voller Absicht sollte sich der Wiederaufbau nicht an die alte Bausubstanz anlehnen. In der Regel wurde auf der Fläche der zerstörten Häuser eine neue Stadt errichtet und zumindest ansatzweise versucht, städtebauliche Konzeptionen der „sozialistischen Stadt" in die Tat umzusetzen. Der Neuaufbau erfolgte ohne Rücksicht auf die überkommene Parzellenstruktur. Einzig der Straßenverlauf erinnert heute noch an die ursprüngliche Bebauung. Ein wichtiger Bestandteil war die Errichtung von großen Wohnhäusern mit wohnungsnahen Einrichtungen zur Grundversorgung. Dazu gehörten Einkaufsstätten ebenso wie Schulen, Kinderkrippen, -gärten und -horte.

In den Anfangsjahren des Wiederaufbaus achtete man vor allem an zentralen Straßen und Plätzen auf eine repräsentative Gestaltung der Wohnhäuser („sozialistischer Formalismus"), verzichtete aus Kostengründen darauf aber schon bald. Die zunächst noch in konventioneller Bauweise („Stein auf Stein") errichteten Wohnblocks wurden ab den 60er Jahren von Wohnanlagen in industrieller Großplattenfertigung („Komplexbauweise") abgelöst.

Zur Planung gehörte es auch, daß zerstörte Stadtbereiche abgeräumt und nicht wieder bebaut wurden. Die geräumten Flächen wurden als Frei-, Erholungs- oder Verkehrsflächen ge-

zung durch Handel und Dienstleistungen erfolgte in den meisten Fällen nur in den beiden untersten Stockwerken. Dies war möglich geworden, weil eine freie Preisbildung für innerstädtische Mietflächen unter den planwirtschaftlichen Rahmenbedingungen nicht zustandekommen und die Wohnfunktion nicht über den Mietpreis verdrängt werden konnte. Die Innenstadtbereiche der Städte der DDR blieben so von den Auswüchsen der Citybildung verschont.

Fand in den zerstörten innerstädtischen Gebieten eine Erneuerung des Baubestandes statt, die den veränderten Ansprüchen Rechnung trug, blieb in den unzerstörten Teilen der vielfach aus dem 19. Jahrhundert stammende Baubestand mit all seinen Mängeln erhalten, ohne daß dieser auch nur ansatzweise erneuert wurde. Solche Viertel wurden zu Problemgebieten.

Der städtebauliche Verfall hat mehrere Gründe. Einmal ist es die Flucht vieler Hauseigentümer in den Westen, zum anderen die Schwierigkeit, in der DDR Baumaterialien für die Gebäudeerneuerung zu beschaffen. „Wesentlicher Grund dafür, daß so ausgeprägte qualitative Mängel entstehen konnten und Reparaturen sowie Modernisierungen unterblieben, ist das aus sozialpolitischen Gründen niedrig gehaltene Mietenniveau. Noch immer zahlen Arbeiter- und Angestelltenfamilien mit einem Monatseinkommen bis 2.000 Mark in Berlin (Ost) 1,— bis 1,25 Mark und in den Bezirken der DDR 0,80 bis 0,90 Mark Miete je qm Wohnfläche in Neubauwohnungen, Personen mit höherem Einkommen bis zu einem Drittel mehr. Lediglich für einige ausgewählte luxuriöse Wohngebäude gelten höhere Mieten. Die Altbaumieten befinden sich noch immer auf dem Niveau von 1938" (o.V. 1981, S. 94).

Auch der gesetzlich zugesicherte Anspruch auf Wohnraum, der einem jeden Unterkunft unter normalen Bedingungen, also nicht in Wohnheimen oder Asylunterkünften, garantierte, wirkte sich – obwohl in seiner Absicht durchaus positiv zu würdigen – negativ auf die Erhaltung der Wohnungssubstanz aus. „Die Garantie des Wohnraums in der DDR hat neben positiven Seiten auch negative Aspekte. Häufig ist die Zahlungsmoral von Mietern schlecht. Da sie nicht die Gefahr drohender Kündigung im Nacken haben, nehmen manche Bürger das Zahlen nicht so genau. Die Haus- und Straßengemeinschaften der Nationalen Front haben immer wieder damit zu tun, Säumige zur Zahlung anzuhalten, mit ihnen zu diskutieren und die Zahlungsmoral allgemein zu erhöhen. Für unsere Verhältnisse ist dies ein unvorstellbares Verfahren, weil solche Streitigkeiten in unserer Rechtsordnung zwischen dem Mieter und dem Vermieter ausgetragen werden müssen. In der DDR hingegen ist das eine öffentliche Angelegenheit. Eine andere negative Erscheinung des Rechts auf Wohnraum in der DDR war, daß sich manche Mieter wenig Mühe machten, ihre Wohnung oder ihr staatliches bzw. genossenschaftliches Haus pfleglich zu behandeln und in Ordnung zu halten" (*Friedrich-Ebert-Stiftung* 1986, S. 31).

Als Ersatz für den verlorengegangenen Wohnraum in den Innenstädten wurden am Rand der Städte Großwohnanlagen in Plattenbauweise errichtet, weil dies schneller ging und kostengünstiger war als die Sanierung der Innenstädte. Für den Verfall der Innenstädte, der nahezu ausschließlich durch die gesellschaftlichen Rahmenbedingungen hervorgerufen worden war, schuf der Volksmund die Parole „Ruinen schaffen ohne Waffen". Erst zu Beginn der 80er Jahre wurde dieses Problem in der DDR offen diskutiert. Vor allem Stadtplaner und Architekten bemühten sich um die Erneuerung der verfallenen Innenstadtbereiche, die aber aufgrund der politischen Entwicklung im Ansatz stecken blieb. Die Beispiele Rostock, Frankfurt/Oder und Potsdam zeigen, daß die Stadtplaner dabei nicht nur an die Restauration der Altstadtgebiete dachten, sondern daß sie auch die Verfahren der Plattenbauweise als zeitgemäße Lösung für die Innenstädte ins Auge faßten.

2.2.2 Der Wiederaufbau Plauens

Die Innenstadt

Weil Plauen kurz vor Ende des Zweiten Weltkrieges schwere Schäden durch Bombenangriffe erlitten hatte, stand die Stadt nach dem Krieg vor dem Neuaufbau. Wie auch in anderen Städten der DDR wurde die Möglichkeit einer Neugestaltung der Innenstadt im Sinne der o.g. stadtplanerischen Vorstellungen genutzt. Der besonders stark in Mitleidenschaft gezogene nordwestliche Teil der Bahnhofsvorstadt mit seiner fast vollständig zerstörten, meist gründerzeitlichen Blockbebauung war ein erstes Schwerpunktgebiet des Wiederaufbaus. Es lassen sich drei zeitliche Abschnitte unterscheiden (Abbildung 3):

– In der ersten Phase ab 1952 lehnte sich die Blockbebauung noch an die Fluchtlinien, nicht aber an die Parzellenstruktur der ehemaligen Bebauung an. Gebaut wurden Wohnhäuser in konventioneller Technik („Stein auf Stein"), die an der zentralen Bahnhofstraße mit den typischen „stalinistischen" Bauzitaten dieser Zeit repräsentativ gestaltet wurden. Bauträger der Wohnhäuser zwischen August-Bebel-Straße und Fritz-Heckert-Straße (jetzt: Stresemannstraße) war die DSAG (= Deutsch-Sowjetische Aktien-Gesellschaft) Wismut, die von 1949 bis 1965 bei Plauen Uranerzbergbau betrieb.

Bild 1:
In den 70er Jahren auf der Fläche gründerzeitlicher Bebauung neu errichtete Wohnblocks in konventioneller Bauweise (Dörffelstraße/Straßberger Straße)

– In der zweiten Phase zwischen 1959 und 1964 wurde das Viertel zwischen der August-Bebel-Straße und der nordwestlich gelegenen Bahnlinie in aufgelockerter Form bebaut. In diese Phase fällt der Übergang von der konventionellen zur Großplattenbauweise, die durch vier zehngeschossige Punkthäuser östlich des obersten Teiles der Bahnhofstraße eindrucksvoll repräsentiert ist.

– Im dritten Bauabschnitt nach 1964 gestaltete man schließlich den Bereich westlich der oberen Bahnhofstraße bis zur Friedenstraße neu. Auch hier setzen elfgeschossige Wohnhäuser in Großplattenbauweise städtebauliche Akzente. Zwischen Straßberger Straße und Dörffelstraße ersetzten ebenfalls moderne Wohnblocks die im Krieg zerstörte gründerzeitliche Blockbebauung. Dieses Gebiet wurde erst zwischen 1973 und

Abbildung 3: Wiederaufbauphasen der Stadt Plauen (Vogtland)

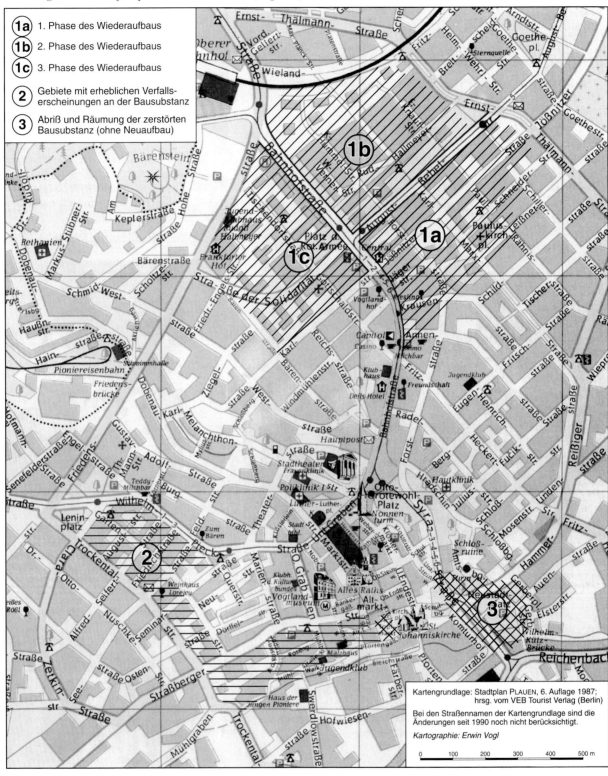

1976 überbaut und ist in ihrer konventionellen Bauweise für den Wohnungsbau dieser Zeit untypisch.

Daneben gibt es auch einige durch Bomben zerstörte Stadtteile, die nicht wieder bebaut, sondern nach ihrer Räumung als Freiflächen in die Stadtgestaltung einbezogen worden sind. Sehr auffällig ist dies in der Umgebung des Topfmarktes östlich der Johanniskirche, wo die große Freifläche innerhalb des mittelalterlichen Stadtensembles wegen des Fehlens einer Randbebauung bis heute recht unorganisch wirkt und den Blick in die Hinterhofbereiche der zum Alten Markt und zur Straßberger Straße hin orientierten Anwesen freigibt.

Ein weiteres Beispiel für die Räumung einer im Krieg zerstörten Fläche mit Verzicht auf eine neue Bebauung ist der gesamte Bereich um den Neustadtplatz, der mit großen Teilen der mittelalterlichen Stadterweiterung zusammenfällt (entspricht Plauen III in Abbildung 1). Die Anlage der verbreiterten Syra-

Bild 2:
Häuserfront am Topfmarkt: Die Randbebauung wurde abgerissen, so daß nun die Hinterhofbereiche der Anwesen an Straßberger Straße und Altem Markt aufgeschlossen sind.

straße im nunmehr überdeckten Flußbereich der Syra und einer ansatzweisen Gestaltung als Grünfläche bzw. Parkplatz wirkt insgesamt so geschlossen, daß sich die Veränderungen erst im Vergleich mit Karten bzw. Bildern aus der Vorkriegszeit erschließen lassen.

Neubaugebiete am Stadtrand

Da in Plauen wegen der großen Kriegszerstörungen in der Innenstadt für den Wiederaufbau und die Errichtung neuer Wohnungen genügend zentrumsnahe Flächen zur Verfügung standen (vergleichbar mit Dresden, das eine ähnliche Ausgangssituation hatte), beginnen die sonst für die Städte der DDR typischen Stadterweiterungen durch Großwohnbauprojekte am Stadtrand relativ spät. Erst Ende der siebziger Jahre fand mit der Erschließung der größeren Wohnbaustandorte Mammenstraße und Chrieschwitz eine Verlagerung der Neubautätigkeit an den Stadtrand statt. Diese Neubaugebiete wurden für 16.000 Bewohner, also für etwa ein Fünftel der Einwohnerschaft Plauens geplant und angelegt. Mit seiner guten Erschließung für den öffentlichen Verkehr und seiner Ausstattung mit öffentlichen Einrichtungen (Schulen, Kindergärten usw.) sowie Einkaufs- und Versorgungszentren gleicht dieses Neubauviertel anderen Großwohnanlagen vollständig.

Der Verfall innerstädtischer Wohngebiete

Vor allem am Rand der Innenstadt haben einige Straßenzüge die Bombenangriffe mit geringen Schäden oder gänzlich unbeschadet überstanden. Diese Stadtteile sind heute die Problemgebiete, da ihre Bausubstanz zusehends verfällt. Die oben genannten Gründe für den Niedergang von Innenstädten der DDR treffen selbstverständlich auch in Plauen zu. Hier kommt aber verschärfend hinzu, daß wegen der umfangreichen Neubaumaßnahmen trotz eines drastischen Bevölkerungsrückgangs gar kein Bedarf für solche Altbauwohnungen mehr vorhanden war. Noch in den

Bild 3:
Häuserzeile mit verfallener Bausubstanz am Mühlberg (Fotos: F. FRANK)

Nachkriegsjahren aufgrund der großen Wohnungsnot stark belegt, blieben sie nach dem Umzug der Bewohner in Neubauwohnungen meist leer. Dies beschleunigte den Verfall der Gebäude.

An vielen Stellen der Innenstadt stößt man auf die verfallene Bausubstanz, besonders zwischen Trockental- und Seminarstraße. Die Reste der Häuser deuten an, daß hier eine meist zweigeschossige Blockbebauung üblich gewesen ist. Während an einigen Gebäuden das deutliche Bemühen der Besitzer um deren Erhalt zu erkennen ist, zeigen andere, daß sich seit Jahrzehnten niemand mehr um sie gekümmert hat. Ihre Eigentümer sind längst in Westdeutschland ansässig geworden.

Das Stadtzentrum (Bahnhofstraße)

Die verkehrsberuhigte, nur von der Straßenbahn durchfahrene Bahnhofstraße ist der zentrale Einkaufsbereich der Stadt geblieben. Anders als in vielen Städten der DDR gab es hier schon vor 1990 Ansätze zur Citybildung. Sie waren indes nicht die Folge der städtischen Entwicklung in der DDR-Zeit, sondern beruhten auf Strukturen aus der Vorkriegszeit. Schon damals kennzeichnete den unteren Teil (zum Tunnel hin) die Geschäfts- und Verwaltungsfunktion. Im oberen Teil, wo zwischen 1952 und ca. 1980 größere Neubauprojekte verwirklicht wurden, dominiert die Wohnfunktion eindeutig.

Ein gutes Beispiel für die Ausschaltung marktwirtschaftlicher Grundsätze ist der markante Neubaublock in Plattenbauweise an der Einmündung der Stresemannstraße in die Bahnhofstraße. In dieser zentralen Lage war es sogar möglich, ein Wohnheim für ältere Bürger zu errichten. Bezeichnenderweise geriet dieser Standort gleich nach der „Wende" unter Druck, weil hier Geschäftshäuser errichtet werden sollen.

3 Plauen seit der Wiedervereinigung

Plauen litt zunächst – wie fast alle Industriestädte der neuen Länder – unter Bevölkerungsabnahme. Quantitativ faßbar ist der Rückgang seit 1988 (vgl. Tabelle 1). Seitdem haben ca. 8.000 Einwohner der Stadt den Rücken gekehrt. Das entspricht einem Verlust von 10% in nur fünf Jahren. Die Situation wäre noch schlimmer, wenn Plauen nicht so nahe an der Landesgrenze läge. Etwa 4.000 Tagespendler aus dem Arbeitsamtsbezirk Plauen sind in Oberfranken beschäftigt. Die relativ günstige Wohnungssituation im Vogtland ist für viele ein Grund, weiterhin in der Heimat zu bleiben.

Trotz dieser Bevölkerungsabnahme setzte in Plauen eine neue städtische Entwicklung ein, die sich seit der Wiedervereinigung vor allem in der Um- bzw. Neugestaltung der Innenstadt niederschlägt. Dieser Wandlungsprozeß geht so rasch voran, daß Ausmaß und Ergebnis noch nicht abgeschätzt werden können. Ein paar Hinweise müssen deshalb genügen.

Besonders auffällig ist der Wandel der Innenstadt zwischen Rathaus und Bahnhof. In der Bahnhofstraße handelt es sich mehr um Renovierungen als um Neubauten, vor allem um Fassadenverschönerungen. Das Vordringen westlicher Filialbetriebe hat den zentralen Einkaufsbereich bereits erfaßt. Zwischen Nonnenturm und Neustadtplatz (südlich der Syrastraße) herrscht dagegen eine ausgeprägte Neubautätigkeit. Hier wurden bereits zwei größere Einzelhandelskomplexe im Passagenstil fertiggestellt, drei weitere sind im Bau bzw. in der Planung. Es ist abzusehen, daß in diesem Viertel ein Einkaufsstandort entsteht, der Plauen für seine nähere und weitere Umgebung wieder attraktiv machen wird.

In den Verfallsgebieten der Innenstadt hat sich inzwischen kaum etwas getan. Es gibt nur vereinzelte Beispiele für den Neuaufbau verkommener Wohnhäuser. Die ungeklärten Eigentumsfragen und das Problem von Erbengemeinschaften sind hier die den Aufbau hemmenden Faktoren. Wohin die Entwicklung einmal gehen wird, deutet ein Neubaugebiet südlich der Straßberger Straße an, das einen großen Komplex mit Wohnungen, Büros und Geschäften umfaßt.

4 Schlußbemerkung

Wie gezeigt, war die Stadtentwicklung Plauens für viele Mittelstädte in der DDR typisch. Im Vergleich zu der in Oberfranken gelegenen Nachbarstadt Hof/Saale wird deutlich, daß durch die besonderen Wirtschaftsbedingungen in der DDR der notwendige Strukturwandel in der Industrie nicht erfolgte. Plauen blieb deshalb auch von einem großen Teil der damit verbundenen Probleme wie z.B. einem größeren Bevölkerungsrückgang verschont. Dieser in Hof im Prinzip die gesamte Nachkriegszeit bestimmende Prozeß wurde in Plauen mit der Vereinigung gleichsam über Nacht in Gang gesetzt.

Trotzdem ergeben sich für Plauen günstigere Zukunftsperspektiven als für andere vergleichbare Städte in den neuen Ländern. Plauen kann dabei vor allem von seiner zentralen Lage profitieren. Es zeichnet sich ab, daß das Städtepaar Plauen–Hof ein wichtiger Standort für Dienstleistungen in der Mitte Europas wird.

Literatur

Autorenkollektiv (1986): Plauen und das mittlere Vogtland. – Berlin (= Werte unserer Heimat, Bd. 44).

Friedrich-Ebert-Stiftung (Hrsg.) (1986): Der Alltag in der DDR. – Bonn.

LUDWIG, Walter (1993): Ein Gang durch Alt-Plauen (o.O.) (Schriftenreihe des Vogtlandmuseums Plauen, Heft 60).

o.V. (1981): DDR und Osteuropa. Wirtschaftssystem, Wirtschaftspolitik, Lebensstandard. Ein Handbuch. – Opladen.

RICHTER, D.: (1974): Die sozialistische Großstadt – 25 Jahre Städtebau in der DDR. In: Geogr. Rundschau 26, S. 183–191.

SCHÖLLER, P. (1961): Wiederaufbau und Umgestaltung mittel- und nordostdeutscher Städte. In: Informationen d. Inst. f. Raumfschg. 21, S. 557–583.

– (1967): Die deutschen Städte. – Wiesbaden (Erdkundl. Wissen, 17).

– (1986): Städtepolitik, Stadtumbau und Stadterhaltung in der DDR. – Stuttgart (Erdkundliches Wissen, 81).

WALLERT, W. (1974): Sozialistischer Städtebau in der DDR. In: Geogr. Rundschau 26, S. 177–182.

Dr. Friedhelm Frank
Lehrstuhl für Didaktik der Geographie der Universität München
Schellingstraße 9, 80799 München

Wilfried Büttner

Strukturwandel im Niederlausitzer Braunkohlenrevier
Materialien für den Unterricht

1 Braunkohle – der wichtigste heimische Energieträger

Braunkohle ist im vereinigten Deutschland nach dem Mineralöl der bedeutendste Energielieferant und damit der wichtigste heimische Primärenergieträger. 1993 betrug der Anteil der Braunkohle am Primärenergieverbrauch etwa 14%.

Die inländische Erzeugung von 66,4 Mio. t SKE (Steinkohleneinheiten) wurde nur durch geringe Importmengen aus der Tschechischen Republik ergänzt. Bei der Steinkohle deckt die inländische Gewinnung rund 83% des Verbrauchs. Deutlich geringer sind die Anteile der heimischen Ressourcen beim Erdgas mit einem Fünftel und beim Mineralöl mit lediglich 2% des Verbrauchs.

Die Stromerzeugung in Deutschland stützte sich 1993 auf drei gleich große Säulen: die Kernenergie mit einem Anteil von 29%, die Braunkohle mit 28% und die Steinkohle mit 27% (*DEBRIV* 1994, S. 6).

Allerdings erscheint es auch vier Jahre nach der Vereinigung nicht als sinnvoll, die energiewirtschaftliche Situation in Deutschland als Ganzes zu beschreiben (Tabelle 1). Zu sehr

Tabelle 1: Anteil der Primärenergieträger am Primärenergieverbrauch 1993 in Prozent

	alte Länder 407,8 Mio. t SKE	neue Länder 72,8 Mio. t SKE	Bundesgebiet insgesamt 478,0 Mio. t SKE
Braunkohle	7,7%	49,6%	14,1%
Steinkohle	16,9%	3,3%	14,8%
Mineralöl	42,0%	32,6%	40,6%
Erdgas	18,5%	14,4%	17,9%
Kernenergie	12,1%	—	10,3%
Sonstige	2,8%	0,1%	2,3%

Quelle: *DEBRIV* 1994, S. 4

wirken die unterschiedlichen Ausgangsstrukturen nach. In den alten Bundesländern hat der 1992 einsetzende konjunkturelle Abschwung einen Rückgang des Primärenergieverbrauchs um 0,6% ausgelöst. Als Folge eines geringeren Einsatzes in den Kraftwerken ging der Braunkohlenverbrauch 1993 um 6,0% zurück, der Anteil der Braunkohle am Primärenergieverbrauch sank auf 7,7%.

In den neuen Bundesländern hat die mit der Vereinigung erfolgte Öffnung des Energiemarktes zu einem raschen Strukturwandel im Energieverbrauch geführt. Der wirtschaftliche Umstrukturierungsprozeß und der Rückgang der Wirtschaftstätigkeit verursachte einen seit 1990 anhaltenden Rückgang im Primärenergieverbrauch und eine Abnahme der Braunkohlenförderung um 66% bis 1993 (Tabelle 2). Mit einem Anteil von fast 50% blieb die Braunkohle aber der wichtigste Energieträger im Osten.

Tabelle 2: Braunkohlenförderung in Deutschland 1989–1993 in Millionen Tonnen

Revier	1989	1990	1991	1992	1993	2000
Rheinland	104,2	102,2	106,4	107,5	102,1	110
Helmstedt	4,4	4,3	4,5	4,7	3,9	
Hessen	1,2	1,0	0,8	0,1	0,1	
Bayern	0,1	0,1	0,0	0,0	0,0	
Lausitz	195,1	168,0	116,8	93,1	87,4	55
Mitteldeutschland	105,7	80,9	50,9	36,3	28,2	≤ 20
Gesamt	410,7	356,5	279,4	241,8	221,7	

Quelle: *DEBRIV* 1994

2 Die Bedeutung der Braunkohle in der früheren DDR

Um auf dem Gebiet der Energieversorgung möglichst unabhängig vom Ausland zu sein und um die wegen der Exportschwäche der DDR-Industrie stets knappen Devisen zu sparen, stützte sich die DDR auf die Braunkohle, den einzigen in großen Mengen verfügbaren heimischen Energieträger. 70% ihres Primärenergieverbrauchs deckte die DDR mit Braunkohle. 30% der jährlichen Investitionen in der DDR-Industrie wurden für die Sicherung der Energieversorgung bereitgestellt.

Seit 1970 behauptete die DDR im internationalen Vergleich bei den Fördermengen mit mehr als einem Viertel der Weltjahresförderung den ersten Rang. Während in den siebziger Jahren die Fördermengen annähernd konstant 260 Mio. t betrugen, stiegen die Produktionszahlen bis 1986 auf 311 Mio. t und sollten im bis 1990 gültigen Fünfjahresplan 335 Mio. t erreichen.

Die Braunkohlenförderung konzentrierte sich auf zwei große Abbaugebiete. Im Lausitzer Revier lagen 17 Tagebaue, die mit den 13 zugehörigen Brikettfabriken im Bezirk Cottbus im *Braunkohlenkombinat Senftenberg* zusammengeschlossen waren. 1989 förderten und verarbeiteten hier 54.000 Beschäftigte über 200 Mio. t Kohle, zwei Drittel der gesamten DDR-Produktion. Das zweite große Abbaugebiet liegt im Ballungsraum Halle-Leipzig. Zum *Bitterfelder Braunkohlenkombinat* gehörten 18 Tagebaue und 23 Brikettfabriken mit über 50.000 Beschäftigten, die 115 Mio. t Braunkohle förderten.

Die DDR hatte umfangreiche Verarbeitungsbetriebe zur Nutzung der Braunkohle errichtet. Ein Drittel der Förderung wurde zu Briketts für Haushalte, Industriebetriebe und Heizkraftwerke verarbeitet. Ein Teil der Briketts wurde aber auch zu Koks, Stadtgas, Schwel- und Flüssigprodukten weiterveredelt (Abbildung 1). Mehr als ein Drittel der Rohbraunkohle wurde aus den Tagebauen direkt in Großkraftwerke transportiert. 80% der gesamten Elektroenergie der DDR wurden in Braunkohlenkraftwerken überwiegend in der Lausitz gewonnen. In den 90er Jahren sollte die karbochemische Weiterverarbeitung der Braunkohle, die Hydrierung zu Vergaserkraftstoffen, an Bedeutung zunehmen. Dies hätte aber eine Steigerung der jährlichen Förderung auf 400 Mio. t und die Erschließung neuer Tagebaubetriebe vor allem im Lausitzer Revier bis 1995 notwendig gemacht.

3 Braunkohlenabbau und Landschaftshaushalt im Lausitzer Revier

3.1 Das naturräumliche Potential

Die Lausitz liegt im äußersten Südosten des norddeutschen Tieflandes. Die natürlichen Oberflächenformen, wie ausgedehnte flache Mulden und Becken, die zum Teil von Gewässern eingenommen werden (z.B. der Spreewald), sind Relikte des eiszeitlichen Formenschatzes. Die Elemente der glazialen Serie – Grundmoräne, Endmoräne, Sander und Urstromtal – prägen neben Mooren und überformten Binnendünen die Landschaft. Die vorherrschenden geringmächtigen Sand- und Moorböden besitzen nur niedrige Bodenwertzahlen und sind für eine ackerbauliche Nutzung wenig geeignet.

Im Lausitzer Revier (Abbildung 2) zwischen Elbe und Neiße/Oder hat das Tertiär mit einer bis 20 Meter mächtigen Folge von Feinsanden, Tonen und fünf Braunkohlenflözen den Hauptanteil an den känozoischen Sedimenten. Das oberste Braunkohlenflöz ist inzwischen weitestgehend ausgekohlt. Gegenwärtig wird das zweite Flöz ausgebeutet, das über die gesamte Lausitz verbreitet und durch pleistozäne Erosionsrinnen in eine Vielzahl von Teilfeldern gegliedert ist. Die Kohlen zeichnen sich durch einen niedrigen Asche- und Schwefelgehalt aus. Dieses im Durchschnitt 10 Meter mächtige Flöz wird von quartären Ablagerungen bedeckt, deren Mächtigkeit zwischen 40 und 120 Metern beträgt (Abbildung 3). Eine Nutzung der tieferen Flöze kommt aus heutiger Sicht für eine wirtschaftliche Nutzung nicht in Frage.

3.2 Braunkohlentagebau und Landschaftshaushalt

Die Gewinnung der Braunkohle im Tagebau (Bild 1) verändert wie kein anderer Industriezweig die Landschaft tiefgreifend. Die günstig gelegenen Lagerstätten mit geringer Abraumüberdeckung sind weitgehend erschöpft. Der Braunkohlenbergbau ist

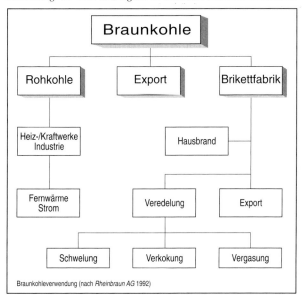

Abbildung 1: Die Nutzung der Braunkohle in der DDR bis 1989

Bild 1:
Braunkohlentagebau Rückwalde 1992
(Aufnahme: WILFRIED BÜTTNER 1992)

Abbildung 2: Lausitzer Braunkohlenrevier (nach LAUBAG, verändert)

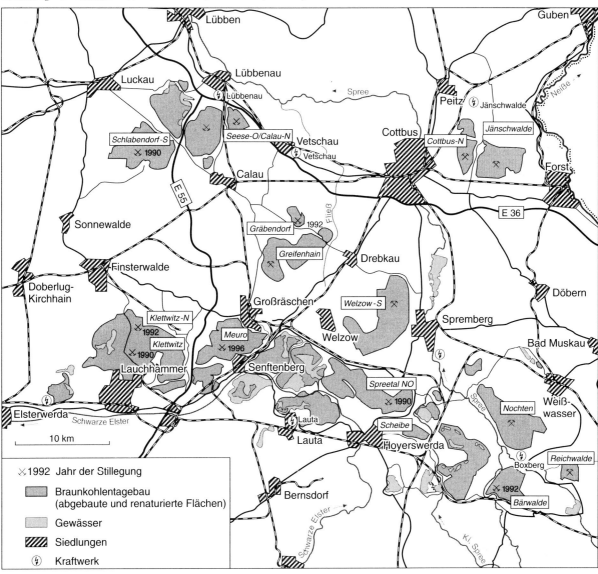

heute gezwungen, in größere Teufen mit mächtigeren Deckgebirgen vorzudringen.

Seit dem Beginn des Lausitzer Bergbaus 1840 wurden etwa 821 km² Fläche in Anspruch genommen (zum Vergleich beträgt die Fläche der Stadt Berlin 880 km²), davon sind 464 km² Abbau- und Kippenflächen und 357 km² sog. rekultivierte Flächen.

Wegen der sich verschlechternden Abbaubedingungen steigt der mit der Förderung verbundene Aufwand ständig an. Wurden 1950 noch 2,6 m³ Abraum abgetragen, um eine Tonne Rohkohle zu fördern, so waren es 1980 bereits 4,2 m³, 1991 5,2 m³ Deckgebirge, die weggebaggert, abtransportiert und gelagert werden mußten. Auch die Wassermengen, die aus den Tagebauen abgepumpt werden, stiegen stetig an. 1950 wurden pro Tonne Kohle im Durchschnitt 3 m³ Wasser abgepumpt, heute sind es bis zu 11 m³ Wasser, die gehoben werden müssen.

Der charakteristisch hohe Wassergehalt der Braunkohle, der bei 60% liegt, behindert in Wintern mit langer Frostperiode die Förderung und den Transport der Kohle nachhaltig. Sie friert im Erdreich fest und muß abgesprengt werden. Beim Transport und der Lagerung in den Bunkern der Kraftwerke und Brikettfabriken gefriert sie auf den Transportbändern oder in den Eisenbahnwaggons. Aus diesem Grund war in der DDR vor allem in strengen Wintern die landesweite Energieversorgung mit Briketts und elektrischer Energie nicht gewährleistet. Kurzfristige Stromsperren in der Industrie und für private Verbraucher waren die Folge. Noch im Januar 1987 wurden Zehntausende von „freiwilligen" Helfern eingesetzt, um den Kohlenabbau in Gang zu halten.

3.3 Rekultivierungsmaßnahmen

Im Lausitzer Revier umfassen heute nicht rekultivierte Kippenflächen, Ödgebiete und die bestehenden 72 Tagebaurestlöcher 232 km², d.i. mehr als ein Viertel aller bisher in Anspruch genommenen Flächen. Ein Teil dieser Flächen stammt noch aus dem Bergbau vor 1945 und bedarf einer sofortigen Sanierung. Die Zahl aller Altlasten (aufgelassene Deponien, Ascheablagerungen, ungenutzte Tagebaugeräte usw.) schätzt man auf 3.500, deren Gefährdungspotential für das Ökosystem bisher nur unzureichend erforscht ist.

Abbildung 3: Mächtigkeit der Braunkohlenlagerstätten (nach LAUBAG 1991)

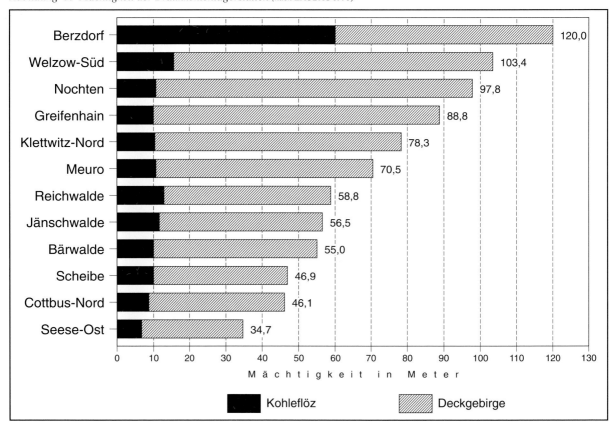

Nach Abschluß der Förderung ist der Bergbaubetrieb für die Rekultivierug der Bergbaufolgelandschaft verantwortlich. In der DDR wurden die Maßnahmen zur Wiedernutzbarmachung nicht für jeden einzelnen aufgegebenen Tagebau geplant, sondern es gab ein großräumiges Revierkonzept zur Rekultivierung ausgekohlter und zur Erschließung neuer Tagebaue.

Die seit 1989 durchgeführte kurzfristige Stillegung der Förderung in 9 von ehemals 17 Betrieben hat zur Folge, daß plötzliche große Massen zur Verfüllung der Restlöcher fehlen. Ein großes Gefahrenpotential stellen hier besonders die verbliebenen Randschläuche mit ihren steilen Böschungen dar. Diese Bereiche umfassen im Revier eine Länge von 150 km und eine Fläche von 50 km² (GEORGI 1994, S. 345). Das Massendefizit in den ausgekohlten Tagebauen kann aber auch als günstige Entsorgungsmöglichkeit für Abfälle mißbraucht werden. Diese bereits zu DDR-Zeiten gängige Praxis wird heute fortgeführt. Berliner Müll und der Aushub der Großbaustelle am Potsdamer Platz sowie Klärschlämme und Kraftwerksaschen aus den alten Bundesländern sollen künftig in der Lausitz verkippt werden.

Der bei weitem größte Einfluß auf den Naturhaushalt erfolgt durch die Veränderung des Wasserhaushaltes. Um die Kohle abbauen zu können, muß der Tagebau großräumig entwässert werden (Abbildung 4). Dazu werden die dem Tagebau zufließende Grund- und Oberflächenwässer abgefangen und Vorfluter verlegt. Das Grundwasser wird im Grubenbereich über die Abteuftiefe von bis zu 100 m hinaus abgepumpt (Sümpfung) und den Vorflutern zugeführt. Die zunehmende Abbautiefe hat seit den 60er Jahren die Sümpfung stark erhöht (Abbildung 5). Die höchsten Grundwassermengen, von bis zu 40 m³ Wasser pro Sekunde, wurden Mitte der 80er Jahre entnommen (*LAUBAG* 1992). Die auf einer Fläche von 2.500 km² erfolgte Absenkung des Grundwassers hat direkte Auswirkungen auf die land- und forstwirtschaftliche Nutzung. Die Bonität guter Böden nahm ab und schützenswerte Feuchtbiotope trockneten aus. Die Sümpfung beeinflußt auch das Abflußverhalten der Vorfluter. Die Wasserführung der Spree und der Schwarzen Elster besteht zu einem großen Teil aus Sümpfungswasser. In trockenen Sommermonaten wurde der Anteil der Sümpfung am Abfluß der beiden Flüsse auf bis zu 90% bestimmt (GEORGI 1994, S. 347).

Der extreme Rückgang der Braunkohlenförderung in der Lausitz könnte künftig die Sümpfung herabsetzen. Welche Folgen würden sich aber für den derzeitigen Wasserhaushalt ergeben? Auf der einen Seite steigt mit Sicherheit der Grundwasserspiegel wieder großräumig an. Diese positive Auswirkung würde aber auch zu einem unkontrollierten Auffüllen der Restlöcher führen. Hydrologische Untersuchungen des Senftenberger Sees zeigen, daß das Gewässer selbst sechs Jahre nach seiner Flutung 1967 noch sterile Wasserverhältnisse aufwies und der pH-Wert zwischen 2,5 und 3,0 schwankte. Erst durch die Einleitung von Flußwasser seit 1973 hat man 1978 die Neutralisierung des Seewassers erreicht. Mit dem Anstieg des Grundwassers können auch zur Zeit noch trocken liegende Altlasten (z.B. über 70 Mio. m³ mit Schwermetallen angereicherte Kraftwerksaschen) in bereits rekultivierten Tagebauen zur Gefahr werden.

Die Abnahme der Sümpfung würde aber auch einen dramatischen Rückgang des Oberflächenwasserabflusses hervorrufen. Da, wie oben beschrieben, vor allem in Trockenmonaten der überwiegende Anteil der Abflußmengen der Vorfluter aus abgepumptem Grundwasser besteht, wäre künftig die Wasserversorgung der Industrie (Kühlwasser für die Kraftwerke), der Land-

Abbildung 4: Isolinien der Grundwasserabsenkung 1989 (Quelle: Dornier 1993)

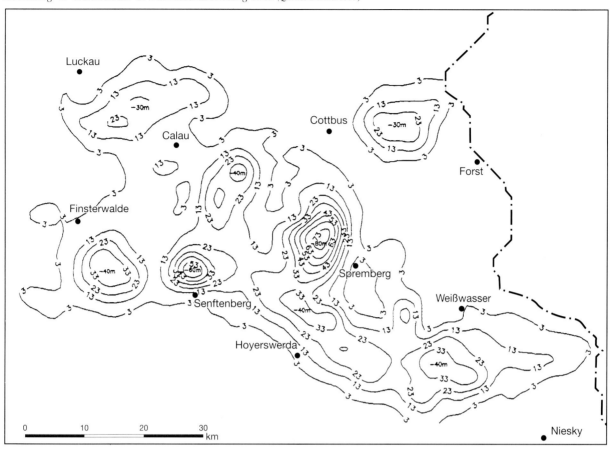

Abbildung 5: Entnahmeraten für Grundwasser (Sümpfung) im Bereich der Spree und Schwarzen Elster 1900 bis 1992
(Quelle: Dornier 1993)

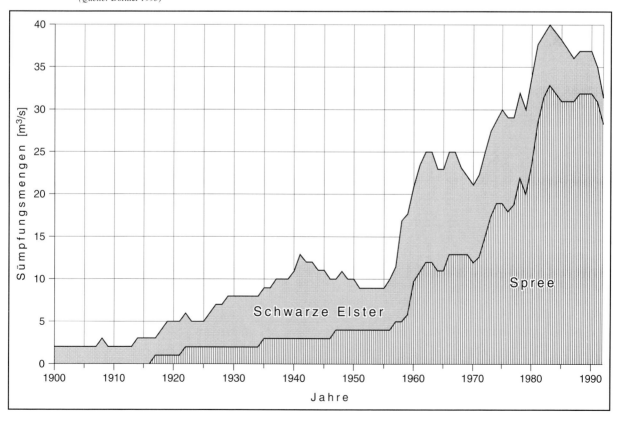

und Teichwirtschaft und die lokale Trinkwasserversorgung in der Lausitz gefährdet. Ebenso ist eine irreversible Schädigung des Biosphärenreservats Spreewald und eine Gefährdung der Trinkwasserversorgung Berlins zu befürchten.

Zur Gewährleistung der Versorgungssicherheit der Wassernutzer ist die an den Bergbau gekoppelte Sümpfung auch in Zukunft aufrechtzuerhalten, unabhängig davon, ob und in welchem Maß die Braunkohlenförderung weiterhin abnimmt.

Die Wiederherstellung des Reliefs und einer naturnahen Vegetation ist erst dann möglich, wenn die Kippenflächen mit einer Bodenschicht überzogen werden. Nur selten ist der verkippte Abraum qualitativ so gut, daß er sich von selbst begrünt. Da in der Lausitz nur geringmächtige und sehr sandige Bodenschichten verbreitet sind, wurde keine gesonderte Mutterbodenlagerung wie im Rheinischen Revier betrieben. Gegenwärtig wird untersucht, wie kulturfähige Abraumschichten beim Betrieb der Tagebaue genutzt werden können.

4 Sozioökonomische Aspekte

4.1 Die Situation bis 1989

Die industrielle Entwicklung in der Niederlausitz zeigte bereits in der Vorkriegszeit Ansätze eines unternehmerischen und standörtlichen Konzentrationsprozesses. Dieser Prozeß wurde im Rahmen der Strukturpolitik und Planwirtschaft der DDR fortgesetzt. Mit der Entscheidung der Staatsführung der DDR für eine auf Autarkie ausgerichtete Energiewirtschaft wurde die Niederlausitz zum zweiten Zentrum der Braunkohlenindustrie neben dem Halle-Leipziger Raum. Die Gründung des *Braunkohlenkombinats Senftenberg* und die damit verbundene Ansiedlung neuer Arbeitskräfte förderten das rasche Bevölkerungswachstum in den Städten (Tabelle 3). Besonders Hoyerswerda im

schaft auf DDR-Territorium geschaffen. Mit dem Beitritt zur Bundesrepublik begann in den neuen Bundesländern ein einschneidender wirtschaftlicher Strukturwandel. Alle ehemaligen *Volkseigenen Betriebe* der DDR wurden der Verwaltung der Treuhandanstalt zur „Abwicklung" unterstellt. Im Falle des *Senftenberger Braunkohlenkombinats* wurde von der Treuhandanstalt die *Lausitzer Braunkohlen Aktiengesellschaft (LAUBAG)* gegründet. Seit diesem Zeitpunkt wurde an einem Konzept zur Privatisierung der *LAUBAG* gearbeitet mit der Absicht, dauerhaft überlebensfähige Tagebaue und Veredelungsbetriebe zu schaffen. Dementsprechend schwierig gestalten sich die Verhandlungen mit interessierten westdeutschen Energiekonzernen, die an der Frage der Finanzierung der Altlasten zu scheitern drohten und erst 1994 erfolgreich abgeschlossen wurden.

Seit 1990 ist die Braunkohlenförderung in der Lausitz stark rückläufig. Wurden 1989 noch 195 Mio. t gefördert, so schätzt man die Produktion für 1994 auf weniger als 60 Mio t. (Tabelle 4). Die Ursachen sind
– die stark rückläufige Stromerzeugung in den Kraftwerken, vor allem wegen des geringeren Industriestromabsatzes,
– die drastische Reduzierung bzw. Einstellung der Gas- und Kokserzeugung auf Braunkohle-Basis und
– der extreme Rückgang im Brikettabsatz nach Wegfall der staatlichen Subventionen in der ehemaligen DDR und durch die zunehmende Umstellung der Verbraucher auf andere Energieträger.

Die *LAUBAG* hat Anfang 1990 17 Tagebaue betrieben. Zwischen 1990 und 1992 wurden acht Tagebaubetriebe stillgelegt. Bis 1996 werden weitere vier Tagebaue planmäßig ausgekohlt (Tabelle 5). Die verbleibenden fünf Tagebaue sollen langfristig den Braunkohlenbedarf der Senftenberger Veredelungsbetriebe und der weiter in Betrieb befindlichen Kraftwerke sichern.

Tabelle 3: Bevölkerungsentwicklung in ausgewählten Städten im Lausitzer Revier

Stadt	1939	1950	1964	1971	1981	1986	1990	1992
Hoyerswerda	7.222	7.365	39.600	59.144	71.124	69.113	65.400	61.800
Lauchhammer	5.179	22.012	28.024	27.420	24.497	24.391	22.800	21.800
Spremberg	14.481	18.400	23.443	22.871	23.299	24.815	24.300	23.700
Weißwasser	14.383	13.844	15.455	19.292	32.799	36.472	35.500	33.700
Senftenberg	17.566	18.260	24.053	24.367	32.005	32.428	29.600	28.700

Quelle: Statistische Jahrbücher der DDR, Stat. Jahrbuch 1992, 1994

Zentrum der Lausitz sollte in seiner Anlage als sozialistische Musterstadt auch die gesellschaftliche Entwicklung in der DDR widerspiegeln. Die Gründung neuer, Braunkohle verarbeitender Großbetriebe (Kraftwerke Boxberg und Jänschwalde, Gaserzeugung Schwarze Pumpe und Braunkohlenkokerei Lauchhammer) verstärkte die industrielle Monostruktur. Fast 80% aller Arbeitsplätze waren direkt oder indirekt als Zulieferer von der Förderung und Veredelung der Braunkohle abhängig.

4.2 Der Übergang der Marktwirtschaft

Mit der am 1. Juli 1990 vollzogenen Wirtschafts- und Währungsunion war eine Voraussetzung für die Einführung der Marktwirt-

Tabelle 4: Braunkohlenförderung im Lausitzer Revier 1989–1994 (in Mio. t)

1989	1990	1991	1992	1993	1994	2000
195,1	168,0	116,8	93,1	87,4	60*	55*

Quelle: *DEBRIV* 1994, ergänzt   * Schätzung 1994

Wesentlich drastischer ist der Produktionsrückgang in den ansässigen Brikettfabriken. Von ehemals elf Betrieben wurden bereits sieben aufgegeben und ab 1996 wird noch eine einzige Brikettfabrik arbeiten (Tabelle 6).

Tabelle 5: Die Lausitzer Tagebaubetriebe

Tagebau	Förderung 1991	Stillegung
Bärwalde	3,7	1992
Berzdorf	6,8	bis 1996
Cottbus-Nord	5,0	–
Gräbendorf	2,2	1992
Greifenhain	1,2	1992
Jänschwalde	19,8	–
Klettwitz	1,1	1990
Klettwitz-Nord	5,4	1992
Meuro	7,6	bis 1996
Nochten	21,3	–
Olbersdorf	0,2	1990
Reichwalde	11,1	–
Scheibe	2,3	bis 1996
Schlabendorf-Süd	0,1	1990
Seese-Ost	8,8	bis 1996
Spreetal-NO	1,2	1990
Welzow-Süd	19,8	–

Quelle: BÜTTNER 1993

Tabelle 6: Die Brikettfabriken im Lausitzer Revier

Brikettfabriken	Produktion in kt	Stillegung
Aufstieg	97,2	1991
Brieske	746,0	1991/92
Fortschritt	547,5	bis 1996
Haldemühl	48,1	1991
Heide	378,4	1992
Kappenrode	682,9	1993
Kausche	130,0	1991
Laubusch	1.113,5	bis 1996
Meurostolln	503,1	bis 1996
Sonne	1.271,1	–
Welzow	179,4	1991

Quelle: BÜTTNER 1993

Der extreme Rückgang von Absatz und Produktion wirkt sich nachhaltig auf die Beschäftigungsentwicklung aus. Seit 1990 hat sich die Zahl der *LAUBAG*-Mitarbeiter von 51.700 auf 23.000 Ende 1993 verringert (Tabelle 7). Trotz dieses massiven Abbaus von Arbeitsplätzen ist die Arbeitslosenrate in den Stadt- und Landkreisen der Niederlausitz niedriger als der Durchschnitt in den neuen Bundesländern (Tabelle 8). Verantwortlich hierfür ist der vergleichsweise hohe Anteil an Kurzarbeitern, an Beziehern von Vorruhestand- und Altersübergangsgeld, ABM-Beschäftigten (1994 über 8.000 Personen vorwiegend bei Maßnahmen zur Rekultivierung) und an einer statistisch nicht erfaßten Zahl von Fernpendlern in die westlichen Bundesländer (Bild 2).

Tabelle 7: Beschäftigte im Braunkohlenbergbau im Lausitzer Revier 1989–1994 (nur LAUBAG ab 1990)

1989*	1990	1991	1992	1993	1994**	2000
54.000	47.000	39.000	31.000	23.000	12.000	8.000

* BBK *Braunkohlenkombinat Senftenberg* ** nach Privatisierung 1992
Quelle: *LAUBAG*, BÜTTNER 1993, ergänzt

Tabelle 8: Arbeitslosenrate (in %) in den Landkreisen der Niederlausitz

	7/90	5/91	7/92	12/92	6/93	6/94
Hoyerswerda	2,2	7,2	11,2	13,5	14,1	15,0
Senftenberg	1,7	5,3	11,4	11,9	18,6	16,3*
Spremberg	0,7	3,1	5,9	6,1	12,5	
Weißwasser	2,5	8,0	13,2	12,5	15,5	17,0

* Nach der Gebietsreform
Quelle: Amtl. Nachrichten d. *BA f. Arbeit* 1990–1994

Darüber hinaus haben viele Arbeitssuchende mit ihren Familien im Rahmen der Ost-West-Wanderung den Wohnort gewechselt, wofür z.B. die Bevölkerungsabnahme in Hoyerswerda ein Indiz ist.

5 Das Niederlausitzer Revier – eine Industrieruine?

Die auf die Braunkohle ausgerichtete industrielle Monostruktur in der Lausitz hat nach der Vereinigung zwei Folgen: Mit den Grubenschließungen geht die wirtschaftliche Basis der Region verloren und das Negativ-Image vom „braunen Dreckloch" (*Der Spiegel* 5/1994) lockt nicht gerade neue Industriebetriebe an, die Ersatzarbeitsplätze bereitstellen. Die Wirtschaftsförderung hat in den vergangenen Jahren keine größeren Neuansiedlungen in die Lausitz holen können. Die Regierung von Brandenburg hofft, durch die Einrichtung einer technischen Universität und von 35 Landes- und Regionalbehörden den wirtschaftlichen Aufschwung zu fördern. Bis heute fehlt aber eine grenzüberschreitende Zusammenarbeit der Bundesländer Brandenburg und Sachsen mit dem Ziel einer gemeinsamen Struktur- und Raumplanung für das Lausitzer Braunkohlenrevier.

6 Hinweise zur Unterrichtsgestaltung

6.1 Zur Auswahl von Lernzielen und Lerninhalten

Die Fachlehrpläne Erdkunde aller Bundesländer sehen in der Orientierungsstufe der Sekundarstufe I die Behandlung des sehr komplexen Themenbereiches „Industrie in Deutschland" vor. Ein wesentliches Ziel ist es hierbei, die Schüler nicht nur in wirtschaftsgeographische Sachverhalte einzuführen, sondern ihnen auch einen Überblick über „alte und neue Industriestandorte in Deutschland" zu geben, der vor allem auch die neuen Länder der Bundesrepublik Deutschland berücksichtigt.

Für die Behandlung des Braunkohlentagebaus, bei der man die Themenbereiche (in diesem Fall nach dem bayerischen Lehr-

Bild 2:
Hinweis auf Arbeitsbeschaffungsmaß-
nahmen im Landkreis Senftenberg
(1993)
(Aufnahme: WILFRIED BÜTTNER 1993)

plan für das Gymnasium) „Rohstoffe für das Industrieland Deutschland", „Energie für das Industrieland Deutschland" sowie „Umweltprobleme und Lösungsansätze im Industrieland Deutschland" geschickt miteinander verknüpfen kann, bietet sich das Raumbeispiel des Lausitzer Reviers an.

In der Sekundarstufe II kann sowohl die Zerstörung des ökologischen Systems als auch der wirtschaftliche Strukturwandel in der Lausitz exemplarisch für die in den Fachlehrplänen geforderte „Raumwirksamkeit politischer Entscheidungen" behandelt werden. Besprochen wird hier die unterschiedliche Bewertung des naturräumlichen Potentials der Lausitz bezüglich der industriellen Standortfaktoren Rohstoff und Energie vor dem Hintergrund der Teilung und Vereinigung Deutschlands.

Hier kann beispielhaft das Fach Erdkunde seine im Rahmen der fächerübergreifenden Bildungs- und Erziehungsaufgabe „Politische Bildung" zugewiesene Aufgabe wahrnehmen, durch sachgerechte Auseinandersetzung mit grundsätzlichen und aktuellen Fragen Orientierungshilfen in der komplexen Realität zu bieten und politische, soziale, ethische und ökologische Sachverhalte im Zusammenhang darzustellen.

6.2 Unterrichtsplanung

Eine vierstündige Unterrichtseinheit könnte folgendermaßen gegliedert sein:
- Die Bedeutung der Braunkohle für die Energieversorgung, Braunkohlenförderung in Deutschland
- Planwirtschaft und Autarkiestreben in der DDR, Kombinate und Industriestrukturen bis 1989
- Das Lausitzer Revier – naturräumliches Potential, Fördertechnik und Bergbaufolgelandschaft, Rekultivierungsmaßnahmen
- Wirtschaftlicher Strukturwandel im Lausitzer Revier und seine sozioökonomischen Folgen für die Menschen, Zukunftsperspektiven für das Lausitzer Revier

Innerhalb dieser Unterrichtseinheit empfiehlt sich der Einsatz des Unterrichtsfilms „Der Schatz der Lausitz". Dieser von der FWU (Institut für Film und Bild in Wissenschaft und Unterricht) 1993 produzierte Videofilm dokumentiert mit eindrucksvollen Bildern die rücksichtslose Ausbeutung der Lausitzer Braunkohlenlagerstätten und die daraus resultierenden Altlasten in einem zerstörten Ökosystem. Im Vergleich mit dem Rheinischen Revier gewinnt der Schüler einen Einblick in unterschiedliche Techniken der Braunkohlengewinnung, Umsiedlungsmaßnahmen in neuen Tagebaugebieten und Möglichkeiten zur Rekultivierung und Renaturierung der Bergbaufolgelandschaft.

Für den Abschluß der Unterrichtseinheit kann der Lehrer den Einsatz eines zweiten Filmes planen. Das Lausitzer Bergbauunternehmen *LAUBAG* bietet im Verleih in einem Kurzvideo (ca. 5 Minuten) ein Unternehmensporträt an. Dieser Werbefilm zeigt schlaglichtartig die Entwicklung des Unternehmens in den vergangenen 100 Jahren. Sehr eindrucksvoll wird – mit historischen Aufnahmen illustriert – die Entwicklung der Abbautechniken gezeigt. 40 Jahre DDR-Wirtschaft und die Umweltschäden werden dagegen nur in Nebensätzen erwähnt. So vermittelt dieser Film ein sehr positives Gesamtbild des Bergbaus in der Lausitz und verspricht dem Zuschauer für die nahe Zukunft eine „blühende" Industrielandschaft im Osten Deutschlands.

Literatur und Unterrichtsmaterialien

BÜTTNER, Wilfried (1993): Strukturwandel im Lausitzer Braunkohlenrevier. Geographie heute, 14, S. 39–44.

Bundeszentrale für politische Bildung (1992): Energie. Informationen zur politischen Bildung, Heft 23. – Bonn.

Deutscher Braunkohlen-Industrie-Verein (DEBRIV) (1994): Braunkohle 1992/93. – Köln.

Dornier GmbH (1993): Ökologischer Sanierungs- und Entwicklungsplan Niederlausitz. – Friedrichshafen.

GEORGI, Birgit (1994): Braunkohlenabbau und Landschaftshaushalt. Das Beispiel der Niederlausitz. Geographische Rundschau, 46, S. 344–350.

HASENPFLUG, Harry u. KOWALKE, Hartmut (1991): Die industriellen Gebiete Oberlausitz und Niederlausitz. Geographische Rundschau, 43, S. 560–568.

Lausitzer Braunkohle Aktiengesellschaft (LAUBAG) (1991): Braunkohle und Umwelt im Lausitzer Revier. – Senftenberg.

LAUBAG (1992): Sachstandsbericht Setzungsfließen. – Senftenberg.

LAUBAG (1993): ABM – Arbeitsbeschaffungsmaßnahmen im

Lausitzer Braunkohlenrevier. – Senftenberg.

STINGSWAGNER, Wolfgang (1987): Energiewirtschaft in der DDR. Geographische Rundschau, 39, S. 635–640.

Filmdokumentation „Schatz der Lausitz". Institut für Film und Bild in Wissenschaft und Unterricht (FWU), 1993.

Aktuelle Statistiken zum Thema Braunkohle sind erhältlich bei:
Rheinbraun AG, Postfach 41 08 40, D–50868 Köln
und bei
LAUBAG, Lausitzer Braunkohle AG, Knappenstraße 1, D–01968 Senftenberg.

Wilfried Büttner, Studienrat
Martin-Behaim-Gymnasium Nürnberg
Kleistweg 6, 90547 Stein

Helmut Ruppert

Die Euregio Egrensis

1 Zweck und Ziel

Die Euregio Egrensis wurde im Februar 1993 als grenzüberschreitende Institution gegründet, nachdem bereits vorher drei Arbeitsgemeinschaften dieser Euregio bestanden. Die Euregio Egrensis koordiniert und fördert im Geiste guter Nachbarschaft und Freundschaft die grenzüberschreitende Zusammenarbeit und Entwicklung. Dies bedeutet zuallererst einmal ein gegenseitiges Kennenlernen im Sinne einer Wahrnehmung von Problemen anderer Menschen und eines Bewußtseins für Überlegungen und Wünsche der anderen Seite. Dazu bedarf es insbesondere der Förderung der soziokulturellen Beziehungen, die zwar eine historische Tradition haben, durch die Ereignisse des Zweiten Weltkrieges aber einer starken Belastungsprobe unterworfen sind. Im Unterschied zu vielen anderen Euregiones überschreitet die Euregio Egrensis eine in den letzten Jahrzehnten entstandene wirtschafts- und sozialpolitische Wohlstandsgrenze. Damit haben zusätzliche Gesichtspunkte des ökonomischen und sozialen Ausgleichs eine Bedeutung.

Die Euregio Egrensis ist aus einer ursprünglichen Zusammenarbeit der Kreise Wunsiedel und Eger entstanden. Sie umfaßt heute die bayerischen Planungsregionen Oberfranken-Ost und Oberpfalz-Nord, im Freistaat Sachsen im wesentlichen das Sächsische Vogtland mit den alten Landkreisen Aue, Auerbach, Klingenthal, Oelsnitz, Plauen, Reichenbach, Schwarzenberg und die Stadt Plauen, in Thüringen den historischen vogtländischen Bereich der Landkreise Greiz, Zeulenroda, Schleiz und Lobenstein und in der Tschechischen Republik die Landkreise Karlovy Vary (Karlsbad), Sokolov (Falkenau), Cheb (Eger) und Tachov (Tachau), insgesamt eine Fläche von ca. 17.000 km^2 mit fast zwei Millionen Einwohnern (vgl. Abbildung 1). Neben einem gemeinsamen Präsidium, dem zur Zeit die Oberbürgermeisterin der Stadt Marktredwitz vorsteht, gibt es vier beratende Ausschüsse für Wirtschaft und Verkehr, für Kultur, für Fremdenverkehr und Tourismus sowie für Umweltschutz. Im Hinblick auf eine EU-Förderung im Rahmen der Gemeinschaftsinitiative INTERREG II soll zuerst ein umfassendes Entwicklungsprogramm für die Euregio Egrensis ausgearbeitet werden. Grundlage hierfür ist ein von den Wirtschaftsministern in München, Dresden und Prag in Auftrag gegebenes „Trilaterales Entwicklungskonzept" (JURCZEK 1994).

Wo liegen die Vorteile einer Zusammenarbeit – unabhängig von den deklamatorischen Hinweisen in den Präambeln der Verträge? Für die deutsche Seite eröffnet sich ein Marktzugang für Industrieprodukte, ein guter Ressourcenzugang (Kaolin, Braunkohle) und Möglichkeiten der Auslagerung von Betrieben wegen günstigerer Lohnkostenstruktur in der Tschechischen Republik. Über gemeinsame Förderungen des Fremdenverkehrs versucht man auch vom hohen Prestigewert der böhmischen Bäder zu profitieren. Umgekehrt erwirbt die Tschechische Republik westliches *Know how*, der Kontakt begünstigt die Schaffung von höherwertigen Arbeitsplätzen und Geldtransferleistungen (Dienstleistungen, Übernachtungen) und fördert die Stellung eines wirtschaftlichen Brückenkopfes in die ehemaligen sozialistischen Staaten.

2 Die historisch-kulturelle Tradition

Nordostbayern verbindet mit Nordwestböhmen und dem Vogtland in Sachsen eine gemeinsame Geschichte mit jahrhundertelangen gegenseitigen Kontakten. Vom Kernpunkt Eger aus erfolgte die Besiedlung der nördlichen Oberpfalz, des heutigen Landkreises Wunsiedel und des Egerlandes einschließlich des bayerischen Vogtlandes. Noch heute verläuft am Fichtelgebirgshauptkamm die Sprachgrenze zwischen dem fränkischen und dem nordbayerischen Dialekt (Abbildung 2).

Nach dem Rückfall der *regio Egire* an das Deutsche Reich (1146) war das Egerland mit der Kaiserpfalz in Eger ein wichtiges staufisches Reichsland. Mit Hilfe von weltlichen Grundherren und Klöstern (Zisterzienserkloster Waldsassen, Prämonstratenserklöster Speinshart und Tepl) rodeten Siedler die damals geschlossenen Waldflächen.

Nach dem Tode Kaiser Friedrich II. zerfiel das staufische Egerland trotz seiner sprachlich-ethnischen Einheit. Vögte, Grundherren, geistliche Herrschaften und die Burggrafen von Nürnberg machten ihre Machtinteressen geltend; die Besitzungen zerfielen in sechs Teilbereiche, die heute in Bayern, Böhmen und Sachsen liegen: Sechsämterland, Stiftland, Vogtland, Egerland, Ascher Land und Schönbacher Ländchen (Abbildung 2).

Trotz unterschiedlicher Herrschaften hatten die Räume meist intensive Wirtschaftsbeziehungen miteinander. Die Bevölkerung war über einen gemeinsamen Dialekt, eine vergleichbare agrarsoziale Struktur, ähnliche Erwerbsstrukturen im gewerblich-industriellen Bereich und intensive Nachbarschaftskontakte (über Heiratskreise, Besuche usw.) eng verbunden.

3 Bevölkerungsentwicklung: Die Zäsur des Zweiten Weltkrieges

Die böhmischen Kreise der heutigen Euregio Egrensis (Eger, Falkenau, Karlsbad, Tachau) hatten zu Beginn des Zweiten Weltkrieges einen deutschen Bevölkerungsanteil von etwas über 90%. Der größte Teil der deutschen Bevölkerung floh in den Jahren 1945–1947, wurde ausgesiedelt oder vertrieben. Es fand

Abbildung 1:

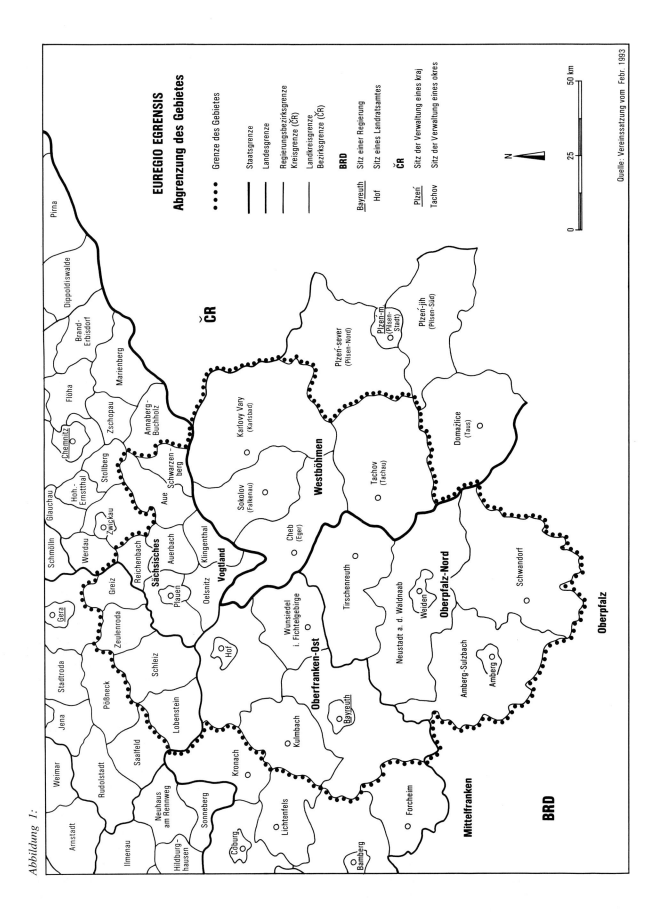

Abbildung 2:

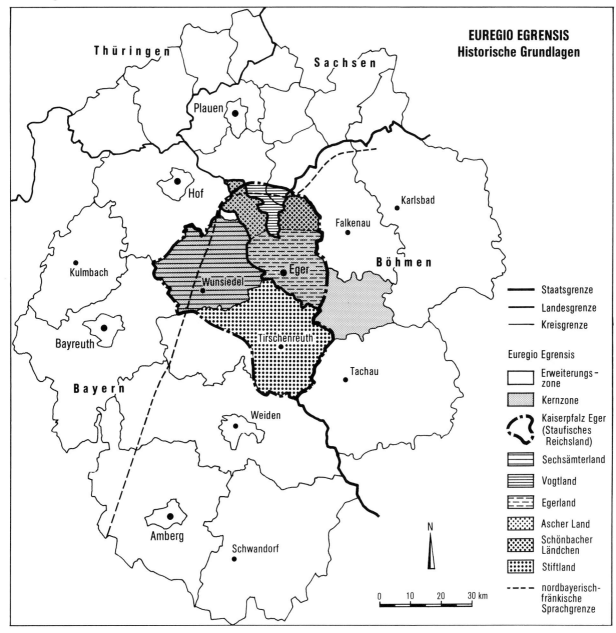

ein Austausch der Bevölkerung statt, der den starken Wechsel der ethnischen und sozialen Struktur und die verringerte Bewohnerzahl nach sich zog (Tabelle 1). Die Zuwanderung von Tschechen und Slowaken, insbesondere aus Rumänien und aus der Sowjetunion, sowie ein höherer Anteil von Roma veränderten die demographische Situation grundlegend.

Politisch initiierte agrarstrukturelle Änderungen hin zu landwirtschaftlichen Produktionsgenossenschaften ließen zudem kulturelle und soziale bäuerliche Tradition im ländlichen Raum total verschwinden. Viele landwirtschaftliche Gehöfte der ehemals deutschen Bevölkerung sind inzwischen verfallen; dagegen findet man am Rande der alten Dorfgebiete die Wirtschaftsgebäude der zentralistisch organisierten landwirtschaftlichen Produktionsgenossenschaften. Im städtischen Bereich hat der Austausch der Bevölkerung dazu geführt, daß viele kulturelle, politische und wirtschaftliche Funktionen der Kreisstädte und Marktorte verloren gegangen sind. Ihre wirtschaftliche Bedeu-

tung haben aber die Bergbau- und Industriestädte Nordböhmens halten können; mit größeren Einschränkungen trifft dies auch für die Kurbadeorte zu.

Im Vergleich zur nordostbayerischen Bevölkerung war die neue Bevölkerungsstruktur in Nordwestböhmen durch eine relativ junge Bevölkerung gekennzeichnet. Während z.B. die Bevölkerung Nordostbayerns auf natürliche Weise abnahm (Geburtenüberschußziffer 1981–1990 von jährlich –3‰), war die natürliche Bevölkerungsentwicklung in NW-Böhmen in der gleichen Zeit mit jährlich +4,8‰ positiv. Dies ist dadurch begründet, daß in Nordostbayern eine über mehrere Generationen industrieorientierte Bevölkerung lebt, deren generatives Verhalten aus unterschiedlichen ökonomischen und sozialen Gründen zu einer verringerten Kinderzahl neigt. Hinzu kommt, daß durch Abwanderung junger Altersgruppen in Nordostbayern eine im nationalen Vergleich „überalterte Bevölkerungsstruktur" herrscht, was das generative Verhalten ebenfalls beeinflußt. Dagegen bestand

Tabelle 1: Entwicklung der Einwohnerzahlen in den Bezirken des tschechisch-bayerischen Grenzgebietes

	1930	1950	1961	1970	1980	1990
Bezirk						
Cheb/Eger	157.700	72.100	76.300	82.200	87.300	86.900
Karlovy Vary/Karlsbad	199.400	105.000	123.400	125.600	129.200	122.500
Sokolov/Falkenau	144.900	66.700	79.200	90.300	95.400	92.600
Tachov/Tachau	88.000	41.100	42.700	45.600	48.800	50.000
Kreis						
Stadtkreis Hof/Saale	49.000[1]	63.900	59.500	56.800	53.000	52.900
Landkreis Hof	88.000[1]	128.800	120.600	120.000	110.100	108.300
Landkreis Wunsiedel	82.000[1]	109.000	106.300	103.000	92.300	89.400
Landkreis Kulmbach	64.000[1]	85.800	78.400	78.500	75.000	75.300
Stadt Bayreuth	48.000[1]	62.600	66.200	69.200	70.700	72.300
Landkreis Bayreuth	70.000[1]	101.100	92.700	97.100	96.200	101.900
Landkreis Tirschenreuth	61.000[1]	86.000	80.900	83.800	77.500	79.400
Stadt Weiden	33.000[1]	41.700	45.700	46.900	43.600	42.200
Landkreis Neustadt/WN	65.000[1]	90.900	87.800	92.400	90.200	96.200
Stadt Amberg	35.000[1]	42.500	47.600	48.300	44.100	43.100
Landkreis Amberg-Sulzbach	63.000[1]	91.100	89.800	95.100	93.600	99.700
Landkreis Schwandorf	85.000[1]	121.600	123.500	135.100	130.200	135.200

1) Wegen stattgefundener Gemeindegebietsreformen sind die Bevölkerungszahlen 1930 teilweise nur Schätzungen auf Grund von Interpolationen.
Quelle: *Bayer. Landesamt für Statistik und Datenverarbeitung*; ZICH (1990), S. 68.

die nach dem Zweiten Weltkrieg nach NW-Böhmen zugewanderte tschechische und slowakische Bevölkerung bzw. die angesiedelten Roma überwiegend aus jüngeren Bevölkerungsgruppen nichtindustrieller Herkunft.

Diese sozialen und demographischen Strukturen spiegeln sich heute in der unterschiedlichen Altersstruktur der Euregio Egrensis wider. Aus Tabelle 2 geht der wesentlich günstigere Altersaufbau der böhmischen Kreise (höherer Anteil von Kindern, geringerer Anteil von alten Personen) gegenüber den nordostbayerischen und südwestsächsischen Kreisen eindeutig hervor.

Der Zustrom von Flüchtlingen und Vertriebenen führte insbesondere in den bayerischen Grenzgebieten zur Tschechischen Republik zu einem starken Bevölkerungsanstieg nach dem Zweiten Weltkrieg. Mit dem wirtschaftlichen Wachstum der Bundesrepublik Deutschland Ende der 50er und besonders in den 60er Jahren kam es zu verstärkten Abwanderungen aus Nordostbayern. Diese Abwanderungen waren im wesentlichen auch für die Jahre 1970–1990 maßgebend; in Kombination mit dem seit Anfang der 70er Jahre starken Geburtenrückgang haben die meisten nordostbayerischen Landkreise jetzt aber eine negative Bevölkerungsentwicklung. Die Verluste sind in den südwestsächsischen Kreisen noch deutlicher, da politische Maßnahmen in der ehemaligen DDR zusätzlich noch auf eine Verringerung der Grenzlandbevölkerung hinwirkten (Tabelle 3). Für die nordwestböhmischen Kreise ist aber aufgrund der völlig veränderten Ausgangsposition der Bevölkerungsstruktur nach dem Zweiten Weltkrieg für die Jahre 1970–1990 noch ein leichter Bevölkerungsanstieg erkennbar.

4 Gewerbliche Wirtschaft

Eine weitgehend gemeinsame Bergbaugeschichte, die Ära der Hammerwerke und des Eisengewerbes, und das Textilheimgewerbe haben die Entwicklung im Dreiländereck bestimmt. Weite Teile der heutigen Euregio Egrensis gehören zu den frühindustrialisierten Gebieten Mitteleuropas mit einer langen gewerblichen und bergbaulichen Tradition bis zurück zum Mittelalter. Der Austausch von Rohstoffen, Halb- und Fertigprodukten war für die gesamte Region prägend gewesen; die Landesherren pflegten als Unternehmer gewerbliche Kontakte. Heute noch ist für den Raum die Textilindustrie ein wichtiger grenzüberschreitender Industriezweig (Abbildung 3). Allerdings erlebt diese Branche heute einen starken Strukturwandel, der in Nordostbayern schon weitgehend vollzogen ist, in Sachsen und Thüringen zur Zeit schmerzhafte Arbeitsplatzverluste verursacht und in der Tschechischen Republik für die nächsten Jahre zu erwarten ist.

Der Abbau von Tonerde und von Kaolin hat die regionale Entwicklung der Keramik- und Porzellanindustrie gefördert. Die Glasindustrie hat ebenfalls in Vergangenheit und Gegenwart eine zentrale Rolle gespielt. Generell muß man sagen, daß die Branchenstruktur der Euregio Egrensis noch stark auf den Verbrauchsgütersektor mit seinen hart umkämpften Märkten konzentriert ist und einem entsprechend hohen Konkurrenzdruck unterliegt. Die Betriebe beklagen in der Vergangenheit bzw. erleben z.Zt. deutliche Schrumpfungstendenzen, vor allem hinsichtlich der Arbeitsplätze.

Als positiv muß gewertet werden, daß Rohstoffbereich und Verarbeitung in räumlicher Nähe sind und vorherrschend Mittel-

Tabelle 2: Altersstruktur der Bevölkerung nach Kreisen (%) 1990/91

Kreisfreie Stadt/Landkreis	<15	15–60*	>60*
Stadt Hof	13,6	61,0	25,5
Stadt Weiden in der Oberpfalz	14,2	61,9	23,9
Landkreis Hof	14,5	60,7	24,8
Landkreis Neustadt an der Waldnaab	18,6	62,1	19,3
Landkreis Tirschenreuth	13,9	60,3	21,2
Landkreis Wunsiedel im Fichtelgebirge	17,6	61,2	25,9
Stadt Plauen	16,3	61,4	22,3
Landkreis Auerbach	16,4	58,6	25,0
Landkreis Klingenthal	16,8	58,1	25,1
Landkreis Oelsnitz	16,8	58,2	25,0
Landkreis Plauen	17,9	59,6	22,5
Landkreis Reichenbach	16,2	59,4	24,4
Kreis Cheb/Eger	22,2	60,3	17,5
Kreis Karlovy Vary/Karlsbad	21,6	59,5	18,9
Kreis Sokolov/Falkenau	23,9	62,1	14,0
Kreis Tachov/Tachau	24,2	60,5	15,3

* in Nordwestböhmen bei den Frauen 15–55 bzw. über 55 Jahre
Quelle: JURCZEK (1994), S. 39.

Tabelle 3: Bevölkerungsentwicklung 1970/71–1990/91 nach Kreisen

Kreisfreie Stadt/Landkreis	1970/71–1990/91 (%)
Stadt Hof	– 6,9
Landkreis Hof	– 9,9
Landkreis Wunsiedel im Fichtelgebirge	–13,2
Landkreis Kulmbach	– 4,1
Stadt Bayreuth	+ 4,5
Landkreis Bayreuth	+ 4,9
Landkreis Tirschenreuth	– 5,1
Stadt Weiden in der Oberpfalz	– 9,9
Landkreis Neustadt an der Waldnaab	+ 4,1
Stadt Amberg	–10,8
Landkreis Amberg-Sulzbach	+ 4,8
Landkreis Schwandorf	0,0
Stadt Plauen	–11,8
Landkreis Auerbach	–15,7
Landkreis Klingenthal	–15,6
Landkreis Oelsnitz	–16,4
Landkreis Plauen	–12,1
Landkreis Reichenbach	–19,9
Kreis Cheb/Eger	+ 5,8
Kreis Karlovy Vary/Karlsbad	– 2,6
Kreis Sokolov/Falkenau	+ 1,7
Kreis Tachov/Tachau	+ 9,7

Quelle: JURCZEK (1994), S. 35 (erweitert).

betriebe eine relativ große Flexibilität aufweisen. Allerdings ist die Kapitalausstattung der Betriebe im Durchschnitt relativ niedrig. Durch starke Subventionsmaßnahmen in Nordostbayern ist hier die Situation freilich viel günstiger als in SW-Sachsen und NW-Böhmen. Indes haben gerade in diesen beiden Gebieten z.Zt. einige regionale betriebliche Fördermaßnahmen begonnen. Eine koordinierte Aktivität zur Wirtschaftsförderung auf kommunaler und regionaler Ebene kann hier noch zu einer stärkeren Verflechtung der Wirtschaft in der Euregio Egrensis führen.

5 Arbeitsmarkt

Der Arbeitsmarkt der Region hat eine lange industrielle Tradition; die Qualifikation der Arbeitskräfte ist überwiegend gut, wenn auch Akademiker am Arbeitsmarkt unterdurchschnittlich vertreten sind. Generell ist festzustellen, daß mit der Ausrichtung auf die Produktion von Konsumgütern auch eine einseitige Wirtschafts- und Beschäftigungsstruktur verbunden ist. Offensichtlich ist dabei eine unterdurchschnittliche Beschäftigungsmöglichkeit im tertiären Wirtschaftssektor. Hinzu kommt, daß in allen drei Teilregionen der Euregio Egrensis der Arbeitsmarkt stark von Entscheidungen betroffen ist, die in Zentren außerhalb des Dreiländerecks fallen (verlängerte Werkbänke, zentrale Verwaltungswirtschaft in früherer DDR und ČSSR).

Der sekundäre Wirtschaftssektor mit Bergbau und verarbeitendem Gewerbe ist für die Wirtschaftsstruktur der Euregio Egrensis von wichtigster Bedeutung. Nur in den zentralen Städten mit ihrem höheren Dienstleistungsangebot sind mehr Personen im tertiären als im sekundären Sektor beschäftigt. Nach wie vor leiden sowohl Nordostbayern wie auch das Sächsische und Thüringische Vogtland an einem hohen Anteil von Verbrauchsgüter produzierendem Gewerbe. Diese Bereiche waren in den letzten Jahrzehnten wegen ihrer früheren arbeitsintensiven Produktion bei stark steigender Lohnstruktur entscheidenden Rationalisierungsprozessen unterworfen. Der in Bayern weitgehend abgeschlossene Prozeß des Strukturwandels wird in den Gebieten der ehemaligen DDR sowie in Nordwestböhmen zur Zeit nachgeholt bzw. ist in nächster Zukunft zu erwarten. Mit besonderen Schwierigkeiten ist dabei im sächsischen Vogtland zu rechnen, da hier höhere Anteile im Konsumgüterbereich liegen. In diesen Gebieten gibt es heute auch Arbeitslosenquoten von ca. 20%. Nordwestböhmen hat innerhalb des sekundären Wirtschaftssektors einen deutlich höheren Anteil von Personen, die im Grundstoffbereich oder Bergbau arbeiten (Tabelle 4). Hier ist aber auf Grund staatlicher Interessen ein deutlich abgefederter Anpassungsprozeß und damit auch nur ein gemäßigter Rückgang der Beschäftigten zu erwarten.

Dagegen nimmt in den Landkreisen Oelsnitz und Plauen sowie in Nordwestböhmen die Zahl der Erwerbspersonen des

Abbildung 3:

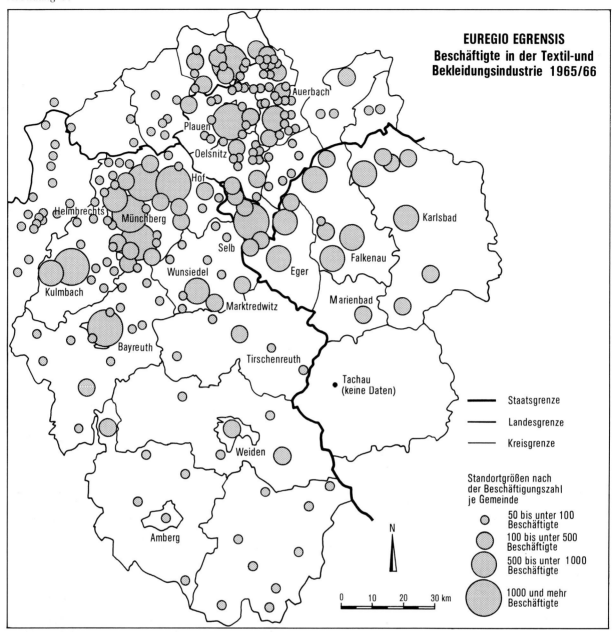

primären Sektors infolge der teilweise noch hohen Beschäftigung in der Landwirtschaft derzeit stark ab (Tabelle 5). Mit den Änderungen in den ehemals sozialistisch orientierten landwirtschaftlichen Betrieben wird es zu großen Freisetzungen von landwirtschaftlichen Arbeitskräften kommen. Starke Pendlertätigkeiten aus Sachsen und Thüringen sowie aus der Tschechischen Republik führen gegenwärtig dazu, daß zwar die hohen Arbeitslosenzahlen in den Herkunftsgebieten gemindert werden, aber auch ein starker Beschäftigungs- und Lohndruck in den Einpendlergebieten entsteht. Für den bayerischen Teil der Euregio Egrensis wird heute eine Einpendlerzahl aus Thüringen und Sachsen von ca. 25.000 Personen geschätzt. Aus der Tschechischen Republik kamen 1993 allein in den Landkreis Tirschenreuth 1.800 Personen als Tagespendler, die im Rahmen einer Saisonarbeiterregelung in Gastronomie, Bau- und Reinigungsgewerbe oder Land- und Forstwirtschaft arbeiteten.

Für den gesamten Raum der Euregio Egrensis muß künftig eine noch stärkere Differenzierung des Arbeitsplatzangebotes und eine stetige Erweiterung der Wirtschaftsstruktur im tertiären Sektor erreicht werden. Es besteht die Hoffnung, im Rahmen einer verstärkten regionalen Entwicklung auch das Arbeitsplatzangebot für hochqualifizierte Arbeitsplätze besser ausbauen zu können. Hierzu erhofft man sich auch Anstöße von den Hochschulen des Raumes: Universität Bayreuth mit einem stark angewandt naturwissenschaftlichen und wirtschaftswissenschaftlich-juristischen Profil, Technische Hochschule Pilsen mit ingenieurwissenschaftlicher Orientierung bzw. der Wirtschaftswissenschaftlichen Fakultät in Cheb (Eger), TU Chemnitz-Zwickau und FH Zwickau mit jeweils ingenieur- und wirtschaftswissenschaftlichen Schwerpunkten. Gleichzeitig müssen diese Bildungseinrichtungen als wichtige Stufen für die zentralörtliche Bedeutung der Euregio angesehen werden.

Tabelle 4: Anteil der Beschäftigten in den Wirtschaftsgruppen des Bergbaus und des verarbeitenden Gewerbes nach Kreisen (%)*
1990/91

Kreisfreie Stadt/Landkreis	Grundstoff-/Prod. Gewerbe Bergbau	Investitionsgüter prod. Gewerbe	Verbrauchsgüter prod. Gewerbe	Nahr.-/Genußmittel prod. Gewerbe	Sonstige
Stadt Hof	0,5	21,9	69,3	8,3	—
Stadt Weiden/Oberpfalz	3,7	27,4	62,4	6,5	—
Lkr. Hof	5,7	13,6	79,2	1,5	—
Lkr. Neustadt a. d. Waldnaab	9,1	42,3	47,5	1,1	—
Lkr. Tirschenreuth	5,4	17,6	70,2	6,8	—
Lkr. Wunsiedel i. Fichtelgeb.	9,5	25,8	62,5	2,2	—
Stadt Plauen	5,3	46,1	43,0	5,6	—
Lkr. Auerbach	3,6**	22,0**	55,7	18,7	—
Lkr. Klingenthal	1,6	27,9	70,5	—	—
Lkr. Oelsnitz	20,5	13,2	56,7	9,6	—
Lkr. Plauen	23,1	46,2	29,5	1,2	—
Lkr. Reichenbach	3,1	44,0	40,2	12,7	—
Kreis Cheb/Eger	21,1	28,7	38,5	10,3	1,4
Kreis Karlovy Vary/Karlsbad	21,7	30,4	39,8	7,2	0,9
Kreis Sokolov/Falkenau	60,3	13,3	21,5	1,5	3,4
Kreis Tachov/Tachau	41,9	20,5	22,5	9,7	5,4

* mit im allgemein 20 oder mehr Beschäftigten   ** geschätzt   Quelle: JURCZEK (1994), S. 68 (erweitert).

Tabelle 5: Zahl und Anteil der Erwerbstätigen in den drei Wirtschaftssektoren nach Kreisen 1990

Kreisfreie Stadt/Landkreis	primärer Sektor (Land- und Forstwirtschaft)		sekundärer Sektor (produzierendes Gewerbe)		tertiärer Sektor (Handel, Verkehr und übrige Bereiche)	
	absolut	%	absolut	%	absolut	%
Stadt Hof	203	0,9	9.933	43,9	12.490	55,2
Stadt Weiden/Oberpfalz	328	1,9	6.061	35,1	10.880	63,0
Lkr. Hof	2.809	5,5	28.954	56,7	19.303	37,8
Lkr. Neustadt a. d. Waldnaab	3.117	7,5	19.491	46,9	18.950	45,6
Lkr. Tirschenreuth	2.965	8,4	19.626	55,6	12.708	36,0
Lkr. Wunsiedel i. Fichtelgeb.	1.684	4,1	24.237	59,0	15.158	36,9
Stadt Plauen	602	1,6	21.712	56,2	16.291	42,2
Lkr. Auerbach	640	2,3	17.255	62,5	9.711	35,2
Lkr. Klingenthal	411	2,8	8.864	61,5	5.128	35,6
Lkr. Oelsnitz	2.051	13,9	5.636	38,1	9.608	48,0
Lkr. Plauen	1.777	27,4	1.833	28,3	2.881	44,0
Lkr. Reichenbach	1.001	3,9	16.964	65,3	8.004	30,8
Kreis Cheb/Eger	5.917	14,2	13.667	32,9	21.977	52,9
Kreis Karlovy Vary/Karlsbad	6.787	11,9	22.896	39,9	27.632	48,2
Kreis Sokolov/Falkenau	2.415	5,1	30.684	64,9	14.181	30,0
Kreis Tachov/Tachau	8.462	35,3	7.446	31,0	8.073	33,7

Quelle: JURCZEK (1994), S. 63.

6 Zentralörtliche Struktur und Verkehr

Vor- und Nachteile bietet die zentralörtliche Struktur der Euregio Egrensis. Die bisherige Randlage zu den jeweils entscheidungsbestimmenden Zentren hat zu einer gemeinsamen Ausgangsbasis der „peripheren Abhängigkeit" geführt. Mit der neuen Grenzsituation beginnt sich das zu wandeln. Der Raum tritt immer stärker in eine Mittelpunkt- und Mittlersituation (Logistikzentrum für Transport und Handel).

Die Euregio Egrensis ist hinsichtlich ihrer kulturellen Vergangenheit, ihrer verkehrsmäßigen Erschließung und ihrer zentralörtlichen Zuordnung als kleingekammert anzusehen; kein Teilraum hat ein überregional bestimmendes Oberzentrum. Vielmehr gibt es eine räumlich differenzierte Struktur von sog. möglichen Oberzentren (Bayreuth, Hof, Plauen, Karlsbad; mit größeren Abstrichen auch Eger, Weiden und Amberg) und darunter eine Vielzahl zentraler Orte niederer Kategorien mit einem jeweils relativ guten infrastrukturellen Angebot und einem relativ kleinen Einzugsgebiet. Dies muß nicht von Nachteil sein, eröffnet es doch ein räumliches Funktionssystem der kurzen Wege.

Beherrschend ist eine relativ günstige Zuordnung von Wohn- und Arbeitsstätten, das bedeutet relativ geringe Pendlerwege mit einem differenzierten Siedlungssystem. Allerdings muß man auch Versorgungsprobleme in peripher gelegenen ländlichen Siedlungen erkennen.

Die Verkehrsverbindungen zwischen den einzelnen zentralörtlichen Regionen sind leider nur unterdurchschnittlich entwickelt, was für ein Zusammenwachsen der Euregio Egrensis eher hinderlich ist. Die jahrzehntelangen wirtschafts- und verkehrsbehindernden Grenzen zwischen der DDR, der ČSSR und Bayern haben den überregionalen Verkehr stark eingeschränkt. Straßen und Eisenbahnlinien wurden kaum ausgebaut. Viele Verbindungen wurden in dieser Zeit sogar total geschlossen. Aus den daraufhin peripher gelegenen Verkehrsregionen hat sich z.B. auch die Bundesbahn durch Schließung mehrerer Nebenstrecken zurückgezogen.

Mit der Grenzöffnung 1989/90 hat der überregionale Verkehr und auch der regionale Verkehr stark zugenommen. Nach Sachsen und Thüringen wurden zahlreiche Staats- und Kreisstraßen wieder ausgebaut. Der bisher auf wenige Übergänge konzentrierte sog. „kleine Grenzverkehr" konnte in neuen Dimensionen in einem breiten Band von Verkehrsströmen fließen.

Entwicklungsachsen sollen zu Leitlinien verstärkter wirtschaftlicher und verkehrsmäßiger Anbindung werden. Als wichtigste Leitlinie wird die sog. „Sachsen-Magistrale" von Bayreuth über Hof, Plauen, Zwickau und Chemnitz gesehen. Neben dem bereits weitgehend abgeschlossenen Autobahnausbau A 72 bestehen insbesondere auch Pläne, den bisher sehr langsamen und Umwege gehenden Eisenbahnverkehr zu verbessern. Wichtigste Nord-Süd-Linie ist die Autobahn A 9 von Leipzig über Hof und Bayreuth nach Nürnberg. Hier hat der Verkehr auf bis zu 50.000 – in Spitzenzeiten 70.000 – Kraftfahrzeuge täglich zugenommen.

Mit der Öffnung von 6 Grenzübergängen im Gebiet der Euregio Egrensis von Bayern in die Tschechische Republik konnte der grenznahe Verkehr deutlich verbessert werden. An den vom überregionalen Verkehr benutzten Straßenübergängen bei Schirnding und bei Waidhaus kommt es allerdings zu oft stundenlangen Stauungen.

7 Fremdenverkehr und Kurbäderbetrieb

Tektonische Störungslinien im Grundgebirge mit begleitendem Vulkanismus sind die physisch-geographischen Grundlagen für heiße und kalte Mineralquellen, die sowohl als Grundlage für einen Kurbetrieb wie auch für die Getränkeindustrie von Bedeutung sind. Zentren des Bäderbetriebes sind dabei die böhmischen Kurbäder Karlsbad (1992 mit ca. 5.800 Betten ohne Privatzimmer), Marienbad (ca. 1.650 Betten), Franzensbad (2.700 Betten), Sankt Joachimsthal (1.140 Betten), Konstantinsbad (440 Betten) und Bad Königswart (192 Betten). Diese westböhmischen Heilbäder wurden im Jahr 1990 von über 160.000 Patienten (3,638 Mio. Übernachtungen) besucht. Im Rahmen des Privatisierungsprozesses und begründet durch zahlreiche Renovierungsmaßnahmen sind die Zahlen 1991/92 zwar gesunken, dafür hat sich aber der Anteil der ausländischen Gäste erhöht.

Das Vogtland kann die lange Tradition seiner Bäder Bad Elster und Bad Brambach einbringen. Darüber hinaus ist das westliche Erzgebirge mit seinen Skigebieten und Talsperren im Winter wie im Sommer ein interessantes Fremdenverkehrsgebiet.

Eine aufstrebende Entwicklung haben auch die Fremdenverkehrsgebiete Nordostbayerns genommen. Die Heilbäder Bad Steben und Bad Alexandersbad, ebenso wie Neualbenreuth (Sibyllenbad), werden gegen Herz-, Gefäß- und Kreislauf- sowie rheumatische Erkrankungen aufgesucht. Die Mineralwasser von Kondrau und des König-Otto-Bades sind für die Getränkeindustrie bedeutsam.

Die Rolle der Heilbäder für den Fremdenverkehr wird auch in Zukunft sehr groß sein. Das neue Heilbad Sibyllenbad soll bis zu 3.000 Betten erhalten. Allerdings sind die Besucher der Heilbäder z.Zt. eher den Kategorien der unteren und mittleren Einkommensgruppen zuzuordnen. Will man an die große Tradition der westböhmischen Bäder in der Vorkriegszeit mit einem gehobenen Publikum anknüpfen, bedarf es auch noch vieler zusätzlicher Investitionen in der gesamten Infrastruktur.

Neben dem Kurbadebetrieb spielt allerdings in den Mittelgebirgsregionen der Euregio Egrensis auch der allgemeine Fremdenverkehr und Naherholungstourismus eine Rolle. Räume wie der Oberpfälzer Wald, das Fichtelgebirge, der Frankenwald, der östliche Thüringer Wald, das westliche Erzgebirge und künftig zunehmend auch der Kaiserwald und das Duppauer Gebirge in Böhmen haben weitere Entwicklungschancen im Freizeitbereich. Zwar weisen Bettenausstattung, Übernachtungszahlen oder Aufenthaltsdauer regional noch starke Unterschiede auf (Tabelle 6); sie sind jedoch eine gute Basis für eine verstärkte wirtschaftliche Bedeutung des Tourismus.

Um das landschaftliche Potential der Mittelgebirge mit attraktiven Erholungs-, Wohn- und Wirtschaftsstandorten zu nutzen, müssen allerdings Maßnahmen gegen die Luftverschmutzung eingeleitet werden; besonders im Winter herrscht, durch Inversionslagen bedingt, häufig Smoggefahr. Der hohe Anteil geschädigter Wälder wird z.Zt. über Waldumbaumaßnahmen zu reduzieren versucht.

8 Überregionale Maßnahmen in der Euregio Egrensis

Mit dem stark erhöhten Verkehrsaufkommen nach der Öffnung der Grenzen wurden zuerst die Mißstände des Verkehrsstaus wahrgenommen. Das Straßen- und Eisenbahnnetz ist den gestie-

Tabelle 6: Zahl der Gästebetten und -ankünfte sowie der Fremdenübernachtungen 1990/91

Kreisfreie Stadt/Landkreis	Zahl der Betten	Zahl der Ankünfte	Zahl der Übernachtungen	durchschnittliche Aufenthaltsdauer
Stadt Hof	747	86.121	133.503	1,6
Stadt Weiden/Oberpfalz	408	35.897	52.448	1,5
Lkr. Hof	3.878	170.502	713.895	4,2
Lkr. Neustadt an der Waldnaab	4.006	114.232	451.790	4,0
Lkr. Tirschenreuth	2.586	69.499	274.558	4,0
Lkr. Wunsiedel im Fichtelgebirge	3.151	136.153	416.743	3,0
Stadt Plauen	243	878	1.556	1,8
Lkr. Auerbach	690	1.889	4.816	2,5
Lkr. Klingenthal	982	2.764	7.055	2,6
Lkr. Oelsnitz	1.806	2.563	32.133	12,5
Lkr. Plauen	461	849	2.626	3,1
Lkr. Reichenbach	192	701	1.893	2,7
Kreis Cheb/Eger	9.951	331.515	2.812.340	8,5
Kreis Karlovy Vary/Karlsbad	9.390	288.413	2.423.493	8,4
Kreis Sokolov/Falkenau	528	30.786	60.462	2,0
Kreis Tachov/Tachau	960	35.178	187.706	5,3

Quelle: JURCZEK (1994), S. 101.

genen Ansprüchen noch nicht angepaßt, obwohl hier die ersten überregionalen Maßnahmen begonnen wurden.

Das Autobahnnetz wird ausgebaut (sechsspuriger Ausbau der A 9, Weiterbau der A 93 und der A 72); Ortsumgehungsstraßen werden wegen des gestiegenen Verkehrsaufkommens immer wichtiger. Ein Defizit besteht auch bei schnellen Hauptstrecken der Eisenbahn. Nachdem die ICE-Haupttrasse München-Berlin über Nürnberg und Erfurt geführt wird, legt man in der Euregio besonderen Wert auf die Schwaben-Sachsen-Magistrale Stuttgart-Nürnberg-Hof-Dresden und auf eine Verbesserung der Zugverbindungen nach Prag über Eger. Größere Defizite bestehen auch im grenzüberschreitenden öffentlichen Nahverkehr sowie im Telekommunikationsbereich.

Zusammenarbeit wird im Rahmen einer grenzübergreifenden Entwicklungsgesellschaft für die Landkreise Wunsiedel, Tirschenreuth und Eger angestrebt. Dies betrifft sowohl die Wirtschaftsförderung als auch den Wohnungsbau und die Förderung zentralörtlicher Beziehungen.

Eine Zusammenarbeit innerhalb der Euregio Egrensis wurde von den Industrie- und Handelskammern sowie den Handwerkskammern auf dem Gebiet der Fort- und Weiterbildung begonnen. Hier sollen zunehmend die Arbeitsämter einbezogen werden. Über die Schaffung gemeinsamer Arbeitsmarktbörsen und über Informationsquellen für Grenzpendler könnte die Vermittlung von Fachkräften verbessert werden.

Beratungs- und Informationszentren sollen aber auch zur Förderung von Unternehmen beitragen. Dies betrifft in der aktuellen Situation insbesondere die Beratung bei Existenzgründungen, den Aufbau eines grenzüberschreitenden Technologietransfers oder die Erarbeitung eines grenzübergreifenden Standortkatalogs für Industrie und Handwerk.

Im Bereich der Energieversorgung und der Abfallentsorgung gibt es erste gemeinsame Zielkataloge. Schließlich wird in einem Modellprojekt an der Umsetzung eines grenzübergreifenden Bäderkonzeptes unter der Zielrichtung eines ökologische Erfordernisse berücksichtigenden „sanften Tourismus" gearbeitet.

Bei all den geplanten Maßnahmen wird man nicht vergessen dürfen, daß für die bisher „im Schatten stehenden" Teilgebiete der Euregio Egrensis ein gemeinsames Image-Konzept erarbeitet werden muß, das die bisher teilweise verborgenen Standortvorteile der Region bewußt macht. Dies ist einerseits für die Identifikation der ansässigen Bevölkerung mit „ihrem Raum" wichtig und es trägt zur Standortbindung an den Raum bei. Andererseits kann man über eine Image-Kampagne bei Außenstehenden eine erhebliche Werbewirkung für den Raum erreichen.

Literatur

Arbeitsgemeinschaft Grenzlandgutachten (1991): Strategie- und Handlungskonzepte für das Bayerische Grenzland in den 90er Jahren. – Bayreuth.

Bayerisches Landesamt für Statistik und Datenverarbeitung (Hrsg.): Statistisches Jahrbuch für Bayern. – München (jährlich).

– Kreisdaten (erscheint alle 2 Jahre).
– Gemeindedaten (erscheint alle 2 Jahre).

Euregio Egrensis (Hrsg.) 1993: Regionales Aktionsprogramm für die Euregio Egrensis. – o.O.

Euregio Egrensis Arbeitsgemeinschaft Bayern e. V., 1994: Geschäftsbericht 1993. – Marktredwitz.

JURCZEK, P. u.a. (Hrsg.) 1994: Trilaterales Entwicklungskonzept für den bayerisch-sächsisch-tschechischen Grenzraum (Nordostbayern – Sächsisches Vogtland – Nordwestböhmen). – o.O.

MAIER, Jörg (Hrsg.) 1990: Euregio Egrensis – Binationaler Verflechtungsraum der Zukunft. – Bayreuth (Arbeitsmaterialien zur Raumordnung und Raumplanung, 100).

MAIER, Jörg (Hrsg.) 1991: Der Fremdenverkehr im Landkreis Oelsnitz/Vogtland. – Bayreuth (Arbeitsmaterialien zur Raumordnung und Raumplanung, 103).

MAIER, Jörg (Hrsg.) 1992: Der Landkreis/Okres Eger/Cheb – Bevölkerung, Siedlungsstruktur, Landschaftsbelastung. Grundlagen einer Strukturanalyse der EUREGIO EGRENSIS. – Bayreuth (Arbeitsmaterialien zur Raumordnung und Raumplanung, 112).

RUPPERT, Helmut (1993): Nordostbayern – ein Wirtschaftsraum im Wandel. – Berlin, S. 140–149 (Geographie 11 Gymnasien in Bayern, Cornelsen).

WEBER, Wolfgang (1989): Chancen und Risiken durch den Europäischen Binnenmarkt für ausgewählte Wirtschaftsbranchen in den Regionen Oberfranken-Ost sowie Oberpfalz-Nord – das Beispiel aus der Sicht der Bekleidungsindustrie und der Glasindustrie. – Bayreuth (Arbeitsmaterialien zur Raumordnung und Raumplanung, 85).

ZICH, F. (1990): Die Entwicklung und der gegenwärtige Stand der Bevölkerung des böhmischen Teils der Euregio Egrensis. – Bayreuth, S. 65–76 (Arbeitsmaterialien zur Raumordnung und Raumplanung, 100).

Kontaktadresse:
Euregio Egrensis Arbeitsgemeinschaft Bayern e. V.
Koordinierungs- und Informationsstelle für grenzüberschreitende Zusammenarbeit
Fikentscherstr. 24
95615 Marktredwitz
Tel. (0 92 31) 6 46 87
Fax (0 92 31) 6 41 87

Prof. Dr. Helmut Ruppert
Didaktik der Geographie am Institut für Geowissenschaften der Universität Bayreuth
Universitätsstraße 30, 95447 Bayreuth

Johann-Bernhard Haversath

Die neuzeitliche Besiedlung der Randgebirge des Böhmischen Beckens

1 Einleitung

Die Randgebirge des Böhmischen Beckens bildeten bis weit in die Neuzeit hinein ein Waldgebirge, das besonders im Bereich des Oberpfälzer und Böhmerwaldes als mehr oder weniger breiter Riegel die Territorien diesseits und jenseits trennte. Auf Altkarten des 16. und 17. Jh. wird daher Böhmen als die von Waldgebirgen umschlossene Mitte Europas dargestellt – z.B. auf der Romwegkarte von Erhard Etzlaub (um 1500) oder auf der Germaniakarte von Martin Waldseemüller, die 1513 in Straßburg erschien (WOLFF 1988, S. 27, 31). Erst in der Neuzeit, d.h. ab dem 16. Jh., wurde der verbliebene ‚Restwald' sukzessive in den Siedlungsraum einbezogen.

Wie der Blick in die junge und jüngste Vergangenheit zeigt, sind Raum und Thema von besonderer Brisanz. Die Randgebirge des Böhmischen Beckens bilden über die rein fachwissenschaftlichen Aspekte hinaus auch ein *disziplingeschichtlich* lohnendes Untersuchungsobjekt. Die zahlreichen Grenzverschiebungen unseres Jahrhunderts haben auch auf geographische Abhandlungen einen nicht zu unterschätzenden Einfluß. Es sind heute fünf Staaten (Deutschland, Österreich, Polen, Tschechien, Slowakei), die an dem Gebirgsbogen Anteil haben. Sehr viele Autoren lassen und ließen sich bei der Bestimmung ihres Arbeitsgebiets von den jeweils aktuellen staatlichen Grenzen leiten (z.B. BRAUN 1931; HOFFMANN 1961; LENZ, RICHTER 1966; SCHMITT 1975). Daß in den Schulbüchern eine solche Festlegung vorherrscht, ist aus den Lehrplänen zu verstehen. Für die wissenschaftliche Forschung und Präsentation kann diese Bindung jedoch nicht gelten. Die aus praktischen Gründen zu rechtfertigende Beschränkung geographischer Studien auf staatliche Einheiten wird in den Fällen verhängnisvoll, wenn sie mit einer *nationalistischen* Sichtweise gekoppelt ist. Diese fatale Kombination ist gerade bei grenzüberschreitenden Arbeiten der zwanziger bis vierziger Jahre unseres Jahrhunderts vorherrschend. Der zwanghafte Abgrenzungsversuch mit Aufwertung der eigenen und Abwertung der fremden Ethnie (z.B. MUGGENTHALER 1929; SCHIER 1941) wurde in dieser Zeit als ‚Volkstumskampf' bezeichnet. Heute betonen wir unter dem *Europagedanken* wieder stärker das Gemeinsame, die gebirgs- und völkerübergreifende geschichtliche Entwicklung[1].

2 Der neuzeitliche Siedlungsraum als ein Gebiet mit motivgeschichtlicher, formaltypologischer und gesellschaftlicher Sonderstellung

Die Gründe für den frühneuzeitlichen Landesausbau sind vielschichtig und ebenso wie für die spätmittelalterliche Wüstungsphase von Region zu Region, manchmal auch von Ort zu Ort, unterschiedlich. Ohne Frage spielen großräumige, politische Konstellationen eine Rolle: Als Folge der Niederlage in der Schlacht bei Mohács (1526) wird die Herrschaft der Jagiellonen in Böhmen, Mähren, der Lausitz und Schlesien von den Habsburgern abgelöst (PLOETZ 1987, S. 618–619); doch letztere können sich erst nach der endgültigen Abwehr der Türkengefahr mit Nachdruck um diese Landesteile kümmern. Lokale und regionale Machtverhältnisse und Motive scheinen also für die jetzt beginnende Erschließung wichtiger zu sein. Das neuerliche Bevölkerungswachstum setzt vielfach schon kurz vor 1500 ein, der allgemeine Anstieg der Getreidepreise nach 1570 (BORN 1974, S. 73). Anfänglich wurden nur wüstgefallene Stellen und totale Orts- und Flurwüstungen neu besetzt. Schon bald griff die Kolonisation aber auf die zuvor unbesiedelt gebliebenen Höhen der Mittelgebirge über, die im Zuge des neuzeitlichen Ausbaus flächenhaft erschlossen wurden. Von den in Abbildung 1 ausgewiesenen Kolonisationsgebieten werden im folgenden der Oberpfälzer und Böhmerwald, das Erzgebirge sowie die Sudeten vorgestellt; der im tschechisch-slowakischen Grenzbereich bei Trentschin in den Kleinen Karpaten angedeutete Raum der walachisch-slawischen Neusiedlung, der sich über die slowakisch-polnischen Beskiden bis in die Karpaten erstreckt, findet hier keine Berücksichtigung.

Aus einzelnen Gebieten (z.B. aus dem oberösterreichischen Freiwald und dem Böhmerwald um Taus) ist bekannt, daß es bäuerliche Schichten waren, die z.T. ohne Wissen und Förderung ihrer Herrschaft mit der Rodung begannen. Zunächst wurden von den alten Dörfern aus neue Felder angelegt, später ging man zur Gründung neuer Dörfer über. „Nachdem die Besiedlung erst wieder in Gang gekommen war, speiste sie sich sehr bald aus eigener Kraft" (KUHN 1955, S. 114). In Höhenlagen über 600 m, zumeist sogar über 800 m konnte allerdings die Landwirtschaft keine sichere Existenz garantieren. Im 17. und 18. Jh. häufen sich selbst in offiziellen Einschätzungen die Klagen über den mangelhaften Bodenertrag[2]. Bei der östlichen Lage der Randgebirge macht sich die Kontinentalität mit strengen, schneereichen Wintern und kühlen, feuchten Sommern in den Höhenlagen massiv

---

[1] In zahlreichen Romanen wird das Schicksal der Menschen des neuzeitlichen Siedlungsraums vor dem wechselnden politischen Hintergrund unseres Jahrhunderts geschildert. Die Lektüre deutscher und tschechischer Autoren mag besonders geeignet sein, persönliche Defizite zu diesem komplexen Thema abzubauen und größeres Verständnis für das Nachbarvolk aufzubringen. In diesem Sinne leisten z.B. die Bände ‚Rosinkawiese' von G. Pausewang (dtv, München 1983) und ‚Aus der Welt der Waldeinsamkeiten' von K. Klostermann (aus dem Tschechischen übersetzt von A. Jelinek) (Morsak-Verlag, Grafenau 1993) eine wichtige Ergänzung der rein geographischen Sichtweise dieses Beitrags.

Abbildung 1: Der neuzeitliche Siedlungsraum in den Randgebirgen des Böhmischen Beckens

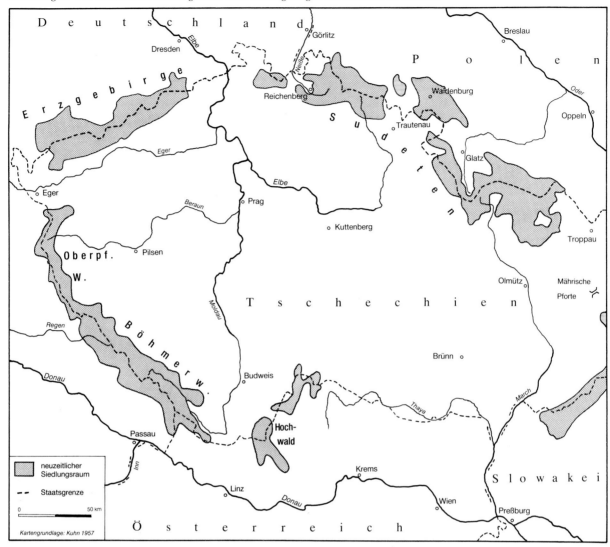

bemerkbar. Die Charakterisierung des Mühlviertels als österreichisch Sibirien oder Redensarten der Siedler („neun Monate Winter und die übrigen drei Monate kalt") sind in ihrer Aussage eindeutig. Klimatisch sind bei den westlichen Randgebirgen (zwischen Fichtelgebirge und Waldviertel) die Lagen oberhalb 800 m für den Ackerbau nicht geeignet; nur anspruchslose Sorten (Hafer und Roggen) können hier noch gedeihen, doch längst nicht in jedem Jahr kommt das Korn zur Reife[3]. Hand in Hand mit der klimatischen Schlechterstellung, die in den Sudeten bei zunehmender Kontinalität noch stärker ausgeprägt ist, geht die edaphische. Das Ausgangsmaterial der Pedogenese sind humusreiche, saure Rohböden geringer Mächtigkeit. Durch Kultivierungsmaßnahmen (Drainage, Entfernen der Steine, Fruchtwechsel, Düngereintrag u.a.) verbessert sich die Bodenstruktur zwar geringfügig, doch liegen die Ertragsmeßzahlen in den beiden untersten Gruppen (sehr schlecht, schlecht). In stärker reliefierter Lage werden zudem die Kultivierungsbemühungen durch den ungebremsten Bodenabtrag schnell wieder zunichte gemacht[4].

Die Ausweitung der bäuerlichen Wirtschaftsweise kann also nicht die treibende Kraft des Landesausbaus gewesen sein. Die existenzielle Not der Gebirgsbewohner war allgemein bekannt; aus Aufzeichnungen von Seelsorgern, z.B. des Pfarrers

---

2) So heißt es 1714 zu Teilen Ostböhmens um Gablonz: „Dieses Obergerichts Morchenstern angehörige Dörfer mit allen Appertinentien in einer wilden, kalt, steinklüftigen Wistey und an dem Schneegebirge situiert, ernähren sich alleinig mit dem Rockenspinnen ..." (KUHN 1957, S. 260); aus dem Erzgebirge und dem Böhmerwald liegen ähnliche Berichte vor (KUHN 1957, S. 261–263).

3) Sehr anschaulich schildert KUHN (1957, S. 262–263): „Weizen gedeiht nur an wenigen Stellen im Gebirge, auch Roggen nicht allgemein. Die Hauptbrotfrucht war vielfach der Hafer. Die Hektarerträge sind in allen Fällen niedrig. Die Glatzer Bergbauern mußten sich von den reicheren Dörfern des Vorlandes nachsagen lassen, daß sie nur das dreifache Korn ernteten, ‚eines zur Saat, eines fürn Staat, eines fürn Prälat', es bleibe also nach Entrichtung von Zins und Zehnten nichts zu verzehren. In der Tat reichte die eigene Getreideerzeugung auch in guten Jahren nirgends zur Versorgung aus, in den Passauer Bistumsdörfern nur für drei Monate. Das übrige mußte zugekauft und mit außerlandwirtschaftlicher Arbeit verdient werden. In schlechten Jahren aber konnten, wie die obigen Schilderungen zeigen, früh einfallende Fröste den Verlust der ganzen Ernte zur Folge haben. In den Webergebieten des schlesischen Gebirges wird sogar der Flachsbau unmittelbar der Ernährung nutzbar gemacht, indem das Leinöl die Rolle des Brotaufstrichs übernehmen muß."

4) „Klagen über die Mühsal und die geringen Erträge des Ackerbaus beginnen mit der ersten Besiedlung und gehen durch die Jahrhunderte weiter. Für die Dörfer im Habelschwerdter und Heuscheuergebirge wird schon 1613 berichtet, daß der Dünger und die vom Gewitterregen herabgeschwemmte Muttererde in Bütten auf dem Rücken wieder hinaufgetragen werden müssen" (KUHN 1957, S. 260).

von Breitenberg (PRAXL 1982, S. 196) im Dreiländereck Deutschland, Österreich und Tschechien, ist das Elend der Neusiedler bekannt, die zahlreich im langen Winter einen qualvollen Hungertod starben[5]. Die bäuerlichen Siedler des Vorlands achteten die Waldbewohner immer gering und hatten zur Kennzeichnung der neuen Siedlungen Spottnamen erfunden, die in vielen Fällen zum offiziellen Ortsnamen wurden[6].

Was also veranlaßte die Siedler, trotz der schlechten materiellen Lebensaussichten in den Wald zu gehen? Wie aus Studien zum Bayerischen Wald belegt ist (HAVERSATH 1991, S. 190), war für die nachgeborenen, nichterbberechtigten Söhne bäuerlicher Familien der Entschluß zum Kolonistenleben durchaus verlockend. Auf diese Weise konnte die vorgegebene Rolle als Knecht auf dem Hof des Bruders gemieden und eine eigenständige Existenz aufgebaut werden. Die Mühen, die mit dem Aufbau eines neuen Lebensraums verbunden waren, wurden von den Siedlungsaspiranten nicht nur gesehen, sondern auch bei den landesherrlichen Auswahlgesprächen offen vorgetragen. Aus der Hoffnung auf Verbesserung der eigenen Lebenssituation leitete sich die Bereitschaft ab, das unbestreitbar harte Leben im Wald auf sich zu nehmen; daraus erklärt sich auch die große Zahl Ansiedlungswilliger, so daß dem Landesherrn die Qual der Wahl blieb.

Die schwierige landwirtschaftliche Ertragslage änderte sich erst mit der Einführung der Kartoffel. Daß sie in den Mittelgebirgen schon früh – im Erzgebirge um 1680 – Einzug hielt, hängt mit der Notlage zusammen, die die Bevölkerung erfinderisch machte. Der Feldertrag wurde hiermit entscheidend gesteigert, die Ernährungssicherheit erheblich verbessert. An der generellen landwirtschaftlichen Ungunst der Randgebirge änderte sich natürlich nichts.

Der entscheidende Impuls und die Steuerung des frühneuzeitlichen Ausbaus lag in der Hand der Landesherren. Ausgangspunkt war in allen Fällen die Nutzung der natürlichen Ressourcen. Hierbei wurde zunächst an die Holzmassen der unerschlossenen Wälder gedacht. Deren handwerkliche Verarbeitung zu Gefäßen, Stielen, Schindeln und anderen ‚Waldwaren' hat im Bayerischen und Böhmerwald die längste Tradition. Hinzu kommen andere Gewerbe: durch Köhlerei, Aschenbrennen und Pechsammeln wurde der Baumbestand zur Versorgung von Eisenhämmern, Glashütten oder Bergwerken dezimiert. Durch Kahlschläge wurde großflächig Brenn- und Bauholz gewonnen, das über verzweigte Triftsysteme zum Bestimmungsort gebracht wurde. Im Riesen- und Adlergebirge diente der Einschlag der Gruben- und Brennholzgewinnung zur Versorgung des Kuttenberger Reviers im Böhmischen Becken. Schon frühzeitig wurden hier Forstordnungen eingeführt, um den Holzbestand für die Zukunft zu sichern. Im Erzgebirge ist es die Nutzung der mineralischen Vorkommen selber, die den neuzeitlichen Ausbau vorantreibt. St. Joachimsthal in Böhmen ist ein instruktives Beispiel dieser Entwicklung (KVÉT 1994; MAJER 1994), bei der konjunkturelle Zyklen bzw. die plötzliche Erschöpfung der Minen die Siedlungsentwicklung maßgeblich beeinflußten.

Seit dem 16. Jh. beginnt sich das Textilgewerbe im Erzgebirge und den Sudeten auszubreiten. Die Spitzenklöppelei und Bortenwirkerei mit silbernen und goldenen Fäden nach Brabanter Muster ist eine Invention von Barbara Uttmann (1514–1575) aus Annaberg im Erzgebirge. 1561 führte sie das textile Heimgewerbe mit Verlagswesen ein und konnte schon im ersten Jahr 900 Produzenten gewinnen. Von hier aus breitete sich die Spitzenklöppelei über den Böhmerwald und die Sudeten aus. Die technischen Erfindungen der Folgezeit (z.B. 1564 Strumpfwirkmaschine) steuerten die Entwicklung des Heimgewerbes und der Fabriken nachhaltig. Überall suchte man nach spezialisierten gewerblichen Tätigkeiten, um ein Leben in den rauhen Lagen der Mittelgebirge zu ermöglichen. Böhmische Glaubensflüchtlinge hatten im 17. Jh. in Klingenthal den Geigenbau eingeführt, im Böhmerwald spielte die Erzeugung von Resonanzholz für den Instrumentenbau eine Rolle, im Adlergebirge wurden Schachteln aus Holzspänen hergestellt, in einem Dorf im Riesengebirge, in Krummhübel, sammelte man Heilkräuter und stellte Arzneien her, um Gablonz am Rande des Isergebirges stellte man aus Glasperlen Schmuckartikel her; die Produktion von Weihnachtsschmuck und Spielwaren aus dem Erzgebirge reichen ebenfalls in diese Zeit zurück. „Die Heimarbeit hat in vielen Teilen des Erzgebirges und der Sudeten den Menschen geholfen, sich in schwierigster Wirtschaftslage zu behaupten und eine Siedlungsdichte aufrecht zu erhalten, die anderen Gebieten gleicher Höhenlage durchaus fremd ist" (KUHN 1957, S. 268).

In der Art einer Kettenreaktion entstand das folgende Motiv: War man erst einmal siedelnd und wirtschaftend in den Wald vorgedrungen, dann konnte seine alte Funktion als breiter Grenzsaum keinen Bestand mehr haben; der nicht genau festgelegte Grenzverlauf erwies sich als Problem, je mehr sich die Territorien einander näherten. Weil das ehemals als wertlos erachtete Grenzgebirge nun als nutzbare Ressource gesehen wurde, begannen besonders die kleinen Herrschaften, denen es auf jeden Flächengewinn ankam, den Landesausbau mit territoralen Zielen zu verbinden. Aus dem Hochstift Passau und den angrenzenden böhmischen Herrschaften ist der Prozeß der Verengung des Grenzsaums bis auf eine Linie gut belegt (HAVERSATH 1991). Daß der neuzeitliche Siedlungsraum insgesamt entlang der heutigen Staatsgrenzen verläuft (vgl. Abbildung 1), ist ein Ergebnis dieser Entwicklung.

Waren die Interessen auf die Expansion des eigenen Territoriums gerichtet, dann wurde auch die Form der Siedlungen und Fluren als Ausdruck eines ordnenden Willens streng geregelt. In solchen Fällen wurden ein- und zweizeilige Reihensiedlungen angelegt. Mehrere Gründe kommen für die Wahl dieser Form in Betracht: Im neu gerodeten Land, in dem in den ersten Jahren der Wald nur unvollständig zurückgedrängt worden war, mag dies eine sehr praktische Form gewesen sein, die sich an natürlichen Leitlinien (Wegen, Gewässerläufen o.ä.) orientierte. Kam die Grenzschutzfunktion als Aufgabe der Siedler hinzu, war sie sogar äußerst vorteilhaft. Die Aufteilung der Flur mit hofanschließenden, in den Wald reichenden Streifen, bei denen nur die Breite entlang der Dorfstraße zu bestimmen war, ist überdies aus vermessungstechnischer Sicht sehr einfach. Hinzu mögen zeittypische Modeströmungen gekommen sein, die die Entscheidung für diese Siedlungsform erleichterten. Auf jeden Fall ist das ein- oder zweizeilige Reihendorf mit Streifeneinödflur keine

---

[5] Auch in volkstümlichen Romanen wird das harte Leben im Grenzgebirge geschildert, so z.B. in den Werken des tschechischsprachigen Karel Klostermann; einige seiner Schriften liegen jetzt auch in deutscher Übersetzung vor, u.a. „Aus der Welt der Waldeinsamkeiten" (Grafenau 1993).

[6] Der Name der Glashütte ‚Jenewelt' (b. Seewiesen im Böhmerwald) ist vergleichsweise neutral – er steht ‚dieser Welt', in der die Bauern leben, gegenüber. ‚Wassersuppen', ‚Gibacht' oder ‚Not' bei Taus, ‚Siehdichfür' bei Tachau, ‚Paßauf' und ‚Traunicht' bei Görlitz, ‚Neusorge' bei Waldenburg in Schlesien sowie die volkstümlichen, nicht-offiziellen Bezeichnungen ‚Sandhäuser' für Leopoldsreut, ‚Pfenniggeigerhäuser' für Philippsreut oder ‚Halbwald' für Heinrichsbrunn im Passauer Abteiland sind Beispiele für eine Ortsnamengebung mit diffamierender Absicht.

Erfindung der Frühneuzeit. Es blickt auf eine lange Tradition zurück und hatte sich bereits bei der mittelalterlichen Kolonisation der Gebirgsränder bewährt, die u.a. in Schlesien und im östlichen Mühlviertel das Waldhufendorf eingeführt hatte (KRÜGER 1967). In der vom Rationalismus geprägten Zeit der Aufklärung wählte man – den jeweiligen Bedürfnissen entsprechend – aus dem bekannten Formenrepertoire aus und entschied sich für die zweckmäßigste Gestalt.

Waren die Rahmenbedingungen anders – z.B. ohne territoriale Absicht oder sogar ohne landesherrliche Lenkung –, so ist das bereits aus der Formalstruktur ersichtlich. Ohne erkennbares Prinzip verteilte Einzelsiedlungen mit umgebender arrondierter Blockflur oder Blockstreifenflur in Gemengelage prägen in solchen Fällen den neuzeitlichen Siedlungsraum. Gerade im bayerisch-böhmischen Grenzgebirge wechseln regelmäßige Reihensiedlungen und regellose Streusiedlungsgebiete ab, in den böhmischen Territorien sogar innerhalb ein und derselben Herrschaft. Im Erzgebirge und den Sudeten dominieren die Reihensiedlungen klar.

Die Höhen der Randgebirge des Böhmischen Beckens waren – soviel ist jetzt schon klar – bis zum 16., teilweise sogar bis zum 17. Jh. unbesiedelt geblieben, weil sie für eine landwirtschaftliche Erschließung ungeeignet waren. Das Leben konnte hier nur durch zusätzliche oder hauptsächliche gewerbliche Tätigkeit gesichert werden. Daher unterscheidet sich die Bevölkerung dieses Siedlungsraumes in ihrer Sozialstruktur deutlich von der der tiefer gelegenen, agrarisch geprägten Regionen. Nach der in der Agrarsoziologie und -geographie üblichen Terminologie (WENZEL 1974) handelt es sich um unter- und nebenbäuerliche Schichten; die Landwirtschaft spielt beim Nahrungserwerb durchaus eine Rolle, kann aber nie eine bestimmende Position einnehmen. Die Wert- und Hierarchievorstellungen bäuerlicher Gesellschaften sind vor allen in den Bereichen von unübersehbarem Gewicht, in denen die Siedler als ‚Bevölkerungsüberschuß' aus agrarischen Gesellschaften hervorgingen. Wenn dagegen (wie z.B. im Erzgebirge) alte Bergarbeiterfamilien aus anderen Gebieten zugewandert waren, bildete sich schon früh ein anderes gesellschaftliches Selbstverständnis; doch erst seit der zweiten Hälfte des 18. Jh. trat der neue Arbeiterstand des Erzgebirges und der Sudeten aus dem Schatten der Agrargesellschaft heraus. Hier und im Böhmerwald ist schon zu Beginn des 19. Jh. eine Mischung aus unter- und nebenbäuerlichen sowie frühindustriellen gesellschaftlichen Gruppen faßbar.

Die Sonderstellung des neuzeitlichen Siedlungsraumes ist also in mehreren Bereichen offenkundig. Die Motive der Erschließung rund um das Böhmische Becken waren weitgehend gleich, nur wenige Formentypen wurden bei der Gestaltung von Siedlung und Flur angewandt. Die auffallende sozialgeographische Eigenständigkeit ist aus der neuzeitlichen Siedlungsgenese sicher zu erklären; sie ist vielerorts noch heute mühelos nachweisbar, z.B. in der Neuen Welt im südlichen Bayerischen Wald, an den gewerblich-frühindustriellen Standorten des Böhmerwaldes und des Erzgebirges; auch die heute noch betriebene Schmuckherstellung um Gablonz am Rand des Isergebirges ist ein frühneuzeitlich angelegtes raumprägendes Element. Dennoch ist der Siedlungsraum der Neuzeit (Abbildung 1) nicht homogen oder gar uniform; auf lokaler Ebene mußten jeweils spezifische Probleme gelöst werden, so daß es wiederholt zu einer großen Formenvielfalt auf engem Raum kam. Diese Differenzierung wird anhand von Fallstudien aus einzelnen Teilräumen ausführlich belegt.

3 Regionale Studien

3.1 Der Westen: Böhmerwald

Die westlichen Randgebirge mit neuzeitlichen Neusiedlungsräumen reichen vom Egertal, der Nordgrenze des Oberpfälzer Waldes, bis ins Mühlviertel Oberösterreichs, mit Ausläufern sogar noch ins Waldviertel. Das über 200 km lange, zusammenhängende Kolonisationsgebiet wird durch den Fluß Cham in der Further Senke in zwei Gebirge geteilt, den Oberpfälzer und den Böhmerwald. In der Senke selber wird die 500 m-Isohypse nicht überschritten. Die mittelalterliche Besiedlung war an dieser Stelle bereits bis über die Landesgrenze vorgedrungen, wenngleich an den Oberläufen von Cham, Regen und Angel in der spätmittelalterlichen Wüstungsphase die meisten ländlichen Siedlungen aufgelassen wurden.

Mit der Wiederbesetzung von Wüstungen nahm die neuzeitliche Kolonisation hier ihren Anfang (vgl. Abbildung 2). Schon 1494 wurden Grasmannsdorf und Zettich neu erbaut, 1510 folgte Sengenbühl (alle südl. Furth i.W.). Die Further Hauptmänner Jörg Pfeil (1520–1553) und sein Sohn Wolf Pfeil (bis 1574) waren die Organisatoren der Siedlungsbewegung. Bis zur Mitte des 17. Jh. war der spätmittelalterliche Raum wiederbesiedelt. Es ist bei dem Tempo des Kolonisationsgangs nicht verwunderlich, daß in Anlehnung an die tradierten Siedlungsformen die mittelalterlichen Formalelemente in Siedlung und Flur wiederbelebt, d.h. mittelalterliche Kleinweiler an alter Stelle errichtet wurden. Trotz der großen Nachfrage nach Siedlern konnte der Bedarf ganz überwiegend aus dem unmittelbaren Umkreis gedeckt werden, nur in wenigen Fällen wurden auch Bewohner entfernter Gegenden akquiriert[7].

Zur gleichen Zeit begann die Rodung des ausgedehnten Grenzwaldes. Die neuen Dörfer Schlachten (1538), Hochberg (1545), Jägershof (1547), Gaishof (um 1555) und Vollmau (1581) sind in diesem Raum die ersten Zeugen der planmäßigen, neuzeitlichen Kolonisation (Abbildung 3). Die territorialpolitisch motivierte Ausweitung des Siedlungsraumes stieß hier schon frühzeitig an ihre Grenzen; als Führer der katholischen Liga hatte der Landesherr, Herzog Maximilian, bereits 1615 ein Rodungsverbot erlassen, damit die Beziehungen zu den benachbarten Habsburgern nicht unnötig belastet würden.

Im Gegensatz dazu blieb man auf böhmischer Seite nicht untätig. Mit sogenannten ‚künischen Freibauern' wurde zunächst der mittlere Teil des Grenzwaldes („Hwozd") erschlossen und anschließend der nördliche und der südliche Abschnitt. Die „langsame, ruhige Art des Landesausbaus, größtenteils in erheblicher Entfernung von der Staatsgrenze und damit unbeeinflußt durch die Nöte und Bedürfnisse der Grenzkämpfe, ermöglichte eine weitgehende Rücksichtnahme auf die Landesnatur und ihre wirtschaftlichen Erfordernisse. Auch dürfte im Anfang spontane bäuerliche Landnahme in dem unerschlossenen Urwaldgebiet mitgewirkt haben, die von den Pfandherren erst nachträglich genehmigt wurde. ... Die Höfe der Künischen liegen im Innern des Gebirges bis 900 m hoch. Ackerbau ist hier nur noch eingeschränkt möglich, das Schwergewicht muß auf Viehzucht und

---

[7] „Nur das von 1580–1592 wiedererbaute Söldendorf Arrach (westlich Lam), das in der Mundart heute noch ‚das Tirol', dessen Einwohner ‚Tiroler' genannt werden, hatte sicher alpenländische Siedler, und von den ‚Spießschiftern' der Further Gegend stammten einzelne aus dem Allgäu. Vielleicht ist mit einem noch stärkeren alpendeutschen Einschlag in der neuzeitlichen Besiedlung des Böhmerwaldes zu rechnen, als diese zufällig überlieferten Angaben erkennen lassen" (KUHN 1957, S. 245).

Abbildung 2: Neuzeitliche Kolonisation im Umkreis der Further Senke, an der Nahtstelle von Oberpfälzer und Böhmerwald

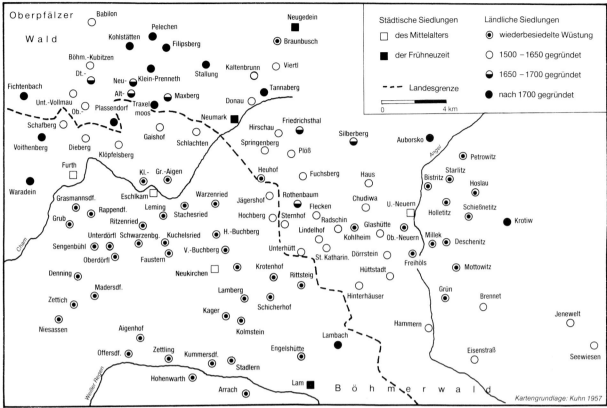

Waldwirtschaft liegen. ... Die angemessenste Form bäuerlicher Viehzucht im Gebirge ist der Einödhof, und sie wurde bei der Niederlassung der künischen Freibauern allgemein angewendet. Sie kennen keine Dörfer, sondern nur ‚Gerichte', rechtliche Zusammenfassungen von über die Hänge hin verstreuten Einzelhöfen" (KUHN 1957, S. 248–249). Von hier aus griff die Besiedlung im nächsten Schritt weiter nach Norden und Süden aus.

Repräsentativ für die neuzeitlichen Besiedlungsprozesse im ostbayerisch-böhmischen Grenzgebirge ist der Nordteil des Passauer Abteilands mit dem anschließenden Territorium der böhmischen Herrschaft Krummau. Hier können drei unterschiedliche Kolonisationsräume ausgewiesen werden (HAVERSATH 1994).

In der Passauer Herrschaft Wolfstein wurde auf Geheiß des Landesherrn der verbliebene Restwald seit 1618 durch Siedlungen in Höhenlagen oberhalb 700 m, zumeist sogar oberhalb 800 m erschlossen. Als erste Dörfer wurden im Bischofsreuter Wald Herzogsreut, Leopoldsreut und Schwendreut (vgl. Abbildung 4) angelegt. Sie befinden sich an zwei Ästen des Goldenen Steigs, der wichtigsten Handelsstraße von Passau nach Böhmen. Mit den späteren Gründungen Philippsreut (1692) und Bischofsreut (1705) wird die Leitfunktion der Straße beim Landesausbau betont. Am nördlichen, nach Bergreichenstein führenden Ast dieser Straße stimmt die Chronologie der Siedlungsgründungen fast mit dem Vorrücken in den Wald überein. Die abseits der Verkehrswege gelegenen Dörfer Annathal, Raimundsreut, Obergrainet, Hinterfreundorf und Frauenberg entstanden im wesentlichen in einem zweiten Schritt, als auch der ungerodete Zwischenraum für Neusiedlungen geöffnet wurde. Unter politischstrategischen Gesichtspunkten wurden die grenznahen Siedlungen Vorder-, Mitter- und Hinterfirmiansreut sowie Auersbergsreut aufgebaut.

Sämtliche 21 Dörfer dieses Teils der Herrschaft Wolfstein sind planmäßige Kolonisationen. Von fünf regellosen Anlagen mit lockerer Bebauung (Obergrainet, Hinterfreundorf, Neuhütte, Vierhäuser, Frauenberg) abgesehen, handelt es sich in allen Fällen um regelmäßige, ein- oder zweizeilige Dörfer in Hanglage. In vielen Fällen läßt sich die Flur der Uranlage als hofanschließender Streifen (Einödstreifenflur) nachweisen; erst durch spätere Nachrodungen wandelte sich diese zu einer mehrteiligen Streifenflur, nachdem die Siedler beim Landesherrn ihre agrarwirtschaftlichen Interessen hatten durchsetzen können.

Hinter diesem Wandel in der Flurform verbergen sich soziale Prozesse. Die Neusiedler möchten, weil sie keine Alternativen kennen, die aus ihrem Herkunftsgebiet bekannten Siedlungs- und Wirtschaftsweisen in den Kolonisationsraum übertragen – der Landesherr verbietet in der Gründungsphase aus seiner Kenntnis der agrarökologischen Ungunst dieses Vorhaben, ohne allerdings eine Alternative anzubieten, die die Existenz seiner Untertanen sichert. So kommt es zu einem jahrzehntelangen Kampf zwischen dem Landesherrn und den Siedlern, der aus dem Aktenmaterial der Archive in München und Landshut u.a. an zahlreichen Petitionen und Eingaben rekonstruiert werden kann. Stück für Stück rangen die Kolonisten dem Landesherrn Zugeständnisse ab, Stück für Stück veränderten sich die Fluren und verdichteten sich die Siedlungen. Einzeilige Gründungen, z.B. Annathal, wurden durch Besitzteilungen zu zweizeiligen. Obwohl die materielle Lebensbasis durch diese Entwicklung grundsätzlich verbessert wurde, blieb die Existenzsicherung der

Abbildung 3: Vollmau (Folmava). Planmäßige neuzeitliche Gründung von 1581
(Quelle: TK 25, Blatt 6643/44 Furth i. Wald)

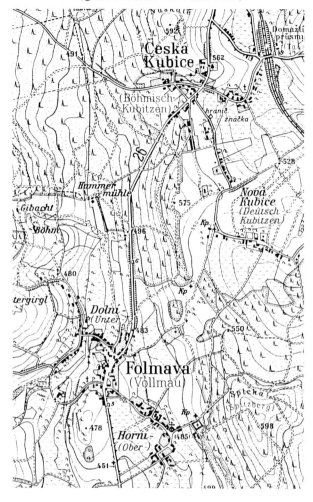

Siedler gefährdet, weil der Zugewinn an Wirtschaftsflächen durch Besitzteilungen hinfällig wurde.

Einen anderen Ausgangspunkt hatte die Besiedlung der östlich benachbarten ‚Neuen Welt', die südlich an das Dreisesselmassiv im Dreiländereck Deutschland, Österreich, Tschechien anschließt. Hier konnten Siedlungswillige mit landesherrlicher Erlaubnis Neuland an einem Platz ihrer Wahl roden. Die landwirtschaftlich besten Lagen waren als erste besetzt, so daß zunächst ein grobmaschiges Einzelsiedlungsgebiet mit arrondierter Blockflur entstand. In einem zweiten Schritt verdichtete sich die Neue Welt zu einem Streusiedlungsgebiet mit einzelnen dörflichen Kernen. Durch frühe Hofteilungen sank der Lebensstandard rasch ab.

3.2 Der Norden: Erzgebirge

Das sächsisch-böhmische Grenzgebirge, das im Westen an das Elster-, im Osten an das Elbsandsteingebirge grenzt, erstreckt sich bei einer Breite von 40 km über eine Länge von rund 150 km. Auf dem Kamm werden zumeist Höhenlagen von 800–900 m erreicht, die höchsten Erhebungen sind der Keilberg (1244 m) und der Fichtelberg (1213 m).

Es ist auf die ungünstigen klimatischen und edaphischen Bedingungen zurückzuführen, daß eine landwirtschaftlich-bäuerliche Kolonisation auch in der Neuzeit nicht in Frage kam. Auf den mageren Verwitterungsböden der Kammlagen konnte der Anbau von Hafer und Sommerroggen ebenso wie die Nutzung der Gebirgsweiden nur eine Ergänzung zur außerlandwirtschaftlichen Tätigkeit sein. Von den Bergwerken (Silber-, Zinn-, Eisen-, Kupfer-, Kobalt- und Nickelgruben) und Glashütten nahm die neuzeitliche Erschließung im 16. Jh. ihren Ausgang[8]; nach der Erschöpfung vieler Gruben blieb bis in die Gegenwart eine dichtbevölkerte Gewerbelandschaft mit Textilgewerbe- und Waldarbeiterdörfern.

Ein markantes, wenngleich nicht typisches Beispiel ist die Stadt St. Joachimsthal (Jáchymov). Mit dem allgemeinen ‚Silberrausch' des beginnenden 16. Jh. wurde auch hier das kostbare Metall gefunden (1516). Um 1540 waren bereits 73 Silberminen in Betrieb, am Ende des Jahrhunderts sogar 134. Seit den dreißiger Jahren sind über 9.000 im Bergwerk Beschäftigte registriert, die jährliche Silberproduktion lag in dieser Zeit bei ca. 10.000 kg (MAJER 1994, S. 92). Der Ort wurde am 6. Januar 1520 zur Stadt erhoben und erhielt mit Rathaus, Spitalkirche und Münzstätte einen funktionalen Mittelpunkt. Die Siedlungsentwicklung folgte zunächst der Tallinie (Abbildung 5). Die landwirtschaftliche Tätigkeit (Viehzucht, Ackerbau) wurde der Bevölkerung ausdrücklich verboten – nicht aus agrarökologischen Rücksichten, sondern weil das ganze Land für das aufblühende Gewerbe reserviert war. Das Holz der Wälder wurde als Gruben- und Brennholz benötigt, so daß die ortsnahen Hänge schon nach kurzer Zeit entwaldet waren.

Dem boomartigen Aufstieg folgte ein rascher Niedergang. 1594 arbeiteten nur noch 80 Gewerken in den Minen. Die einst so berühmte Stadt – Georgius Agricola (1494–1555) war hier zeitweise als Arzt tätig, von den hier geprägten Silbertalern leitet sich der Name Dollar ab! – stagnierte zunächst, dann verfiel sie. Ab dem 17. Jh. war es nicht mehr nötig, die Hänge zur Sicherung der Schürfrechte von der Bebauung frei zu halten. Eine zweite Blütezeit begann 1910, als hier Uran entdeckt wurde. Die Nutzung der radioaktiven heißen Quellen ließ St. Joachimsthal zu einem vielbesuchten Kurort werden. Jetzt erst griff die Besiedlung auf die schon lange landwirtschaftlich genutzten Hänge über.

Gottesgab (Abbildung 6), nur wenige Kilometer von St. Joachimsthal entfernt, profitierte ebenfalls von der sich überstürzenden Entwicklung in der ersten Hälfte des 16. Jahrhunderts. Die ehemals unbedeutende Siedlung Wintersgrün wurde durch den sächsischen Kurfürsten Johann Friedrich 1553 zur Bergstadt mit euphemistischem Namen erhoben. Die positive Entwicklung ließ sich aber selbst durch die Anrufung Gottes nicht festschreiben; es ist nur *ein* Superlativ, der mit Gottesgab verbunden ist – höchstgelegene Stadt Mitteleuropas (1028 m) –, die bergbaulichen Aktivitäten nahmen sich dagegen bescheiden aus. Der Silberbergbau dauerte von 1517 bis in die 50er Jahre, Holzver-

---

[8] „Die neuzeitliche Kolonisation empfängt im Erzgebirge ihre besondere Note durch die übermächtige Stellung des Bergbaus. Er hat den Wiederbeginn der Siedlung im Vergleich zu den anderen ostdeutschen Landschaften um mindestens ein halbes Jahrhundert vorverlegt und die Trennung von der mittelalterlichen Kolonisation zum Teil überbrückt. Schon in der Mitte des 15. Jh. begann das verstärkte Suchen nach Zinn, 1470 dann der Sturm auf das Silber. Wo sich stärkere Ausbeute erhoffen ließ, wurden Bergstädte angelegt. Im östlichen Erzgebirge entstanden seit 1451 die Zinnstädte Altenberg, Geising und Bärenstein, im Westen betrat die Reihe der Bergstadtgründungen 1516 mit Joachimsthal das Gebirgsinnere. Von da an bis 1535 entstand durchschnittlich jedes zweite Jahr eine neue Stadt" (KUHN 1957, S. 232–233).

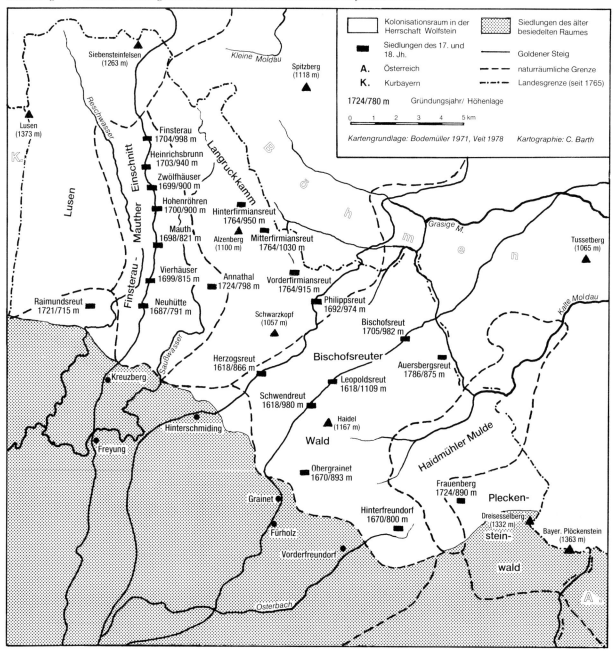

Abbildung 4: Passauer Siedlungen des 17. und 18. Jh. im südöstlichen Bayerischen Wald

arbeitung und textiles Heimgewerbe (Spitzenklöppelei mit Verlagswesen) lösten ihn ab.

Die komplette gewerbliche Entwicklung der Siedlungen des Erzgebirges zeigt Silberbach[9] (Abbildung 7). Der Name verrät das Gründungsmotiv, die verbreitete Tallage war zur Nutzung der Wasserkraft sehr vorteilhaft. Nach dem Versiegen der Silbermine wurde der verbliebene Wald an den Hängen des Erzgebirges für Nachfolgegewerbe genutzt: Zunächst entstand eine Glashütte, es folgten eine Farbmühle, Betriebe des Musikinstrumentenbaus und Stickereifabriken. In einem ringsum dicht be-

völkerten Land hatten die Bewohner nicht wie in den Goldgräberstädten Amerikas die Möglichkeit, nach dem wirtschaftlichen Zusammenbruch der Gruben die Siedlung zu verlassen und an anderer Stelle erneut ihr Glück zu versuchen. Sie waren auf eine Folgenutzung angewiesen. Der Zähigkeit und der Innovationsfreudigkeit der Bewohner ist also der neuzeitliche Landesausbau im Erzgebirge zum Großteil zu verdanken. Der intensive und vielseitige Ausbau des Gewerbes schuf die Voraussetzungen für eine hohe Bevölkerungsdichte trotz fehlender naturräumlicher Ausstattung. Ein häufiger, den Konjunkturzyklen folgender Wechsel der gewerblichen Tätigkeit ist deshalb ebenso kennzeichnend wie die beständige Sorge um die Existenzsicherung. Die Anlage neuzeitlicher Bauerndörfer spielt eine völlig untergeordnete Rolle. KUHN (1957, S. 235) nennt insgesamt sieben solcher Fälle.

---

9) Zusammen mit Grünberg, Eibenberg, Vogeldorf, Trinksaifen, Hirschenstand, Kaff und Hengst gehört auch Silberbach zu den Bergwerksorten um Graslitz und St. Joachimsthal, die den Aufstieg zu Bergstädten nicht mehr schafften.

Abbildung 5: St. Joachimsthal (Jáchymov) im Erzgebirge
(Quelle: KUHN 1986, S. 119)

3.3 Der Osten: Sudeten

Unter dem Sammelnamen der Sudeten werden die Gebirge der nordöstlichen Umrahmung des Böhmischen Beckens zusammengefaßt. Im einzelnen gehören hierzu (von W nach O) entlang der Kammlinie das Lausitzer Gebirge, das Jeschken-, Iser-, Riesen-, Adlergebirge und das Hohe Gesenke sowie jenseits der Kammlinie auf polnisch-schlesischer Seite das Katzbach-, Eulen- und Reichensteinergebirge. Von Warnsdorf im Böhmischen Niederland bis Jägerndorf in Schlesien mißt dieser Bereich rund 200 km. Seine höchsten Erhebungen sind die Schneekoppe (1603 m) im Riesengebirge und der Altvater (1490 m) im Hohen Gesenke. Entsprechend den orographischen Gegebenheiten besteht der neuzeitliche Siedlungsraum in den Sudeten aus fünf ungleich großen Siedlungsinseln (vgl. Abbildung 1), die ausschließlich am Rand der Hoch- und Kammlagen liegen.

Während die niederen Lagen der Sudeten ein Hauptverbreitungsgebiet des mittelalterlichen Waldhufendorfs mit Breitstreifenflur und agrarischer Ausrichtung sind (vgl. KRÜGER 1967, Karte 1), wurden die höheren Regionen auch hier erst durch die bergbaulich-gewerbliche Siedlungsausweitung der Neuzeit erschlossen. Da eine breite bergbauliche Basis wie im Erzgebirge hier nicht zu finden ist, bereitete die Erschließung zu Beginn große Schwierigkeiten. Erst mit Einwanderern aus den österreichischen Alpenländern, die mit den besonderen Schwierigkeiten der Höhenlage vertraut waren, gelang ab dem 16. Jh. die Besiedlung. Von Anfang an spielte vor allem im Riesengebirge die Graswirtschaft neben dem Gewerbe eine wichtige Rolle.

Abbildung 6:
Gottesgab (Bozí Dar) im Erzgebirge
(Quelle: KUHN 1986, S. 120)

Formaltypologisch sind bei städtischen und nicht-städtischen Siedlungen die Reihenanlagen dominierend. Diese knüpfen an mittelalterliche Vorbilder (Waldhufendörfer) an und verleihen dem Gebirge einheitliche kulturlandschaftliche Züge. Wiederholt sind auch in diesem Siedlungsraum die breiten, für Waldhufendörfer typischen hofanschließenden Streifenfluren anzutreffen, z.B. in Katharinaberg (Hora Svaté Kateriny). Nur größere Stadtanlagen – wie Marienberg in Sachsen oder Sebastiansberg im Böhmen – setzen mit planmäßigen absolutistischen Schachbrettgrundrissen zusätzliche Akzente (s. Beitrag von K. ROTHER, Das alte Sachsen).

Christophsgrund (Udol Svatého Krystofa) im Jeschkengebirge (bei Reichenberg) zeigt noch die siedlungsgenetische Nähe zum Erzgebirge. Der Ort, eine Reihensiedlung im Tal des Ekkersbachs, wurde von Bergleuten wahrscheinlich im 14. Jh. gegründet. Als schon im folgenden Jahrhundert der Bergbetrieb wegen mangelnder Ergiebigkeit eingestellt werden mußte, waren der Rückgriff auf die Landwirtschaft und ein alternatives Hausgewerbe unausweichlich. Möglicherweise sind auch Teile der Bevölkerung ins nahe Reichenberg (Liberec) abgewandert, einen wichtigen Handels- und Umschlagplatz auf dem Weg von und nach Polen.

Abbildung 7:
Silberbach (Stříbrná) im Erzgebirge
(Quelle: KUHN 1986, S. 114)

In Groß Aupa (Abbildung 8) im Riesengebirge sind Landwirtschaft und Gewerbe von Anfang an miteinander verbunden. Die langgestreckte Reihensiedlung liegt in 800–1000 m Höhe. In früheren Jahrhunderten standen die einzelnen Hofstellen weitabständig voneinander getrennt, ihre Besitzer waren Kleinbauern, Fischer, Holzarbeiter und Bergknappen in einem. Erst mit der Verbreitung des Heimgewerbes kam es auch hier am Fuße der Schneekoppe zur Siedlungsverdichtung. Schon vor dem Zweiten Weltkrieg war auch der Fremdenverkehr eine wichtige Einkommensquelle für die damals 670 Einwohner Groß Aupas. Die Gasthäuser im Tal und die Bauden auf der Höhe bildeten hier die erste touristische Infrastruktur für wanderfreudige Feriengäste.

Auch die neuzeitlichen Siedlungen im Gesenke basieren auf einer Verbindung von Landwirtschaft und Gewerbe. Die erste neuzeitlichen Gründungen, die im Waldenburger Register von 1548 (KUHN 1957, S. 211) genannt werden, hatten eine bäuerliche Grundlage. Daß aber auch der Bergbau den Anlaß zur Besiedlung gab, geht aus dem alten Ortsnamenbestand hervor. Dies verdeutlichen Kupferberg am Landeshuter Kamm oder Gottesberg bei Waldenberg in Schlesien. Für Oskau (Oskava) unweit des Altvater (1490 m) gibt es den älteren Namen Hütten, der an den Erzbergbau erinnert. Erst nach der Stillegung der Eisenhütte zu Beginn des 18. Jh. wurde der Ort nach dem Fluß benannt. Landwirtschaft, Gewerbe und erste Ansätze des Fremdenverkehrs prägten den Ort bis 1945, der damals rd. 850 Einwohner hatte.

Daß der neuzeitliche Landesausbau keineswegs mit dem Vordringen einer einzigen Ethnie, der deutschen, gleichgesetzt werden darf, wird im Umkreis des Gesenkes sehr deutlich. In diesem nordmährisch-schlesischen Kontaktbereich waren Deutsche, Tschechen und Polen neben anderen ins Land geholten Fremden, z.B. Österreichern, an der Kolonisation beteiligt. Bestimmt man die dominierende Ethnie nach der vorherrschenden Sprache, so erweisen sich die östlichen Sudeten als ein stark durchmischtes Gebiet mit Sprachgrenzen, deren Verlauf über die Jahrhunderte schwankte (SCHWARZ 1966, S. 437–441).

Im ganzen Gebirgskranz, der das Böhmische Becken umgibt, war der Bevölkerungsdruck stets sehr groß. Die verschiedenen Tätigkeiten, denen die Bevölkerung zur Existenzsiche-

Abbildung 8: Groß Aupa (Velká Upa) im Riesengebirge
(Quelle: KUHN 1986, S. 202)

rung nachgehen mußte, sind ein beredtes Zeugnis der großen Armut aller Gebirgsbewohner, sieht man einmal von den (kurzen) Boomphasen in den Bergsiedlungen ab. Die Abwanderung in neue Kolonisationsgebiete war über die Jahrhunderte ein wichtiges bevölkerungspolitisches Regulativ. Zielgebiete waren die Karpaten, das Banat und Amerika. Doch auch die niedrig gelegenen Vorländer des Mittelgebirgskranzes boten seit der einsetzenden Industrialisierung gute Abwanderungschancen. In

Abbildung 9:
Warnsdorf (Varnsdorf) im Böhmischen
Niederland in der Zwischenkriegszeit
(Quelle: KUHN 1986, S. 181)

Abbildung 10:
Warnsdorf (Varnsdorf) 1989
(Aufnahme: J.-B. HAVERSATH)

den Böhmischen Niederlanden nördlich des Lausitzer Gebirges entwickelte sich z.B. seit dem 19. Jh. eine rasch wachsende Textilindustrie. Nicht nur in alten Städten wie z.B. Rumburg (Rumburk) schossen kleine und mittlere Betriebe wie Pilze aus dem Boden, auch ehemalige Dörfer wuchsen zu Industriestädten heran. Warnsdorf (Varnsdorf) (Abbildung 9, 10) ist eine solche von industriellen Kleinbetrieben geprägte Siedlung, die den Bevölkerungsüberschuß des umgebenden neuzeitlichen Kolonisationsraums absorbierte. Die Textilindustrie ist hier noch heute physiognomisch vorherrschend, wenngleich die Bezeichnung als „Böhmisches Manchester" seit dem wirtschaftlichen Umbruch von 1990 überholt ist. Heute sind hier noch industriegeographische Strukturen sichtbar, die im 19. Jh. angelegt worden sind (vgl. auch Abbildung 11). Weil ein grundlegender Strukturwandel in der sozialistischen Ära unterblieb, sind die heutigen räumlichen, wirtschaftlichen, sozialen und ökologischen Probleme um so größer.

4 Genetische Kulturlandschaftsforschung und heutige Raumstrukturen

Obwohl die Einheitlichkeit des neuzeitlichen Siedlungsraums als konstituierender Zug der Randgebirge des Böhmischen Beckens mühelos nachweisbar ist, obwohl die Motive der Besiedlung sich nur in der Gewichtung der einzelnen Komponenten unterscheiden und der Formalbestand der Siedlungen weitgehend gleich ist, sind die gegenwärtigen Raumprobleme in den verschiedenen Regionen und Staaten sehr unterschiedlich.

Während z.B. die neuzeitliche Siedlung Mitterfirmiansreut im Bayerischen Wald ihre heutige wirtschaftliche Basis im Fremdenverkehr und im Berufspendlertum hat, steht die nicht weit entfernte tschechische Siedlung Guthausen (Dobrá) vor ganz anderen Problemen: Der bis zum Ende des Zweiten Weltkriegs von deutschsprachiger Bevölkerung bewohnte Ort mußte 1945 von seiner Bevölkerung ebenso wie das übrige Sudetenland verlassen werden. Die Anwesen verfielen und wurden teilweise

Abbildung 11: Neuzeitlicher Landesausbau im Isergebirge um Gablonz (Jablonec): Josefsthal (Josefův Důl) an der Kamnitz (Kamenice)

(Quelle: Mapa Okresů ČSR 1:100.000, Kraj Severo český)

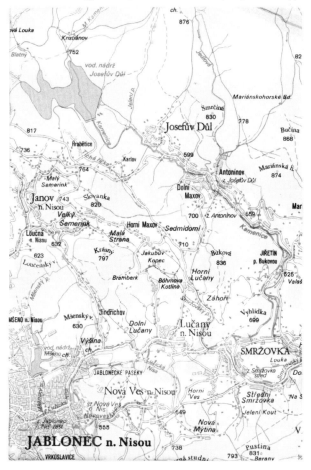

abgetragen. Seit den 70er Jahren entstand der Ort in kleinerer Form neu, als Feriensiedlung. Die Häuser wurden instandgesetzt, ihre alte Funktion (Holzhauerwohnung) ist jedoch entfallen. Andere ehemals von Sudetendeutschen bewohnte Siedlungen existierten nach einem kompletten Bevölkerungsaustausch weiter, sie wurden mit Tschechen, teilweise mit seßhaft gemachten Zigeunern belegt; dennoch ist die kulturlandschaftliche Kontinuität nicht gewahrt: Die Felder wurden zu Großblockfluren zusammengefaßt, in den Siedlungen verfielen zahlreiche alte Häuser, an deren Stelle mehrstöckige Mietshäuser traten, nur die gewerbliche Funktion erinnert noch an die alten Wurzeln.

Noch deutlicher ist der Wandel der letzten Jahre am Nordrand des Erzgebirges. Im ehemaligen Kreis Dippoldiswalde wurden noch 1989 die etwa 23.000 ha LN von sieben LPG genutzt; seit 1990 etablierten sich Agrargenossenschaften, die das Erbe der alten, bis 5.000 ha umfassenden Betriebe antraten. 1992 wurde von 13 Genossenschaften mit 900 Arbeitskräften 85% bewirtschaftet, die restlichen 15% entfallen auf 85 Privatlandwirte, in deren Betrieben rund 100 Arbeitskräfte untergekommen sind.

In der Mehrzahl der Fälle blieben nur die industrialisierten Gebirgsdörfer – im Böhmerwald z.B. Eleonorenhein (Lenora) – weitgehend erhalten, die alten Anlagen blieben so lange wie möglich in Betrieb. Die Gablonzer Schmuckindustrie bestand im wesentlichen mit dem überkommenen Gebäudebestand weiter, obgleich die meisten Arbeiter und die ehemaligen Eigentümer das Land hatten verlassen müssen. Organisatorisch zu größeren Einheiten zusammengefaßt, blieb die bauliche und funktionale Struktur bis heute erhalten. Nach dem wirtschaftlichen Zusammenbruch der sozialistischen Staaten empfinden die heutige Bevölkerung, die seit 1945 die überwiegend deutschen Bewohner ablöste, und wir als Außenstehende die historische Industriestruktur als Altlast. Sie deshalb einfach zu beseitigen, ist eine immer wieder vernehmbare Forderung. Würde man diesem Wunsch mit flächenhafter Umgestaltung nachkommen, ginge auch ein Stück Kulturlandschaft verloren, ein Verlust, den die Betroffenen angesichts hoher Arbeitslosenquoten leicht verkraften zu können glauben.

Welche Quintessenz für die Gegenwart ist angesichts des Fehlens einer historischen Dimension in der breiten Öffentlichkeit aus einer genetischen Studie abzuleiten? Die grenzüberschreitenden kulturlandschaftlichen Gemeinsamkeiten sind ein ganz wichtiger Faktor zum Verständnis des neuzeitlichen Siedlungsraums in den Randgebirgen des Böhmischen Beckens. Der Landesausbau erfolgte zwar auch unter territorialen Gesichtspunkten, aber nicht unter ethnischen. Wir müssen das Augenmerk weiterhin auf die anfänglich gleiche Sozialstruktur des neuzeitlichen Siedlungsraums richten. Solange die wirtschaftlichen und politischen Bedingungen vergleichbar waren, verlief auch die Entwicklung in ähnlichen Bahnen. Erst als Folge der nationalstaatlichen Abgrenzung, sich wiederholt verschiebender, an ethnischen Kriterien und Zielen orientierten Außengrenzen und unterschiedlicher politischer Systeme entwickelten sich die Gesellschaften in verschiedene Richtungen. Hier hat die geographische Strukturanalyse anzusetzen: die Erfahrungen aus Deutschland, die z.B. bei der Dorferneuerung im Bayerischen und Oberpfälzer Wald gewonnen wurden, sind nicht schematisch auf Nordböhmen, Sachsen oder Oberschlesien zu übertragen. Nur in Kenntnis der sozioökonomischen Entwicklung einzelner Regionen kann ein Konzept erarbeitet werden, das im Sinne einer endogenen Entwicklung das regionale Potential berücksichtigt. Als Alternativen bleiben die sogenannte passive Sanierung oder ein ‚von oben' verordnetes Konzept, das möglicherweise die Verbindung zur historischen Kulturlandschaft kappt. Die an den siedlungsgenetischen Teilräumen orientierte regionale und lokale Identität der Bewohner wird bei solch einer Vorgehensweise einfach übergangen.

Literatur

BORN, M. (1974): Die Entwicklung der deutschen Agrarlandschaft. – Darmstadt (Erträge der Forschung, 29).

BRAUN, G. u.a. (1931): Europa. – Breslau.

HAVERSATH, J.-B. (1991): Historisch-geographische Aspekte politischer Grenzen in Mitteleuropa mit besonderer Berücksichtigung der heutigen deutsch-tschechischen Grenze. – In: Siedlungsforschung. Archäologie-Geschichte-Geographie 9, S. 173–198.

HAVERSATH, J.-B. (1994): Die Entwicklung der ländlichen Siedlungen im südlichen Bayerischen Wald. – Passau (Passauer Schriften zur Geographie, 14).

HOFFMANN, G.W. (1961): A Geography of Europe. – London.

KRÜGER, R. (1967): Typologie des Waldhufendorfes nach Einzelformen und deren Verbreitungsmustern. – Göttingen (Göttinger Geographische Abhandlungen, 42).

KUHN, H. (1986): Sudetenland. – Mannheim.

KUHN, W. (1955, 1957): Geschichte der deutschen Ostsiedlung in der Neuzeit. 1. Band (Allgemeiner Teil), 2. Band (Landschaftlicher Teil), 3. Band (Karten). – Köln, Graz.

KVĚT, R. (1994): Mineral mining on the Bohemian side of the Krusné Hory mountains (Erzgebirge) up to the time of Agricola. – In: Geo Journal 32, S. 101–102.

LENZ, W., RICHTER, G. (Red.) (1966): Deutschland. Porträt in Bild und Wort. – Gütersloh.

MAJER, J. (1994): Ore mining and the town of St. Joachimsthal (Jáchimov) at the time of Georgius Agricola. – In: Geo Journal 32, S. 91–99.

MUGGENTHALER, O. (1929): Die Besiedlung des Böhmerwaldes. – Passau.

PLOETZ, K.J. (Begr.) (1987): Der Große Ploetz. Auszug aus der Geschichte. – Freiburg, Würzburg.

PRAXL, P. (1982): Geschichte des Wolfsteiner Landes. – In: PRAXL, P. (Red.): Der Landkreis Freyung-Grafenau. – Grafenau, S. 137–221.

SCHIER, B. (1941): Der deutsche Einfluß auf die tschechischen Flur- und Siedlungsformen. – In: Wissenschaft im Volkstumskampf. Festschrift für E. Gierach. – Reichenberg, S. 211–232.

SCHMITT, E. (Bearb.) (1975): Deutschland. – München (Harms Handbuch der Geographie).

SCHWARZ, E. (1966): Volkstumsgeschichte der Sudetenländer. II. Teil: Mähren-Schlesien. – München (= Handbuch der sudetendeutschen Kulturgeschichte, 4. Band).

WENZEL, H.-J. (1974): Die ländliche Bevölkerung. – In: UHLIG, H., LIENAU, C. (Hrsg.): Materialien zur Terminologie der Agrarlandschaft, Band III. – Gießen.

WOLFF, H. (Red.) (1988): Cartographia Bavariae. Bayern im Bild der Karte. – Weißenhorn (= Bayerische Staatsbibliothek, Ausstellungskataloge, Band 44).

Prof. Dr. Johann-Bernhard Haversath
Institut für Didaktik der Geographie der Justus-Liebig-Universität Gießen
Karl-Glöckner-Straße 21, 35394 Gießen

Johann-Bernhard Haversath

Siedlungsformen und Siedlungsentwicklung im Bayerisch-Böhmischen Grenzgebiet *(Exkursion)*

Der Bayerische und der Böhmerwald (Šumava) gehören zum jungbesiedelten Gebiet Mitteleuropas, dessen kontinuierliche, flächenhafte Erschließung erst im 9./10. Jh. einsetzte. Daher ist die Darstellung seiner Siedlungsentwicklung immer auch Rodungs- und Waldgeschichte. Im Gegensatz dazu liegt das altbesiedelte, seit dem Neolithikum vom Menschen besetzte Land im Dungau und im inneren Böhmischen Becken; es umfaßt nur die edaphischen und klimatischen Gunsträume der tiefgelegenen Lößflächen an Donau und Moldau (JANKUHN 1969, S. 21).

Die Exkursion hat das Ziel, den mehrphasigen Verlauf der siedlungsräumlichen Erschließung im Grenzgebirge entlang einer Route durch das Passauer Abteiland in Niederbayern und durch die ehemalige Herrschaft Winterberg (Vimperk) in Südböhmen (Abbildung 1) aufzuzeigen. Es ist der peripheren Lage dieses Raumes zu verdanken, daß Landschaftselemente längst vergangener Epochen heute noch sichtbar sind. Die historisch-geographisch konzipierte Exkursion kann deshalb immer wieder auf tradierte Formalelemente zurückgreifen und von den Siedlungs- und Flurformen den Ausgang nehmen. Die siedlungsgenetischen Ausführungen zu den einzelnen Standorten sind durch Routenbeschreibungen verbunden, so daß die ganze Tour leicht nachvollzogen werden kann.

Von Passau geht die Fahrt entlang der linken Donauseite über die B 388 in Richtung Südosten. Wir passieren den Zusammenfluß von Donau, Inn und Ilz und die Zahnradfabrik (ZF) im Passauer Stadtgebiet. Die Donau befindet sich hier in einem Durchbruchstal durch das Böhmische Massiv. Im engen Tal befinden sich nur wenige Siedlungen, die funktional mit dem Fluß stets verbunden waren, z.B. der alte Fähr-, Schiffer- und Marktort Obernzell. Hier verlassen wir die Bundesstraße, die in den Bayerischen Wald abbiegt, und fahren weiter flußparallel bis Jochenstein. Die hier 1952–56 errichtete Staustufe überwand einen gefährlichen Strudel, der durch einen Felsen, den Jochenstein, verursacht wurde. Auf der Höhe des Kraftwerks (289 m) steigt die Straße in serpentinenförmigen Windungen bis auf die Schulterfläche des Bayerischen Waldes (570 m) an.

1. Standort: Krottenthal

Gleich bei der Anfahrt ist die Lage des Ortes inmitten einer Rodungsinsel ersichtlich (Abbildung 2). Diese wird durch den Steilabfall zur Donau, durch die Kerbtäler donautributärer Bäche sowie durch den weiteren Höhenanstieg im nördlich gelegenen Bannholz (714 m) begrenzt. Siedlung und Flur befinden sich folglich auf einer schmalen, nur einen Kilometer breiten Verebnung.

Physiognomisch ist Krottenthal eine ländliche Siedlung mit zahlreichen landwirtschaftlich genutzten Gebäuden. Dieser Eindruck darf aber nicht darüber hinwegtäuschen, daß auch hier die Nebenerwerbslandwirtschaft dominiert. Berufspendler in die umliegenden Märkte und nach Passau verhindern den sonst unausweichlichen Abzug der meisten Bewohner.

Die kleine, haufendorfartige Gruppensiedlung steht auf dieser Exkursion stellvertretend für den hochmittelalterlichen Landesausbau (bis etwa 1200) im donaunahen Bereich des südlichen Bayerischen Waldes. Seit der zweiten Hälfte des 10. Jh. kommt es durch den Aufstieg mächtiger Adelsgeschlechter zur politischen Umgestaltung. Die Babenberger und Formbacher, die Grafen von Deggendorf, Ortenburg und Bogen gewinnen ebenso wie die Passauer und Regensburger Kirche an Macht. Über ihre Ministerialen, die aus dem Raum südlich der Donau kommen, betreiben sie die erste Kolonisation in dem langgestreckten Grenzwald, der in den Quellen den Namen ‚Nortwald' trägt. Nach dem Ende der Ungarnzüge kommt es im 11. Jh. zur politischen Konsolidierung und zur kontinuierlichen Siedlungsentwicklung.

Krottenthal enthält alle Kennzeichen, die zu einer hochmittelalterlichen Anlage gehören. Die heutige Blockflur wurde im Rahmen der Flurumlegung aus der Gewannflur geschaffen. Der Liquidationsplan des 19. Jh. kennt noch die schmalstreifigen Parzellenverbände, die in drei Gewannen (Kirchenfeld, Küstenfeld/Grübäcker, Riedlfeld) zusammengefaßt sind. Dahinter verbirgt sich als Bodennutzungssystem die Dreifelderwirtschaft mit jährlichem Wechsel von Wintergetreide, Sommergetreide und Brache auf einer Zelge. Es handelt sich hierbei um eine getreidebetonte Wirtschaftsweise, die jedoch auf die Viehwirtschaft nicht verzichten konnte. Die notwendigen Grünlandflächen befinden sich ortsnah in einer Quellmulde, hinzu kommt der weidewirtschaftlich genutzte Wald. Das Dorf besteht nach den Angaben des Liquidationsprotokolls (19. Jh.) aus 6 Gütern und 1 Häusel, im Urbar von 1788 sind 6 Lehen genannt. Durch einen Vergleich der Ackerflächen des Liquidationsplans mit anderen Orten dieser Phase und durch Anwendung weiterer Methoden kann es wahrscheinlich gemacht werden, daß ein Kleinweiler mit wenigen Siedlungsstellen (2–3) als Gründungsform anzunehmen ist (vgl. HAVERSATH 1994).

Auf der Weiterfahrt über Ramesberg nach Untergriesbach erweist der bloße Augenschein eine Vielzahl formal gleicher Siedlungen. Hitzing, Stollberg, Endsfelden, Willersdorf, Lämmersdorf oder Diendorf weisen die gleichen Kennzeichen wie Krottenthal auf und sind ebenfalls hochmittelalterliche Anlagen, für welche die Höhenlage zwischen 400 und 600 m typisch ist.

Abbildung 1: Exkursionsroute

❶ Krottenthal
❷ Meßnerschlag
❸ Friedrichsberg
❹ Ahornöd
❺ Hinterfirmiansreut
❻ Guthausen (Dobrá)
❼ Gansau (Pravětín)

Kartengrundlage: Übersichtskarte 1 : 500.000, Bundesrepublik Deutschland – Blatt Nr. 3 (Südost); 1. Ausgabe 1985 herausgegeben vom Institut für Angewandte Geodäsie (Frankfurt a.M.)

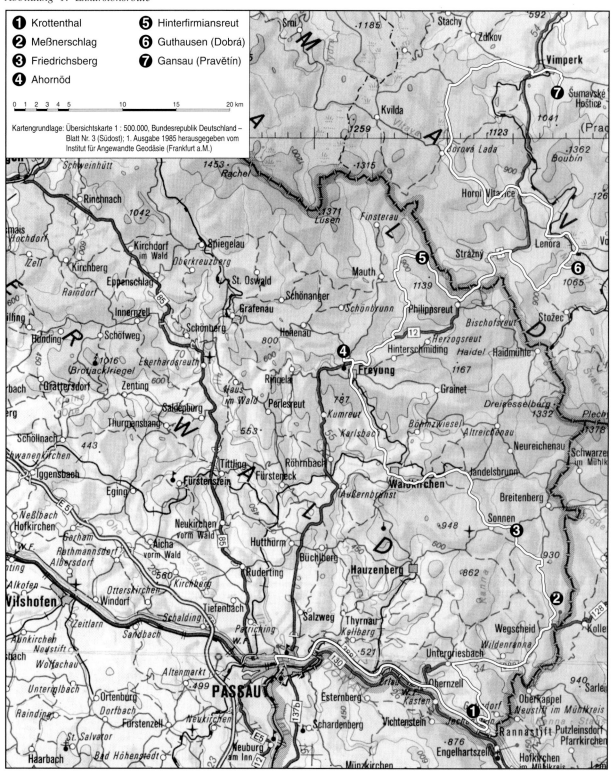

In Untergriesbach erreichen wir wieder die B 388 und fahren in Richtung Wegscheid. Der Aufstieg zur Wegscheider Hochfläche erfolgt über das Bannholz. Jenseits des Rannatals folgt Wegscheid (720 m), ein alter Passauer Amtssitz, der 1360 das Marktrecht erhielt. Am Ortsende biegen wir nach links ab und erreichen über Kramerschlag den

2. Standort: Meßnerschlag

In leicht welligem Gelände befindet sich dieser Ort in 667 m Höhe. Zusammen mit Kramerschlag, Lacken, Kasberg und Thurnreuth ist Meßnerschlag eine spätmittelalterliche Gründung, die dem 13.–15. Jh. zuzurechnen ist. In dieser zweiten Epoche der Kolonisation wurde der Siedlungsraum um eine schmale, nur

Abbildung 2: Krottenthal (1828)
(Quelle: Liquidationsplan 1:5.000)

wenige Kilometer breite Zone um Bärnstein (Grafenau), Wolfstein (Freyung), Jandelsbrunn und Wegscheid erweitert. Die 800 m-Isohypse konnte von bäuerlichen Siedlungen in dieser Zeit noch nicht überschritten werden. Lediglich im östlich anschließenden oberösterreichischen Mühlviertel nimmt der spätmittelalterliche Siedlungsraum geländebedingt einen breiteren Streifen ein. Verbreitetstes Grundwort ist hier das Suffix auf -schlag (Kollerschlag, Exenschlag, Hinterschlag u.a.).

Das vorgestellte Beispiel (Abbildung 3) gehört zum Typus der Reihendörfer mit Plangewannflur. Im Mühlviertel, um Wegscheid, Jandelsbrunn und in der Freyung bis zum Saußbach gehören alle spätmittelalterlichen Gründungen zu dieser Kategorie. Durch Rückschreibung konnten in Meßnerschlag zehn Gründungsanwesen ausgesondert werden, die in rund 54 m breiten hofanschließenden Streifen plaziert waren (HAVERSATH 1994).

Wie auch in allen anderen Fällen ist das planmäßige Aussehen von Ort und Flur auf die systematische Vorgehensweise des ‚Siedlungsarchitekten', des Lokators, zurückzuführen; er gestaltete im Auftrag des Landesherrn die gesamte Anlage. Entlang einer Straße als Leitlinie wurde die Breite der Parzellen abgemessen, der Längenverlauf wurde über Fluchtpunkte festgelegt. Neben dem hofanschließenden Feld wurden noch ein zweiter und dritter Streifenverband angelegt. Zusammen ergeben sie eine dreiteilige Streifenflur, die auf die Bedürfnisse der Dreifelderwirtschaft genau zugeschnitten ist. Nach den lokalen Flurnamen des Vogtlandes schlägt LEIPOLDT (1928) hierfür die Bezeichnung Gelängeflur vor, nach den Toponymen des Bayerischen Waldes drückt der Name Hofackerflur das gleiche aus.

Mit rund 10 ha Ackerland, die auf jedes Gründungsanwesen entfallen, war bis (fast) in die Gegenwart die Ackernahrung gesichert. Erst der gesellschaftliche Wandel nach dem 2. Weltkrieg löste auch in den spätmittelalterlichen Dörfern eine allmähliche Abkehr von der traditionellen Lebens- und Wirtschaftsform aus. In den Dörfern entstanden in den 60er und 70er Jahren gewerblich-industrielle Arbeitsplätze; es waren zumeist Großbetriebe aus industriellen Ballungsräumen, die hier wegen niedriger Lohnkosten und staatlicher Zuschüsse Filialunternehmen entstehen ließen, sogenannte verlängerte Werkbänke. Nach Wegfall der Förderung haben diese heute den Betrieb schon längst wieder eingestellt.

Die Weiterfahrt geht über Kramerschlag zunächst nach Lacken. Am Ortsende erkennen wir beim Blick nach Westen die langgezogenen hofanschließenden Streifen von Kasberg, während der Ort selber hinter einer Erhebung versteckt bleibt. Von Lacken (= roden) aus fahren wir nach Norden. Sobald der Wald erreicht ist, liegt der spätmittelalterliche Siedlungsraum hinter uns. In Thalberg biegen wir hinter der Kirche nach rechts ab und folgen nach ca. 300 m dem Wegweiser ‚Friedrichsberg'. Der schmale Weg endet nach 500 m auf einem (Bus-)Parkplatz.

3. Standort: Friedrichsberg

Der Aussichtsturm auf dem 930 m hohen Friedrichsberg gestattet eine Übersicht über den neuzeitlichen Siedlungsraum zwischen dem Dreisesselberg im Norden und Lacken im Süden. An diesem Standort wird die dritte Phase der Besiedlung thematisiert. Der Wald der Wegscheider Hochfläche ist mit Rodungsinseln durchsetzt, die von Einzelhöfen mit arrondierter Blockflur eingenommen werden. Nur an wenigen Stellen haben sich kleine Gruppensiedlungen entwickelt, z.B. Thalberg oder Breitenberg.

In den Quellen des 17. Jh. trägt der Raum zwischen Lacken und dem Dreisesselberg noch den Namen Forstwald. Erst 1668 gibt ihn der Passauer Fürstbischof Wenzeslaus Graf von Thun zur Besiedlung frei. Siedlungswillige bekamen den Platz ihrer Wahl als Rodeland zugewiesen. Trotz klimatisch ungünstiger Bedingungen in Höhen zwischen 800 und 1100 m fand sich mit der Schicht der Handwerker, Inleute und der nachgeborenen Bauernsöhne eine Gruppe, die die Möglichkeit zum Aufbau einer eigenen Familie und unabhängigen Existenz dankbar annahm. So entstand zunächst ein weitmaschiges Siedlungsnetz, das 1683 aus 64 Wohnplätzen bestand. Wenige Jahrzehnte später war das knappe Potential an (relativ) günstigen Standorten aufgebraucht. Doch die Besiedlung wurde fortgesetzt, indem auch Standorte zweiter und dritter Wahl besetzt und sogar ältere Anwesen geteilt wurden. Hiermit begann der materielle und soziale Abstieg dieses Kolonisationsraums, der „Neuen Welt".

Zu Beginn des 19. Jh. dominieren in den Liquidationsprotokollen die steuerlichen Einstufungen als Häusler, Neuhäusler und Gütler, Bezeichnungen für unterbäuerliche Gruppen. Allein auf landwirtschaftlicher Basis konnte in der Neuen Welt keine Existenz gegründet werden. Zusätzliche gewerbliche Tätigkeiten, hauptsächlich die Weberei, waren lebenswichtig. Die Bewohner der Neuen Welt faßten diese Situation in der Lebensweisheit „willst' leben, mußt' weben" zusammen, die in der volkskundlichen Sammlung des Heimatmuseums Breitenberg gut dokumentiert ist. Die touristische Erschließung dieses Raums ist

Abbildung 3: Blick über die Hofackerflur der Reihensiedlung Meßnerschlag (Aufnahme: HAVERSATH)

die jüngste Entwicklung bei der Suche nach alternativen Einkommensquellen.

Die anschließende Fahrt nach Freyung bietet die Möglichkeit, die drei Phasen der Besiedlung im Vorbeifahren anhand der erlernten formalen Kennzeichen zu rekapitulieren. Dabei bleiben wir zunächst im neuzeitlichen Kolonisationsraum und fahren über Thalberg nach Sonnen. Von dort geht es weiter nach Jandelsbrunn, einer zweizeiligen Reihensiedlung mit hofanschließender Streifenflur, die demnach (wie auch Aßberg oder Wollaberg) dem Spätmittelalter zuzurechnen ist. Die Fahrt geht weiter in Richtung Westen, wobei ab Erlauzwiesel wieder der hochmittelalterliche Siedlungsraum erreicht ist. In diesem bleiben wir auf der Strecke über Waldkirchen, Schiefweg, Karlsbach und Grillaberg bis vor die Tore von Freyung. Hier befinden wir uns bereits wieder in einer Höhe von 655 m, die eine Besiedlung im 13.–15. Jh. erwarten läßt.

4. Standort: Ahornöd

Die Kenntnisse zum spätmittelalterlichen Siedlungsraum werden an dieser Stelle um eine Variante in der Ortsform erweitert. Die Aufteilung des Offenlandes zeigt das bekannte System der Hofackerflur mit hofanschließenden Streifen und parallelen Streifenverbänden im zweiten und dritten Feld. Die Anlage des Ortes greift aber nicht auf das Muster einer Reihensiedlung zurück, sondern ist als Angerdorf gestaltet (Abbildung 4). Wenngleich sich dieser Typus nur durch einen erweiterten Straßenraum vom zweizeiligen Reihendorf unterscheidet, ist dennoch

Abbildung 4: Ahornöd (Quelle: Katasterplan 1:5.000, 1985)

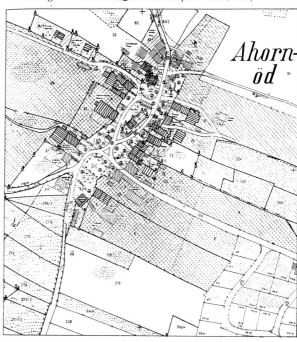

nach den Gründen für dieses andere Konzept zu fragen. Es fällt nämlich bei vergleichender Betrachtung auf, daß Ahornöd den südöstlichen Endpunkt der spätmittelalterlichen Angerdörfer im Bayerischen Wald bildet.

Auf der Suche nach Erklärungen stößt man u.a. auf den territorialen Ansatz. Er erklärt die regionalen Siedlungsformen mit den Leitlinien der Landesherren, die planmäßig Landesausbau betrieben haben. In diesem Fall kann er nicht gelten, weil hier in der Herrschaft Wolfstein der Passauer Bischof als Landesherr beide Formen, Anger- und Reihendörfer, anlegen ließ. Der zweite Ansatz geht vom Lokator aus, der eine bestimmte Form immer wieder verwendete. Es ist ohne weiteres möglich, daß hier tatsächlich die Ostgrenze eines Siedlungsarchitekten greifbar wird, der der Mode der Angerdörfer folgte; Beweise aus schriftlichen Quellen fehlen allerdings. Großes Gewicht hat ein dritter Ansatz, der von den gründungszeitlichen Lebensbedingungen der Siedler ausgeht (agrarökologischer Ansatz). Wenn die Siedlungen in Quellmulden oder feuchten Arealen angelegt werden sollen, ist eine Aussparung dieser Flächen aus dem Siedlungsraum ratsam. Es fällt auf, daß im Bereich der Ilz- und Regensenke diese topographische Situation in der Tat mit der Anlage von Angerdörfern beantwortet wird. Östlich von Freyung erscheinen dagegen auf gleichmäßig geneigten Hängen ausschließlich Reihendörfer.

Von Ahornöd fahren wir zur B 12 und passieren Freyung und Linden. In Fahrtrichtung links liegt Kreuzberg in Kuppenlage (819 m); hier begegnet uns der seltene Fall, daß auch bei (halb-) kreisförmiger Anlage das Prinzip der Hofackerflur angewandt wurde. Kreuzberg war als Wallfahrts-, Maut- und Marktort bis in die Neuzeit wichtiger als Freyung. Heute hat es alle überörtlichen Funktionen an die nahe Kreisstadt abgegeben. Unmittelbar vor Heldengut biegen wir von der B 12 ab und erreichen mit dem Wald zum zweiten Mal den neuzeitlichen Siedlungsraum. Annathal (798 m) ist die erste von 21 neuzeitlichen Reihensiedlungen, die wir durchfahren. Kurz vor Hinterfirmiansreut überwinden wir in 970 m die Europäische Hauptwasserscheide Nordsee/ Schwarzes Meer.

5. Standort: Hinterfirmiansreut

Dieser Ort wurde 1764 in 950 m mit fünf Siedlerstellen gegründet. Im gleichen Jahr entstanden Mitterfirmiansreut (1030 m) und Vorderfirmiansreut (915 m). Im Gegensatz zur Neuen Welt ist das neuzeitliche Siedlungsgebiet in der Herrschaft Wolfstein nach den Vorgaben einer strengen landesherrlichen Planung kolonisiert worden. Es waren merkantilistisch-territoriale Interessen, die den Anstoß zur Besiedlung gaben.

In Hinterfirmiansreut unterstanden die Kolonisten dem Diktat des Landesherrn. Es begann mit der Auswahl gefügiger, ehrlicher und schuldenfreier Siedlungsaspiranten, wie sie auf Burg Wolfstein durchgeführt wurde. Anschließend gingen die erfolgreichen Bewerber, zumeist Handwerker, Inleute oder Bauernsöhne, an die gemeinsame Rodetätigkeit. Erst danach erfolgte die Aufteilung des Rodelandes in streifenförmige Parzellen; jeder Siedler erhielt einen Streifen, in dessen Mitte entlang der Dorfstraße das Wohn- und Wirtschaftshaus zu plazieren war. In der Art eines detaillierten Bebauungsplans war festgelegt, daß die Häuser mit der Wohnseite auf die böhmische Grenze ausgerichtet sein mußten; nur so konnten die Siedler ihrer zusätzlichen Aufgabe als Grenzhüter nachkommen. Dabei spielte es keine Rolle, daß diese Exposition kleinklimatisch die ungünstigste Variante war, wenn im Winter der kalte Ostwind (‚Böhmwind') unmittelbar auf die Fensterseite der Häuser prallte.

Unter wirtschaftlichem Aspekt war mit der neuen Bevölkerung eine forstliche Erschließung des Grenzwaldes geplant. Als diese aus transporttechnischen Gründen – die drei Orte liegen jenseits der Wasserscheide – nur zögerlich vorankam, waren die Familien auf andere Einkommen angewiesen. Neben dem unausweichlichen Heimgewerbe war eine Vergrößerung der landwirtschaftlichen Nutzflächen lebensnotwendig. Erst nach wiederholten Eingaben und Petitionen beim Landesherrn schafften es die Bewohner, eine erneute Rodeerlaubnis zu bekommen.

Die Umwandlung des ursprünglichen Wirtschaftskonzepts mit dominierender Waldwirtschaft in eine Kombination von Waldwirtschaft, Landwirtschaft und Gewerbe hatte tiefgreifende siedlungsräumliche Konsequenzen. Aus einem einzeiligen Reihendorf mit Einödstreifenflur (Waldhufendorf) wurde ein einzeiliges Reihendorf mit mehrteiliger Streifenflur. Damit wurden Flur- und Wirtschaftsformen in den Grenzwald übertragen, die den Siedlern aus ihrem Herkunftsgebiet, dem spätmittelalterlichen Siedlungsraum, bekannt waren. Die klimatischen und edaphischen Bedingungen ermöglichten allerdings nur sehr reduzierte Erträge, so daß das Leben im Hinteren Wald sehr hart war.

Die neuzeitlichen Siedlungen waren daher schon früh von der Abwanderung in die Karpaten, ins Banat oder nach Amerika bedroht. Heute sind es das Pendlerwesen und der Fremdenverkehr, die dem Raum eine neue Zukunft gegeben haben.

Über Philippsreut wird auf der B 12 die tschechische Grenze erreicht. An der Stelle der heutigen tschechischen Grenzstation stand der neuzeitliche Ort Landstraßen (Silnice), dessen streifige Flureinteilung noch zu erkennen ist. Die Fahrt geht über die N 4 nach Kuschwarda (Strážný) und Leimsgrub (Hliniště). Dort biegen wir nach rechts ab, überqueren die Grasige Moldau, passieren die Wüstung Schillerberg (Radvanovice) und erreichen Böhmisch Röhren (České Žleby). Hier biegen wir nach links ab, fahren etwa zwei Kilometer durch den Wald, bis an einer Bushaltestelle der Weg nach Dobrá abzweigt.

6. Standort: Guthausen (Dobrá)

1816 gründete der Fürst von Schwarzenberg als eine seiner letzten Siedlungen Guthausen (Abbildung 5) in 750 m Höhe am Talrand der Warmen Moldau. Die benachbarten Orte stammen aus dem 17. und vorwiegend dem 18. Jh., sind also nicht wesentlich älter. Der Fürst von Schwarzenberg begann die Besiedlung des Grenzwaldes zwar später als der Passauer Bischof, dafür konnte er aber auf ein tragfähiges Wirtschaftskonzept zurückgreifen.

Als in den Donaustädten Linz und Wien im 18. Jh. die Brennholzpreise stark anstiegen, begann auch der Holztransport aus den Grenzwäldern gewinnbringend zu werden. Durch die Anlage gut ausgebauter Schwemmkanäle ließ sich die Europäische Hauptwasserscheide überwinden, so daß die Donau über Nebenflüsse gut erreichbar wurde. Doch zunächst mußte die Anlage von Holzhauerkolonien vorangetrieben werden. Zum Kanalbau, zum Fällen der Bäume und zur Organisation und Durchführung der Trift waren Tausende von Männern, Frauen und Kindern nötig. Der Fürst siedelte diese in ‚Holzhauerdominikalchaluppen' an. Im Fall von Guthausen oder Schillerberg handelte es sich um Reihensiedlungen, denen je Siedlerstelle nur 0,5 ha Land zugeordnet wurde. In anderen Fällen entstanden auch Einzelsiedlungen (z.B. Fürstenhut).

Abbildung 5: Guthausen
(Aufnahme: HAVERSATH)

Nach dem 2. Weltkrieg wurde die deutsche Bevölkerung von hier vertrieben. Ort und Flur fielen zunächst wüst, später wurden zahlreiche Wohnstellen abgetragen. Die erneute Besiedlung der Grenzgebiete bereitete große Schwierigkeiten; der Bevölkerungsstand von 1930 ist bis heute trotz staatlicher Maßnahmen noch nicht erreicht (SPERLING 1981, S. 114–115). Eine neue Entwicklung begann in Guthausen in den 70er Jahren mit dem Ausbau der verbliebenen Chaluppen zu Wochenendhäusern. Bewohner der umliegenden tschechischen Mittelstädte (Příbram, Prachatitz, Strakonitz, Winterberg und Budweis) schufen sich in der Waldeinsamkeit einen Zweitwohnsitz; seit dem Wegfall des Eisernen Vorhangs 1990 wird die erhaltende Erneuerung weiter vorangetrieben.

Bei der Säumerbrücke (Soumarská Most) wird die Warme Moldau überquert. An der folgenden Gabelung biegen wir nach links ab und erreichen nach zwei Kilometern Eleonorenhain (Lenora). Die dortige Glasfabrik wurde 1832 durch Johann Meyr aus Winterberg gegründet; bereits 1850 waren im Werk über 800 Arbeiter beschäftigt. Am Ortsende folgen wir dem Wegweiser nach Zátoň, das nur zwei Kilometer entfernt ist; dort hat man die Möglichkeit, einen Abstecher in den ‚Urwald' des Kubany (Boubín) zu machen (Fahrt und Fußweg: ca. 2 Std.). In Obermoldau (Horní Vltavice) erreichen wir wieder die N 4, von der wir am Ortsende nach links abbiegen. Vorbei an aufgelassenen Ortsstellen, die z.T. noch an Hauspodesten erkennbar sind, gelangen wir nach Ferchenhaid (Borová Lada); dort biegen wir nach links ab und folgen dem Wegweiser ‚Vimperk'. Wir passieren Kaltenbach und Passeken, die letzten Siedlungen der Neuzeit. Mit Winterberg, das bereits 1257 belegt ist, sind wir wieder im spätmittelalterlichen Siedlungsraum. Hier folgen wir der Straße nach Prachatitz und Budweis; schon zwei Kilometer hinter Winterberg geht es rechts ab nach Pravětín.

7. Standort: Gansau (Pravětín)

Mit einer Höhenlage von 790 m liegt Gansau (Pravětín) an der Obergrenze des spätmittelalterlichen Siedlungsraums. Die Zufahrt erfolgt von Norden auf den elliptischen Anger, der mit einem Kirchlein besetzt und von den Hofstellen zu beiden Seiten umgrenzt ist. In der Formalstruktur ist der Ort mit Ahornöd und den anderen Angerdörfern des Bayerischen Waldes vergleichbar. Sämtliche böhmischen Angerdörfer zwischen Stachau (Stachy) und Prachatitz sind bis zum Anfang oder zur Mitte des 14. Jh. zurückzuverfolgen. Gansau und die benachbarten Orte Scheiben, Buk, Wessele und Klösterle sind erstmals 1359 belegt.

In Gansau sind traditionelle und moderne Elemente der Flurgestaltung gut zu beobachten. Die westliche Seite der Gemarkung ist geländebedingt nur wenige hundert Meter als Akkerland geeignet. Hier ist die überkommene Parzellenstruktur mit hofanschließenden Streifen erhalten, das Bild einer Plangewannflur ist leicht zu erkennen.

Im Gegensatz dazu sind die restlichen Flurteile im Rahmen der Kollektivierung der Landwirtschaft zu Großblöcken zusammengelegt worden. Hier gibt es keinen genetischen Zusammenhang mit der Ortsform. In den 70er Jahren begann die Etappe der weiteren Konzentration und Spezialisierung der Landwirtschaft. Überall entstanden Großbetriebe mit Großkapazitäten, so auch in Gansau mit einer modernen Stallanlage am Ostrand des Ortes. Das Ziel einer Produktionssteigerung wurde landesweit erreicht, allerdings um den Preis hoher Produktionskosten infolge intensiven Düngemitteleinsatzes. Durch massive Subventionierung der Grundnahrungsmittel – Brot kostete z.B. im Laden nur die Hälfte der Produktionskosten – blieb dies der Allgemeinheit jedoch weitgehend verborgen.

Die starke Umweltbelastung durch die Landwirtschaft wirkt wie eine Hypothek aus der Vergangenheit. Die hygienischen Probleme der Großstallhaltung, der Nitrateintrag in den Boden oder der übermäßige Einsatz von PCB (z.B. als Schutzanstrich von Silos) wirken sich unmittelbar auf Boden, Wasser und Luft aus. Die inzwischen reprivatisierten Großbetriebe, die zumeist in Genossenschaften der Bodeneigentümer verwandelt wurden, haben mit diesen Altlasten schwer zu kämpfen. Neben der Beachtung der Umweltschutzbestimmungen ist die Anpassung an die neuen Produktions- und Marktbedingungen ein echter Prüfstein für die moderne tschechische Landwirtschaft.

Die Rückfahrt geht von hier nach Winterberg, wo die N 4 wieder erreicht wird. Über sie und die B 12 dauert die Fahrt nach Passau (ohne Wartezeiten an der Grenze) ca. 90 Minuten.

Literatur

HAVERSATH, J.-B. (1994): Die Entwicklung der ländlichen Siedlungen im südlichen Bayerischen Wald. – Passau (Passauer Schriften zur Geographie, 14).

JANKUHN, H. (Hrsg.) (1969): Vor- und Frühgeschichte vom Neolithikum bis zur Völkerwanderungszeit. – Stuttgart.

LEIPOLDT, J. (1928): Geschichte der ostdeutschen Kolonisation im Vogtland auf der Grundlage der Siedlungsformenforschung. – Mitteilungen des Vereins für vogtländische Geschichte und Altertumsforschung zu Plauen i.V., 36, S. 1–215.

SPERLING, W. (1981): Tschechoslowakei. – Stuttgart (UTB, Uni-Taschenbücher 1107).

Prof. Dr. Johann-Bernhard Haversath
Institut für Didaktik der Geographie der Justus-Liebig-Universität Gießen
Karl-Glöckner-Straße 21, 35394 Gießen

Klaus Rother

Das alte Sachsen

1 Einleitung

„Sachsen, Sachsen! Ey! Ey! Das ist starker Tobak" soll der Wahlsachse Goethe ausgerufen haben. „Jeder zehnte Deutsche sächselt", schreibt Dieter Wildt 1965 in „Deutschland deine Sachsen" und fährt fort: „Die neun anderen Deutschen lachen deshalb über ihn. Seit einem Jahrhundert ist das so. Seit einem Jahrhundert nehmen die Deutschen ihre Sachsen nicht ernst. Die Deutschen, die alle irgendeinen Dialekt sprechen, sie finden nur einen Dialekt albern, den der Sachsen." Unter solchem Ansehen müssen die Sachsen natürlich leiden. Sie versuchen, sich durch Tatkraft und Witz zu wehren. Aber auch der sächsische Witz, schlagfertig und selbstkritisch, „spiegelt das sächsische Wesen wider, so wie es der Deutsche früher sah: herzensgut, aber dämlich!"

Eine Kostprobe: Notaufnahmeverfahren in Westberlin; ein Flüchtling wird registriert. Er hat in einem waghalsigen Unternehmen die Sperren durchbrochen. Sein Abenteuer stand in allen Zeitungen. Der Beamte fragt: „Warum sind Sie geflohen?" Der Sachse: „Nu, was soll mr da schon sachen ..." Der Beamte wird ungeduldig: „Haben Sie schlecht verdient? Hat man sie politisch verfolgt? Haben Sie Schulden? Schwebten Sie in Gefahr? Sie müssen doch einen Grund haben, sonst riskiert man doch nicht sein Leben!" Der Flüchtling: „Och, wissense, der eechentliche Grund is ja där ... also ich gonnde dän Dialeggt nich mähr heern ..."

Der sprichwörtliche sächsische Fleiß taucht somit „in einem Meer von Lächerlichkeit unter", sächsischer Einfallsreichtum und Ruhm werden zur Unkenntlichkeit entstellt, obwohl es „sächsische Größe und Tugenden" zur Genüge gibt. Namen wie Luther, Bach, Händel, Lessing, Fichte, Leibniz, Nietzsche, Wagner, Schumann, Novalis und viele andere belegen es hinreichend.

„Die Vorstellung, daß einer sächselt, erweckte (noch vor ein paar Jahren) jedoch auch andere Gefühle bei den nichtsächsischen Deutschen. Und diese Gefühle wurden von Jahr zu Jahr stärker. Es sind Gefühle des Unbehagens und der Furcht, der Unsicherheit und des Fremden (gewesen). Sachsen, sind das nicht alles Kommunisten?" So schrieb *Der Spiegel* einmal: „Sächsische Mundart und kommunistische Gesinnung drohen für die westdeutschen Bürger identisch zu werden", und die *Stuttgarter Zeitung* urteilte: „Kommunismus und Sächsisch sind seit Ulbricht ... nahezu eins geworden. Sie haben sich wechselweise diskriminiert".

Seit den Oktobertagen 1989, den Montagsdemonstrationen in Leipzig und in anderen sächsischen Städten, welche die politische Wende vorbereitet haben, ist indessen ein gründlicher Meinungswandel eingetreten. Die Sachsen werden endlich ernst genommen; sie sind nicht mehr ausschließlich die Zielscheibe des Spotts. Wegen ihrer Standhaftigkeit und Entschlossenheit schätzt man sie heute anders ein und besinnt sich auf ihre wahren Fähigkeiten: den gewerblichen Fleiß, die Anpassungsfähigkeit und die Freiheitsliebe. Selbstverständlich bleiben die Sachsen ein Menschenschlag, der durch seine Mundart immer wieder Heiterkeit erregen wird. Er verkörpert jedenfalls eine erfrischende Variante im bunten Stammesspektrum der Deutschen, die man nicht mehr vermissen möchte.

In meinem Vortrag[1] geht es freilich nicht um die Frage, was der Sachse für ein Mensch ist. Für ein Urteil darüber bin ich zu sehr befangen und durch meine sächsische Herkunft seit Generationen allzustark belastet. Vielmehr soll uns die Frage interessieren: Was ist Sachsen? oder, geographisch ausgedrückt, was hat Sachsen für eine räumliche Struktur? Wie hat sie sich entwickelt?

2 Grenzen und Naturraum

Eine solche Fragestellung bereitet von vornherein Abgrenzungsprobleme. Sicher meinen wir mit Sachsen nicht Nieder-, sondern Obersachsen. Aber Sachsen zu welcher Zeit? Mit der Gebietsbezeichnung Sachsen verbindet man im allgemeinen den Freistaat in den Grenzen von 1918, d.h. den Nachfolger des Königreichs, das der Wiener Kongreß 1815 inthronisiert hatte. Abgesehen von kleinen Zugewinnen im Norden und Osten entspricht ihm ungefähr das heutige Land der Bundesrepublik Deutschland. Sachsen im 19. und 20. Jahrhundert ist indessen nur das Rumpfgebilde eines viel größeren Territoriums im mitteldeutschen Raum, das sich im Hoch- und Spätmittalter unter der Landesherrschaft der Wettiner herausbildete und schließlich die Kurwürde erlangte. Allerdings legte die dynastische Teilung von 1485 die spätere territoriale Grundstruktur im großen und ganzen fest (Abbildung 1), einerseits die zersplitterten ernestinischen Lande Thüringens, andererseits das einheitliche albertinische Kursachsen (Bild 1), das im 17. Jahrhundert durch den Erwerb der Lausitzen zunächst weiter wuchs, im 18. Jahrhundert aber zunehmend zwischen die Mahlsteine Preußen und Habsburg geriet und – weil es immer auf der falschen Seite kämpfte – schließlich mehr als die Hälfte seiner ursprünglichen Fläche verlor. In meinem Vortrag muß ich also notgedrungen hie und da die Grenzen überschreiten, wenn vom „alten" Sachsen, d.h. von Sachsen bis

---

[1] Wenig veränderte Fassung des öffentlichen Abendvortrags (mit Lichtbildern) während der 4. Kontaktstudiumstagung Erdkunde in Passau am 24. Oktober 1994. Auf Literaturzitate im einzelnen wird verzichtet. Hinweise auf einschlägige Gesamtdarstellungen der Geographie Sachsens finden sich am Ende des Textes.

Abbildung 1: Das wettinische Territorium nach der Leipziger Teilung (aus: SCHLESINGER 1965)

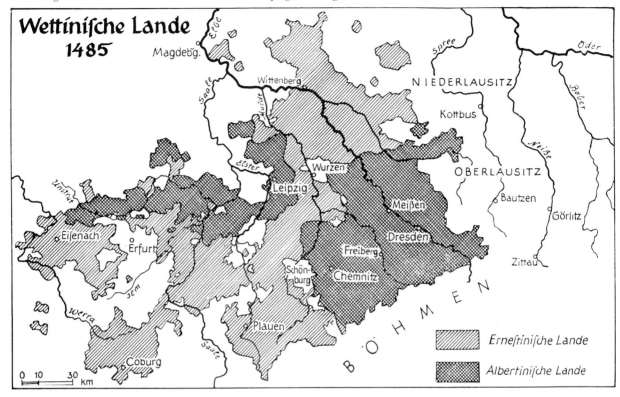

Bild 1:
Albrechtsburg in Meißen
(Bilder 1–6, 8, 10–13: Aufnahme K. ROTHER)

1945, die Rede sein soll. Übrigens bezeichnete der Name „Sachsen" (von althochdt. *sahs* oder *sax* = kurzes Hiebschwert) anfangs einen ganz anderen Raum im Nordwesten Deutschlands. In einem komplizierten historischen Prozeß ist er seit dem 12. Jahrhundert südostwärts gewandert und schließlich am Kernbesitz der albertinischen Wettiner, dem meißnischen Gebiet, spätestens im 15. Jahrhundert hängengeblieben.

Zunächst seien die naturräumlichen Grundlagen skizziert. Nach den Großformen des Reliefs stellt Sachsen nichts anderes als eine einzige „schiefe Ebene" dar. Sie reicht vom hohen Erzgebirge, das zusammen mit dem vogtländischen Elstergebirge im Westen und dem Lausitzer Gebirge im Osten das Böhmische Becken als hohe Kulisse umrahmt, über das Erzgebirgsvorland zwischen Zwickau und Freiberg und das mittelsächsische Hügelland bis zum nordsächsischen Tiefland um Leipzig, Riesa und Kamenz und dacht sich vom Fichtelberg mit 1214 m Höhe auf etwa 100 m in der Leipziger Tieflandsbucht ziemlich gleichmäßig ab (Bild 2). In derselben Richtung nimmt die natürliche Gunst zu: Das herbe, abweisende Mittelgebirge geht allmählich in die freundliche und fruchtbare, bördenähnliche Gefildezone über. Die Vorstellung eines Gebirges erhält man freilich nur in der Kammregion des Erzgebirges, meist erst jenseits der sächsisch-böhmischen Grenze, dort, wo die Pultscholle steil zum Egergraben abfällt, ebenso durch einige Basalthärtlinge, wie

Bild 2: Rumpffläche des Erzgebirges bei Gottesgab

Pöhlberg, Bärenstein und Scheibenberg, welche die höchsten Rumpfflächen deutlich überragen, oder durch die tief eingeschnittenen Täler der Nordabdachung, die Weiße Elster, Zwikkauer und Freiberger Mulde mit ihren Nebenflüssen Zschopau, Flöha u.a. geschaffen haben. Sonst gibt das ausdruckslose Flachrelief selten einmal Anhaltspunkte zur Bestimmung des eigenen Standorts. Eine Ausnahme bildet die sogenannte Elbtalzone. Zwischen Erzgebirge und Lausitzer Bergland unterbricht sie das monotone Relief und folgt größtenteils einem tektonischen Graben. Zwischen Meißen und Pirna weitet sie sich zu einer breiten Talfurche mit dem Kessel von Dresden; oberhalb von Pirna schließt das landschaftlich reizvolle Elbsandsteingebirge mit dem Cañon der Elbe an („Sächsische Schweiz"). „Ebenheiten" und „Steine" mit einigen charakteristischen Gestalten (Lilienstein, Schrammsteine, Zirkelstein usw.) setzen sich als die beiden wichtigsten Stockwerke der Kreidesandsteine auf tschechischer Seite – oft von Basaltschloten durchragt – in ähnlicher Weise fort (Bild 3).

3 Die Siedlungsentwicklung im ländlichen Raum

Was hat der Mensch aus diesem Raumangebot gemacht? Abgesehen von wenigen Flußniederungen des Tieflands war Sachsen wie das übrige Mitteleuropa ursprünglich Waldland. Noch am Beginn des 12. Jahrhunderts, als tiefere und höhere Regionen im Westen Deutschlands schon besiedelt waren, breitete sich weithin der Miriquidu-Wald aus. Diese Laubmischwald-„Wildnis" wurde nur von einigen Saumpfaden, den späteren „Böhmsteigen", durchzogen, bildete sonst aber eine unüberwindliche Schranke zwischen dem Böhmischen Becken und dem mitteldeutschen Tiefland. In den Talgebieten des Tieflands, aber auch auf den lößbedeckten Platten zwischen ihnen, lagen alte Wohngaue, die seit vor- und frühgeschichtlicher Zeit vom Menschen aufgesucht und im Frühmittelalter dichter besiedelt waren. Nach dem westwärts gerichteten Abzug der altgermanischen Stämme während der Völkerwanderung sickerten hier seit dem 6. Jahrhundert – entlang der Elbe aus dem Böhmischen Becken kommend und ihren Nebenflüssen aufwärts folgend – slawische Stämme („Elbslawen") ein, von denen die bis heute erhalten

Bild 3: Prebischtor und Rosenberg, Sächsisch-böhmische Schweiz

gebliebenen Sorben am bekanntesten sind. Sie ließen sich wiederum in den klimatisch und edaphisch günstigen Gebieten um Leipzig, im Pleißengau um Altenburg, in der Lommatzscher Pflege, im Elbtalkessel zwischen Meißen und Pirna und, etwas isoliert, in der Oberlausitz um Bautzen nieder. Zusammen repräsentieren diese Kulturland-Inseln das Altsiedelland in Sachsen

Abbildung 2: Das Altsiedelland in Sachsen vor der Ostkolonisation (aus: SCHLESINGER 1965)

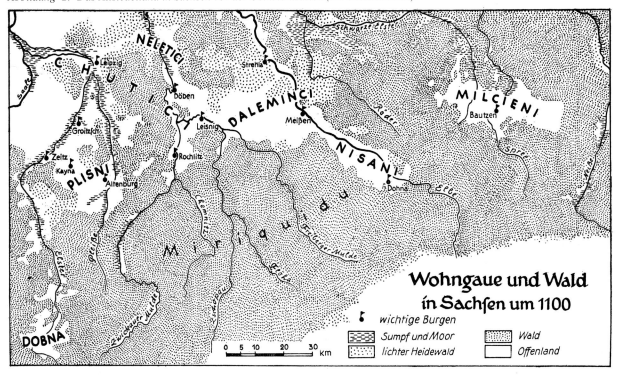

(Abbildung 2). Viele ungeregelte Kleinsiedlungen von Weilergröße mit zwei bis fünf Bauernstellen belegen die Sippenstruktur der Elbslawen. Auf kleingliedrigen Blockfluren wurde Ackerbau in geregelter Feldgraswirtschaft und etwas Viehhaltung betrieben. Das untrügliche Kennzeichen des slawischen Siedlungssubstrats sind bis heute die vielen Ortsnamensendungen auf -itz, -zig, -nik, -itzsch, -atzsch, -schütz und andere.

Der große historisch-geographische Umbruch findet im 12. und 13. Jahrhundert statt. Sachsen wird zu einem Teilgebiet der deutschen Ostkolonisation, als die militärische Eroberung der Marken durch die Ottonen im 10. Jahrhundert von der gelenkten bäuerlichen Erschließung bestätigt wurde. Jetzt entsteht in breiter Front das Jungsiedelland. Unter der Obhut verschiedener Grundherren findet die Landnahme hauptsächlich im Wald statt. Jenseits von Elbe und Saale greift sie auch außerhalb Sachsens – z.B. am Südfuß des Erzgebirges entlang der Eger – nach Osten aus und erschließt den gesamten Kolonisationsraum des alten Reiches innerhalb eines Jahrhunderts (1150–1250). Vor allem Franken und Flamen, aber auch Thüringer, Schwaben und Altsachsen lassen sich auf sächsischem Boden nieder und bilden gemeinsam mit der slawischen Vorbevölkerung den deutschen Neustamm der Obersachsen.

Die Assimilierung der Slawen in den alten Wohngauen war bis spätestens 1500 abgeschlossen; ein Rest von etwa 67.000 Sorben erhielt sich als sprachlich-kulturelle Minderheit in der Lausitz (und genoß in Sachsen stets besseren Schutz als in Preußen). Nach dem sächsischen Landeshistoriker BLASCHKE lebten im Gebiet Sachsens um das Jahr 1100 etwa 40.000 slawische Einwohner. Durch die Kolonisationsbewegung war die Einwohnerzahl um 1300 auf das Zehnfache angestiegen, auf schätzungsweise 320.000 Deutsche und 80.000 Slawen; die Bevölkerungsdichte wuchs im gleichen Zeitraum von 10–14 auf 20–30 Einw./km². Die Zahl der Einwanderer wird mit etwa 200.000 angenommen, das sind etwa 4.000 Menschen pro Jahr.

Die Ostkolonisation verwandelte den Naturraum Sachsens in eine mehr oder weniger flächenhafte Kulturlandschaft, deren Grundstrukturen bis zum Beginn der Industrialisierung im 19. Jahrhundert Bestand hatten. Es wurden an die 4.000 neue Dörfer angelegt, ausnahmslos Plansiedlungen, deren Formideen aus Altdeutschland stammten (Abbildung 3). Im Tiefland waren es Straßen- und Angerdörfer sowie andere Platzsiedlungen – z.B. Rundlinge und Sackgassendörfer –, wobei auf einen Wohnplatz etwa 10–20 Bauernstellen fielen. In den alten Wohngauen erhielt sich die slawische Kleinstruktur teilweise bis heute, andererseits waren Slawen an den Erschließungsmaßnahmen beteiligt, wie es verschiedene Ortsbeispiele zeigen, bei denen nach gleichem Schema deutsche und slawischen Gründungen unmittelbar nebeneinanderliegen. Block- und Streifenfluren mit Gewannen, teilweise Plangewannfluren, bildeten die Grundlage für eine Dreifelderwirtschaft mit Flurzwang. Fast überall setzte sich das „mitteldeutsche Gehöft", ein Dreiseithof mit Hofeinfahrt, durch.

Im Mittelgebirge entstanden fast ausschließlich Reihendörfer mit Breitstreifenflur, d.s. vorwiegend Waldhufensiedlungen in Tallage mit Gemarkungen zwischen 1.500 und 2.000 ha für 60–90 Bauernstellen. Im Gegensatz zum Tiefland ermöglichte die Hufenverfassung trotz pyramidaler gesellschaftlicher Ordnung die individuelle Wirtschaftsweise auf den durchwegs 24 ha großen Breitstreifen, auf denen ebenfalls (Dreiseit-)Gehöfte errichtet wurden. Sowohl im Tiefland wie im Mittelgebirge erhielten die neuen Siedlungen deutsche Ortsnamen, am häufigsten enden sie auf -walde, -hain, -rode, -reut(h) und -grün. Stellenweise wurden slawische Ortsnamen übernommen, so vor allem in Waldgebieten, die schon vorher in den Wirtschaftsraum slawischer Stämme einbezogen gewesen waren.

Abbildung 3: Ablauf und Siedlungsformen der Ostkolonisation
(nach: Taschenatlas DDR 1990)

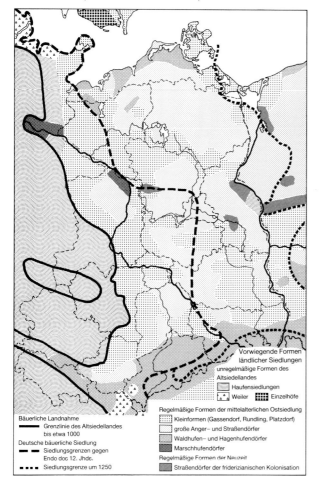

Die Mutterstädte gehen im 12. Jahrhundert durch Verleihung des Stadtrechts aus alten Fernhandelsplätzen in günstiger Verkehrslage oder aus kirchlichen Vororten hervor. Diese wichtigen Primärfunktionen bestimmen den unbestrittenen Vorrang der frühen Gründungen; tatsächlich sind sie später die größten Städte des Landes. Zunächst ist ihre Zahl aber eindeutig kleiner als im Westen, weil die römische Siedlungsgeneration als Vorläufer fehlte und die Slawen keine Städte kannten.

Zu den ältesten Gründungen zählen die reichsunmittelbaren Städte Zwickau (1160) und Chemnitz (1160), der Handelsplatz Leipzig (1165), ferner Freiberg (1170), die älteste Bergstadt, – nach den zugewanderten Bergleuten aus dem altsächsischen Harz zuerst „Sächsstadt" genannt – (Bild 4), und die Bischofs- und Residenzstadt Meißen (1150). Dresden, die Hauptstadt der wettinischen Kurfürsten von 1547 bis 1918 und heutige Landeshauptstadt des Freistaats Sachsen, folgte 1216.

Die große Zahl der übrigen Städte entsteht erst im 13./14. Jahrhundert, nachdem das Netz der ländlichen Siedlungen schon gelegt gewesen ist. Es sind landesherrliche Gründungen oder solche des niederen Adels, welche die bestehenden Lücken füllen und sich zu Klein- und Mittelstädten mit örtlicher oder regionaler Markt- und Gewerbefunktion entwickeln. Die Städtedichte Sachsens war dadurch am Anfang des 14. Jahrhunderts schon ziemlich groß. Der Bevölkerungsschwerpunkt lag vorerst in der Leipziger Tieflandsbucht, in dem in vielerlei Hinsicht bevorzugten Raum Mitteldeutschlands. Von dort aus nahm die Städte- und Bevölkerungsdichte südostwärts sukzessive ab (Abbildung 4).

Fragt man nach der äußeren Eigenart der sächsischen Stadt, so lassen sich nur schwer Regeln aufstellen (wie sie uns im östlichen Bayern von der Städtefamilie der Inn-Salzach-Stadt vertraut sind). Weil der Grundriß keine Besonderheiten aufweist, nennt P. SCHÖLLER ein paar typische Aufriß-Merkmale. Wäh-

Bild 4: Marktplatz in Freiberg

4 Die Städte

In der gleichen Epoche, als auch im übrigen Deutschland die Stadtherrschaft über das Land und das arbeitsteilige Wirtschaften beginnen, werden die wichtigsten Städte Sachsens gegründet.

rend in Thüringen der Fachwerkbau überwiegt, ist es in Sachsen der Steinbau. Im ganzen sind eher fränkische als niederdeutsche Bauelemente zu finden. Weit verbreitet ist das traufständige Stadthaus mit hohem Mansardendach, das allerdings erst aus dem 17./18. Jahrhundert stammt. Die meisten Städte sind in ihrer

Abbildung 4: Bevölkerungsdichte und Städte Sachsens um 1300 (aus: BLASCHKE 1990)

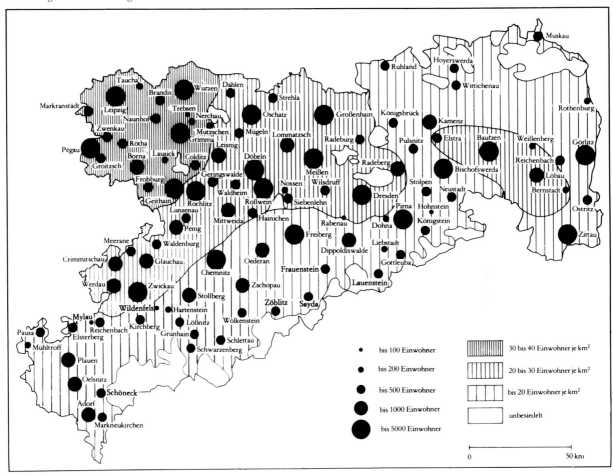

äußeren Gestalt schlicht und ohne deutlich hervortretende Individualität. Um so mehr fallen die städtebaulichen Höhepunkte auf, insbesondere Bautzen, Dresden und Meißen.

5 Das große Berggeschrei

Bald sollte sich das o.g. Verteilungsmuster der Menschen aber ändern. An der Wende vom Mittelalter zur Neuzeit erlebte Sachsen im gebirgigen Süden, dessen Kammregion noch weitgehend siedlungs- und menschenleer war, die letzte Phase der Raumdurchdringung, die erneut mit Städtebildung und Verstädterung verbunden war. Ergiebige Erzfunde, vor allem von Silber- und Zinn-Erzen, riefen (nach dem hochmittelalterlichen Boom) ein neues „Berggeschrei" hervor. Ähnlich wie der *Gold rush* in den USA um 1850 zog es Menschen und Abenteurer aus der unmittelbaren Nachbarschaft und aus entfernten Gegenden unwiderstehlich in die Kammlagen des Erzgebirges, das – ursprünglich Böhmerwald genannt – erst seit dieser Zeit seinen Namen führt. Das Bergregal vergaben die Landesherrn. An den von ihnen konzessionierten Förderplätzen wuchsen einerseits ältere Siedlungsplätze durch den Bergbau entscheidend, nachdem sie das mit besonderen Freiheiten ausgestattete Stadtrecht (Bergrecht) erhalten hatten. Andererseits wurden dies- und jenseits der sächsisch-böhmischen Landesgrenze neue „Bergstädte" nach den städtebaulichen Vorstellungen der Renaissance im Schachbrettschema mit einem großen Platz in der Ortsmitte gegründet (Abbildung 5). Unter den etwa 40 Bergstädten des 15. und 16.

Jahrhunderts galten Annaberg, Schneeberg, St. Joachimsthal und Marienberg (Abbildung 6) als die wirtschaftlich führenden und bevölkerungsreichsten Orte, die zugleich wichtige kulturelle Mittelpunkte waren, abzulesen an ihren großen spätgotischen Hallenkirchen. Auch die höchstgelegene Stadt Deutschlands, Oberwiesenthal am Fuß des Fichtelbergs in über 900 m Höhe (Bild 5), ist eine Neugründung durch den Bergbau (1527). Durch das Bevölkerungswachstum kam es im Gebirge jedenfalls „zu einer im mitteleuropäischen Raum einmaligen Städtekonzentration".

Alle Silber- und Zinn-Bergwerke erlebten nach kurzer, höchstens ein Jahrhundert dauernder Blüte spätestens ausgangs des 16. Jahrhunderts den raschen Niedergang. Die Erschöpfung der rentablen Lagerstätten und die Konkurrenz neuweltlicher Erzvorkommen besiegelten – sowohl auf sächsischer als auch auf böhmischer Seite des Erzgebirges – letztlich das Schicksal vieler monofunktional auf die Erzgewinnung ausgerichteter Siedlungen. Immerhin förderte die jüngere Phase des Bergbaus das kapitalistische Denken und das frühe Aufkommen einer Unternehmerschicht, die sich auf die weitere Entwicklung des Wirtschaftslebens im südlichen Sachsen positiv auswirken sollte.

Mit dem Gründungsfieber im Gefolge des Bergbaus war das Siedlungs- bzw. Raummuster Sachsens auch im Gebirge festgelegt. Die weitaus größte Fläche des Landes wurde wie auch sonst in Deutschland land- und waldwirtschaftlich genutzt. Die natürlichen Ressourcen begünstigten im Tief- und Hügelland des Nordens die fast ausschließliche agrarische Dominanz der Le-

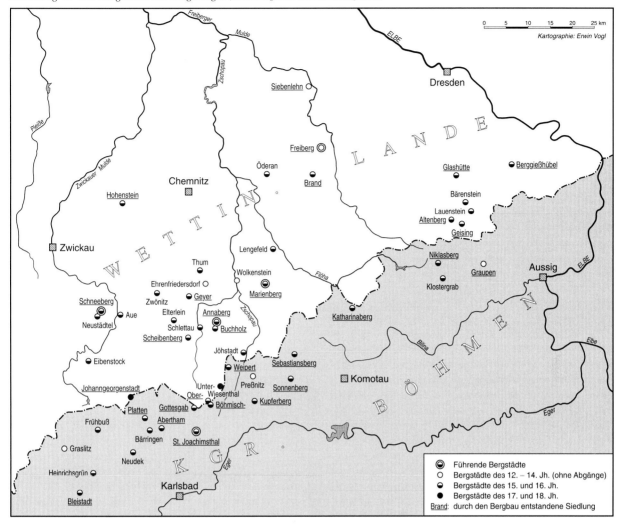

Abbildung 5: Die Bergstädte des Erzgebirges (zusammengestellt nach diversen Quellen)

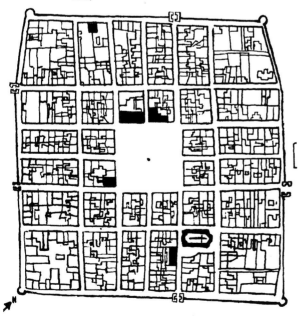

Abbildung 6: Die Bergstadt Marienberg um 1560
(aus: D. DOLGNER [Hrsg.], Stadtbaukunst im Mittelalter; Berlin 1990)

bens- und Wirtschaftsformen, allerdings nur selten auf großbetrieblicher Basis. In den Gebirgslandschaften des Südens durchdrangen sich hingegen Kleinlandwirtschaft und bergbaulich-gewerbliche Beschäftigung auf vielfältige Weise.

6 Das Industriezeitalter

Obschon Sachsen im 16. Jahrhundert eine Zeit lang über die bloße Rolle einer Regionalmacht hinauswuchs und in den Mittelpunkt politischer Interessen des damaligen Europas rückte, als sich auf seinem Territorium mit der Reformation eines der wichtigsten Ereignisse der jüngeren Geistesgeschichte abspielte, und obschon in der augusteischen Epoche, d.h. im absolutistischen Staat Friedrich August I. (des „Starken"; 1697–1735), die Residenzstadt Dresden zu der weltbekannten Barock-Metropole („Elbflorenz") und zu einem kulturellen Mittelpunkt von europäischem Rang aufstieg, hatten diese historischen Ereignisse keine tiefere Wirkung auf die räumliche Differenzierung des Landes (Bild 6). Ebensowenig formte das vorbildliche Verwaltungs- und Bildungswesen in der zweiten Hälfte des 18. Jahrhunderts die sächsische Kulturlandschaft um. Im Gegenteil, sie konsolidierte sich in dieser Epoche des aufgeklärten Absolutismus fortwährend. Immerhin ging Sachsen dadurch besser gerü-

Bild 5: Marktplatz mit Postmeilensäule in Oberwiesenthal

Es traf die Landesteile in unterschiedlicher Weise. Das Gebirge litt durch den raschen Niedergang des Bergbaus sehr. Ersatzgewerbe fehlten zunächst, so daß große Armut unter der Bevölkerung herrschte. Lediglich die Kleineisenindustrie mit Hammer-, Pochwerken, Schmelzen u.ä. hatte örtlich eine gewisse Bedeutung behalten können und gab einer kleinen Menschenzahl Arbeit und Brot. Schon früh hatte sich indessen das Handwerk – meist im frühkapitalistischen Verlagssystem – auch in anderen Gewerbezweigen, vorwiegend als Heimarbeit und auf der Basis heimischer Rohstoffe, herausgebildet. Insbesondere das Textilhandwerk, das mit Weben, Wirken, Posamentieren, Spitzenmachen (Klöppeln) die Frauenarbeit begünstigte, und die Holzverarbeitung (Schnitzen, Drechseln u.dgl.) zur Erzeugung von Gegenständen für den alltäglichen Bedarf blühten auf und ersetzten schrittweise den alten, niemals ganz aufgegebenen Bergbau. Aus dem Holzhandwerk entwickelte sich später durch Basteltrieb und Erfindergeist die Herstellung von Spielwaren und Weihnachtsschmuck an verschiedenen Standorten wie Olbernhau, Seiffen und Grünhainichen (Bild 7). Das Uhrengewerbe war in Glashütte heimisch geworden; der Musikwinkel des Vogtlands um Markneukirchen und Klingenthal – unter dem Einfluß böhmischer Exulanten entstanden – errang im 20. Jahrhundert Weltgeltung.

Erst an der Wende zum 19. Jahrhundert setzte der Übergang zur Massenfertigung verstärkt ein, löste sich das Gewerbe von den heimischen Rohstoffen zusehends: Sachsen wächst zur ersten Industrieregion Deutschlands heran. Die Vielzahl billiger Arbeitskräfte schuf die wichtigste Voraussetzung für die Industriewirtschaft der Gegenwart. Sie hatte ihre Standorte freilich nicht allein im Gebirge, sondern besetzte mehr und mehr auch das verkehrsgünstig gelegene Vorland. Vor allem hier siedelten sich in der Hochindustrialisierungsphase bis zum Ersten Welt-

Bild 6:
Schloß Moritzburg

stet als andere deutsche Länder in die moderne Zeit, die spätestens Anfang des 19. Jahrhunderts mit der Industrialisierung begann. Der erneute Umschwung kündigte sich durch das starke Bevölkerungswachstum außerhalb der Städte, vor allem im gewerblich durchdrungenen Erzgebirge, mit aller Heftigkeit an und forderte wirtschaftliche Umstellungen heraus.

krieg neben Klein- und Mittelbetrieben auch Großbetriebe an. Namentlich zwischen Chemnitz und Zwickau, Limbach und Aue wächst eine bedeutende Textilindustrie mit ihren Zweigen Spinnerei, Wirkerei, Weberei, Bleicherei, Färberei und Druckerei heran. Die Herstellung von Strümpfen, Handschuhen, Möbelstoffen, Trikotagen u.v.a.m. konzentriert sich auf jeweils verschiedene örtliche Schwerpunkte und wird durch Firmen wie ARWA

Bild 7: Spielwaren und Weihnachtsschmuck aus dem Erzgebirge (aus: W. WEIDLICH [Hrsg.], Chemnitz, Frankfurt/M. 1975)

Bild 8: Strumpffabrik Tauscher in Oberlungwitz

oder ELBEO weltbekannt (Bild 8). Gleichzeitig bauen sächsische Unternehmer eine vielseitige Maschinenindustrie auf. Sie steht zunächst im Dienst des Textilgewerbes, verselbständigt und spezialisiert sich aber bald. Die Firmennamen Wanderer, DKW, Horch/Audi – später zur Autounion zusammengeschlossen – oder Diamant, Hartmann u.a. sind Symbole für die Produktion von Schreibmaschinen, Fahrrädern, Motorrädern, Kraftfahrzeugen bis hin zu Lokomotiven. Das wichtigste Industriezentrum jener Zeit wird Chemnitz, als „deutsches Manchester" gelobt, als „Rußchemnitz" verschrien (Bild 9). Daneben entsteht in den beiden anderen Großstädten eine Veredelungsindustrie mit breitem Branchenspektrum, in der Residenzstadt Dresden beispielsweise die Foto-Optik, die Zigaretten- und Parfumherstellung, in der Handels- und Messestadt Leipzig das Verlags- und Druckgewerbe und die Pelzverarbeitung neben einer bedeutenden Maschinenindustrie.

Im Tiefland des Nordwestens sind die Vorbedingungen für die moderne wirtschaftliche Entwicklung anders. Territorialgrenzen, fehlende handwerkliche Tradition und agrarische Orientierung verursachen eine lange Stagnationsphase, bis sich im Industriezeitalter endlich die natürlichen Standortvorteile durchsetzen können, die der alte Handelsplatz Leipzig seit dem Hochmittelalter für sich genutzt hatte. Die zentrale Lage in Mitteldeutschland und die reichen Rohstoffvorkommen von Braunkohle, Stein- und Kalisalz bilden die Basis für die kapitalintensive Großindustrie von vornherein. Seit 1890, nachdem im Meu-

Bild 9:
Färberei Hermsdorf, Chemnitz um 1910
(aus: W. WEIDLICH [Hrsg.], Chemnitz, Frankfurt/M. 1975)

selwitzer Revier bei Altenburg der Großabbau der Braunkohle als energetischer Grundlage begonnen hatte, nimmt sie im Raum Leipzig – Halle – Bitterfeld ihren Aufschwung. Hauptabnehmer ist zuerst die auf Braunkohle-Basis entstandene Zuckerindustrie in der Magdeburger Börde und den angrenzenden Gunsträumen. Die Großchemie, in der Hand bekannter Konzerne, zieht im 20. Jahrhundert ein und stampft die Standorte von Leuna und Buna bei Merseburg oder (Agfa-)Wolfen bei Bitterfeld mit Beschäftigtenzahlen von jeweils einigen Zehntausend aus dem Boden. Eine breite Produktpalette verteilt sich auf Köthen, Wittenberg, Coswig, Bitterfeld, Delitzsch und andere Städte, wo Chemiefasern, Montanwachs, Mineralöle, Treibstoff, Plastik, Filme, Pharmazeutika, Asbest, Dünge- und Waschmittel, Seifen, Lacke, Farben, Soda – teilweise auf Grund neuer Erfindungen (Ammoniak- und Kautschuksynthese) – hergestellt werden. Zugleich schießen Maschinenfabriken großen Stils empor; in Dessau wird ein bedeutendes Waggonwerk geschaffen. Aber auch die Elektroindustrie hält an mehreren Plätzen Einzug.

Im 20. Jahrhundert wird das Wirtschaftsleben Sachsens somit endgültig durch die Industrie geprägt, die Landwirtschaft in eine randliche Position gedrängt. Selbstverständlich geht diese Hochphase mit einem völligen Umbruch in der Bevölkerungs-, Sozial- und Siedlungsstruktur einher. Es bilden sich echte Industriegebiete heraus, die Räume starker Zuwanderung und Bevölkerungskonzentration werden. Die drei Verdichtungsgebiete Westsachsen (mit dem Osten Thüringens), der Halle-Leipziger Raum (größtenteils nun zur preußischen Provinz Sachsen gehörend) und das Elbetal bei Dresden formieren sich mit Werten von 400–500 Einw./km^2 früher als die Ballungsräume an Rhein und Ruhr.

Der soziale Wandel schreitet rasch voran. Die Industriepole und ein verbessertes (Eisenbahn-)Verkehrsnetz fördern die Mobilität der Menschen, die dichte Verteilung der Industriestandorte begünstigt die Nahpendelei von Männern und Frauen; im generativen Verhalten wird die „industrielle Bevölkerungsweise" sichtbar. Andererseits zeigen sich die negativen Folgen einer „Überindustrialisierung" allenthalben. Die menschliche Arbeitskraft wird bis zum äußersten strapaziert, die rauchenden Schlote in fast jeder größeren Siedlung setzen die Lebensqualität herab. Urlaub und Erholung kennen nur wenige, Sozialfürsorge und -versicherung stecken noch in den Anfängen. So bringt der „Manchester-Kapitalismus" die schnelle Proletarisierung des ungestüm wachsenden Arbeitertums hervor. Nicht grundlos sind in Sachsen die Anfänge der Arbeiterbewegung Deutschlands zu finden; schon bei der Reichstagswahl 1877 wählen zwischen Chemnitz und Greiz mehr als 50% SPD, und für die Nationalversammlung 1919 erreicht die USPD/KPD u.a. in der Leipziger Tieflandsbucht die absolute Mehrheit. Von einem breiten Wohlstand kann noch nicht die Rede sein, wohl aber von wirtschaftlicher Blüte.

Nicht zuletzt ändert sich auf Grund der geschilderten sozioökonomischen Prozesse die Siedlungsstruktur grundlegend. Aus Dörfern mit landwirtschaftlich-gewerblicher Prägung werden jetzt Arbeiterwohngemeinden und Industrie-Städte; die Waldhufensiedlungen des Südens verdichten sich dabei zu Straßensiedlungen (Abbildung 7a/b). In Westsachsen entstehen regelrechte Industriegassen mit neuen vielstöckigen Fabrikgebäuden und Werkssiedlungen. Viele Kleinstädte werden Mittelstädte, und aus manchen Mittelstädten gehen Großstädte hervor. Unmittelbar vor dem 2. Weltkrieg zählen Leipzig 714.000, Dresden 632.000, Chemnitz 350.000 Einwohner, Zwickau und Plauen streifen die 100.000er Grenze. Sie wachsen einerseits aus eigener Kraft, andererseits durch Eingemeindungen (Abbildung 8). Neue Ideen brechen sich dabei Bahn: So wird in Dresden-Hellerau die erste Gartenstadt Deutschlands ins Leben gerufen. Es verwischt sich der Gegensatz von Stadt und Land immer mehr; spätestens in den dreißiger Jahren tritt in Sachsen an seine Stelle das Stadt-Land-Kontinuum. Der typische Sachse ist am Ende der Entwicklung ein Städter.

Selbstverständlich bleibt der Strukturwandel nicht ohne Einfluß auf die Landwirtschaft. Die größere Bevölkerungszahl bedeutet einen neuen Markt. Die gut geeigneten Standorte erhalten Auftrieb; durch Technisierung wird der Ertrag gesteigert. Die letzten größeren Waldgebiete in Nordsachsen werden gerodet, so daß die Feldfluren der Gemarkungen jetzt unmittelbar aneinanderstoßen. Auf den besten Böden breiten sich Industriekulturen wie die Zuckerrübe immer mehr aus. Unterdessen wird in den ungünstigen Höhengebieten die agrarische Nutzung fast vollständig aufgegeben oder sie sinkt zum wenig rentablen Nebenerwerb herab.

Diese stürmische wirtschaftliche Entwicklung Sachsens mit allen Vor- und Nachteilen für seine Landschaft und seine Menschen bricht auf ihrem Höhepunkt plötzlich ab. Die Jahre 1939 bzw. 1945 markieren das jähe Ende des „alten Sachsens" und leiten den grausamen Niedergang ein, den sechs Jahre Krieg und mehr als 40 Jahre Sozialismus hervorgerufen haben. Der Vortrag kann nicht beendet werden, ohne diese wichtigen Einschnitte wenigstens stichwortartig zu streifen und ohne eine Zukunftsvision zu geben.

7 40 Jahre Sozialismus

Wie war die Ausgangslage Sachsens nach dem Krieg? Alle großen Städte und damit die wichtigsten Industriestandorte mußten unter beträchtlichen Kriegsschäden leiden. Zugleich bedeuteten die Reparationsleistungen für die sowjetische Besatzungsmacht die Demontage ganzer Industriebranchen. Eine Auslandshilfe wie durch den Marshall-Plan im Westen Deutschlands stand nicht zur Verfügung. Die starke Abwanderung, besser gesagt, die Massenflucht der Menschen nach Westen beeinträchtigten, ja verhinderten den Wiederaufbau der zerstörten Städte und Fabriken empfindlich; die häßlichen Baulücken und große Kahlschläge, selbst in den Innenstädten, erinnern uns bis zum heutigen Tag an diese schlimme Zeit.

Die Prinzipien des Sozialismus, welche die Ostberliner Regierung zu verwirklichen trachtete, verstärkten die desolate Situation. Die hehren Ziele der SED-Diktatur waren die Abschaffung des Privateigentums, die Kollektivierung der Landwirtschaft (Bild 10), die Kombinatsbildung in Industrie und Bergbau, die zentrale Kommandowirtschaft, die Produktion von billiger Massenware für den Eigenbedarf und den Ostblock und – als Folge der Fluchtbewegung – die Einschränkung der persönlichen Freiheit. Die logischen Konsequenzen der Planwirtschaft sind Überschuß und Mangel zugleich gewesen, weil die Steuerung durch den Markt fehlte; durch nivellierte Entlohnung gab es keinen Leistungsanreiz, die Verantwortlichkeit des Einzelnen war nicht gefragt; die gezielte Überbeschäftigung verdeckte die tatsächlichen Verhältnisse auf dem Arbeitsmarkt; das Kapital für Investitionen fehlte mangels Devisen; schließlich herrschte die nahezu totale Kontrolle der Menschen durch den Staatssicherheitsdienst.

Noch heute erleben wir die Folgen des sozialistischen Systems handgreiflich. So tritt uns z.B. überall die herabgekomme-

Abbildung 7: Altchemnitz: Von der Waldhufensiedlung zur Industrievorstadt (aus: Karl-Marx-Stadt; Berlin 1979, Werte unserer Heimat Bd. 33)
a: 1840   *b: 1976*

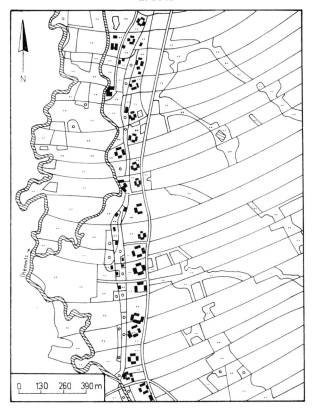
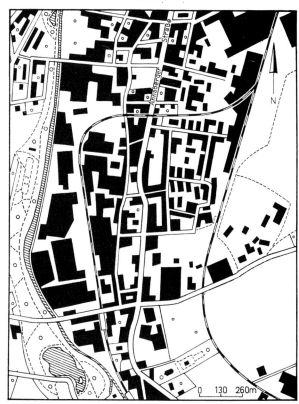

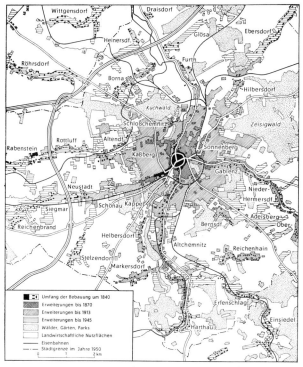

Abbildung 8: Die Industriegroßstadt Chemnitz 1945 (Quelle wie Abbildung 7)

ne Bausubstanz der Städte entgegen, die öden Plattenbau-Hochhaussiedlungen verunzieren jede Stadt (Bild 11). Die Altlasten von Industrie und Bergbau, namentlich des erst unter sowjetischer Ägide entstandenen Uran-Bergbaus im Westerzgebirge, und – als schweres Erbe der DDR-Zeit – die Gleichgültigkeit vieler Menschen, ihr anhaltendes Mißtrauen gegenüber allem und jedem und der fehlende Glaube an die Zukunft hemmen den wirtschaftlichen Aufschwung in der Gegenwart.

Für unsere Frage nach der räumlichen Struktur Sachsens bleibt am Ende der DDR-Zeit gleichwohl festzuhalten, daß sich an der alten, bis in die dreißiger Jahre herausgebildeten Raumdifferenzierung – von wenigen Ausnahmen abgesehen – grundsätzlich nichts geändert hat. Stagnation trotz vieler Anstrengungen ist das bedrückende Ergebnis der unseligen Epoche des Sozialismus, zumal im Süden der DDR, der zugunsten Berlins und des Nordens immer zurückstehen mußte. Tiefgreifende Wandlungen stehen erst jetzt, nach Währungsunion und Wiedervereinigung, bevor. Sie sind noch kaum zu fassen, so daß ein paar plakative Schlußbemerkungen genügen müssen.

8 Die Wende 1989/90

Die positive Seite der jüngsten politischen Ereignisse sind aus unserer Sicht die wiedergewonnene persönliche Freiheit, die Wiederherstellung des Privateigentums und die Einführung der sozialen Marktwirtschaft, d.h. von fundamentalen, neuerdings „Strukturbruch" genannten Veränderungen, die für jedermann gleichsam über Nacht gekommen sind (Bild 12). Ihre sozioökonomische Kehrseite wird erst nachträglich sichtbar: Die Men-

Bild 10:
„Erntebrigade" in der Lommatzscher Pflege

Bild 11:
Die Chemnitzer Innenstadt nach dem „sozialistischen Aufbau" (1972)

Bild 12:
Westliches Warenangebot auf dem Markt in Klingenthal nach der Währungsunion (1990)

schen, die bislang am Gängelband des Staates hingen, müssen – nach sozialistischer Erziehung über mehr als eine Generation – Eigenverantwortung und Selbständigkeit lernen; der bürokratische Prozeß der Eigentumsübertragung verzögert die notwendige Bereitstellung von Kapital; zusammen mit dem Wegfall des Osthandels und der Konfrontation mit dem Weltmarkt fördern solche Hemmnisse die Arbeitslosigkeit ungemein.

Schauen wir auf die von uns behandelten Wirtschaftssektoren, so ist der Umbau der Landwirtschaft, die Reprivatisierung der LPGs, in Sachsen – aufs Ganze gesehen – von geringem Belang. Um so folgenreicher sind freilich Niedergang und Auf-

Wer den Wirtschaftsteil der Tageszeitungen aufmerksam liest und die Vielzahl der Betriebsneugründungen in Sachsen zur Kenntnis nimmt, wird nicht mehr so pessimistisch sein wie noch vor Jahresfrist. Zwar dominieren die Neueinrichtungen des tertiären Sektors solche des produktiven Gewerbes noch deutlich, wie es die zahlreichen neuen Großmärkte und Einkaufsparks an den Ortsrändern jeder größeren Gemeinde – allerdings mit sträflichem Flächen„verbrauch" – zeigen, währenddessen das Ortsinnere einschließlich seiner Industrieruinen verödet. Und nur das Baugewerbe darf im Augenblick für Jahrzehnte mit einer sicheren Konjunktur rechnen (Bild 13).

Bild 13:
Bauliche Erneuerung in einer Kleinstadt: Hohenstein-Ernstthal (1994)

gabe des Bergbaus. Hier geht es heute nur noch um die Beseitigung der Altlasten, d.h. um die Bewältigung der schlimmsten Umweltschäden. Noch schlechter stellt sich die aktuelle Situation für die ehedem hochentwickelte sächsische Industrie dar. Die „Erhaltung der industriellen Kerne" – d.i. die Großchemie im Nordwesten – wird trotz beträchtlichen Kapitalbedarfs und mancher Rückschläge – wie z.B. in Leuna – politisch garantiert. Aus guten Gründen setzt sich aber bisher niemand für die sterbende Textilindustrie ein. 1990 beschäftigte die gesamte ostthüringisch-westsächsische Textilbranche einschließlich jener der Oberlausitz rund 300.000 Arbeitskräfte, im Sommer 1993 waren es noch 29.000. Es besteht die große Gefahr, daß eine ganze Industrieregion zusammenbricht, wenn kein struktureller Anpassungsprozeß erfolgt, z.B. kein Ersatz der Massenproduktion durch Qualitätsware erreicht wird oder sich keine Aussichten auf andere Erwerbsmöglichkeiten, z.B. in einem modernisierten tertiären Wirtschaftssektor, abzeichnen.

Natürlich gibt es hoffnungsvolle Ansätze. Einerseits sind es die Investoren aus den alten Ländern, denen z.B. neue große Werke in Mosel bei Zwickau (Volkswagen) und Dresden (Siemens) zu verdanken sind, oder alteingesessene Firmen, die enteignet worden waren und nun wieder in die Heimat zurückkehren und Filialbetriebe errichten. Noch wichtiger ist aber, daß der Unternehmensgeist einer heimischen Schicht von Geschäftsleuten wiederersteht, die sich auf die traditionellen sächsischen Gewerbetugenden besinnt. Ein solcher Lichtblick ist z.B. die Herstellung des ersten FCKW-freien Kühlschranks im erzgebirgischen Niederschmiedeberg.

Aber die Zeit heilt alle Wunden. Was jetzt Not tut, ist einerseits große Geduld bei unseren sächsischen Landsleuten, andererseits eben so große Hilfsbereitschaft bei uns. Sachsen sollte durch den traditionellen Fleiß und die ungebrochene Flexibilität seiner fast fünf Millionen Menschen als eine dynamische Wirtschaftsregion unter neuen, vor allem sozialen und ökologischen Vorzeichen eine sichere Zukunft haben. Ich wünsche meiner Heimat auf diesem steinigen Weg dorthin viel Glück. Mögen die Sachsen – wie wir alle schon seit Jahrzehnten – die wiedergewonnene Freiheit schätzen lernen und bald auch unbeschwert genießen können!

Literatur

Atlas Deutsche Demokratische Republik (1978–1981). – Gotha, Leipzig.

AUBIN, G. (1924): Entwicklung und Bedeutung der mitteldeutschen Industrie. – o.O. (Beitr. z. mitteldt. Wirtschaftsgeschichte, 1).

Autorenkollektiv (o.J.): Ökonomische Geographie der Deutschen Demokratischen Republik. Band 1: Bevölkerung, Siedlungen, Wirtschaftsbereiche. – 3. Aufl. Gotha, Leipzig.

BLASCHKE, K. (1967): Bevölkerungsgeschichte von Sachsen bis zur industriellen Revolution. – Weimar.

– (1973): Studien zur Frühgeschichte des Städtewesens in Sachsen. – In: Mitteldeutsche Forschungen 74, S. 333–381.

– (1989): Die geschichtliche Leistung der Wettiner. – In:

Sächs. Heimatblätter, Heft 5, S. 197–204.
- (1990): Geschichte Sachsens im Mittelalter. – München.
BRAMER, H., HENDL, M., MARCINEK, J., NITZ, B., RUCHOLZ, K. u. S. SLOBODDA (1991): Physische Geographie. Mecklenburg-Vorpommern, Brandenburg, Sachsen-Anhalt, Sachsen, Thüringen. – Gotha.
DIETRICH, R. (1980): Das Städtewesen Sachsens an der Wende von Mittelalter zur Neuzeit. – In: W. RAUCH (Hrsg.), Die Stadt an der Schwelle zur Neuzeit. – Linz/Donau, S. 193–226.
ECKART, K. (1984): DDR. – 2. Aufl. Stuttgart (Klett Länderprofile).
GERLACH, S. (Hrsg.) (1993): Sachsen. Eine politische Landeskunde. – Stuttgart, Berlin, Köln (Schriften zur politischen Landeskunde Baden-Württembergs, 22).
GOHL, D. (1986): Deutsche Demokratische Republik. Eine aktuelle Landeskunde. – Frankfurt/Main (Fischer Taschenbuch, 6296).
GOLDSCHMIDT, J. (1950): Das Klima von Sachsen. – Berlin.
GRUNDMANN, L. u.a. (1992): Sachsen. Kleine Landeskunde. – Braunschweig.
HECKMANN, H. (Hrsg.) (1990): Sachsen. Historische Landeskunde Mitteldeutschlands. – Würzburg.
HIGOUNET, Ch. (1990): Die deutsche Ostsiedlung im Mittelalter. – München (dtv 4540).
KÖTZSCHKE, R. (1953): Ländliche Siedlung und Agrarwesen in Sachsen. – Remagen (Forschungen z. dt. Landeskde., 77).
KÖTSCHKE, R. u. H. KRETZSCHMAR (1935): Sächsische Geschichte. – Dresden (Neudruck Frankfurt/Main 1965).
KOHL, H., MARCINEK, J. u. B. NITZ (1981): Geographie der DDR. – Leipzig.
KRATZSCH, K. (1972): Bergstädte des Erzgebirges. Städtebau und Kunst zur Zeit der Reformation. – München, Zürich (Münchner Kunsthistorische Abhandlungen, IV).
LEIPOLDT, J. (1936): Die Flurformen Sachsens. – In: Peterm. Geogr. Mitt. 82, S. 341–345.
LUDAT, H. (Hrsg.) (1960): Siedlung und Verfassung der Slawen zwischen Elbe, Saale und Oder. – Gießen.
MÜLLER, K. (1975): Die mitteldeutsche Landwirtschaft 1945–1974. Ein agrar-sozialgeographischer Beitrag zu ihrem Strukturwandel. – Berlin.
NEEF, E. (1960): Die naturräumliche Gliederung Sachsens. – In: Sächs. Heimatblätter 6, S. 219–228, 321–333, 409–422, 472–483 u. 565–579.
PIETZSCH, K. (1962): Abriß der Geologie von Sachsen. – 3. Aufl. Berlin.
RICHTER, H. u.a. (1993): Die Naturräume Sachsens. – Trier (Forschungen z. dt. Landeskde., 237).
RÖLLIG, G. (1928): Wirtschaftsgeographie Sachsens. – Leipzig.
SCHLESINGER, W. (Hrsg.) (1965): Sachsen. – Stuttgart (Handbuch d. historischen Stätten Deutschlands, 8). *Ausführliches Literaturverzeichnis!*
- (1971): Die mittelalterliche Ostsiedlung im Herrschaftsraum der Wettiner und Askanier. – In: Deutsche Ostsiedlung in Mittelalter und Neuzeit. – Köln, Wien, S. 44–64 (Studien zum Deutschtum im Osten, 8).
SCHLÜTER, O. (1929): Die frühgeschichtlichen Siedlungsflächen Mitteldeutschlands. – Berlin, S. 138–154 (Beiträge z. Landeskde. Mitteldeutschlands).
SCHLÜTER, O. u. O. AUGUST (1959–1961): Atlas des Saale- und mittleren Elbegebietes. – 2. Aufl. Leipzig.
SCHÖLLER, P. (1967): Die deutschen Städte. – Wiesbaden (Erdkundl. Wissen, 17).
Taschenatlas DDR (1990): Geographie, Geschichte, Politik. – Braunschweig.
VOPPEL, K. (1941): Das Landschaftsbild des Erzgebirges unter dem Einfluß des Bergbaus. – In: Wiss. Veröff. d. Museums f. Länderkde. zu Leipzig, N.F. 9, Leipzig, S. 3–101.
WAGENBRETH, O. u. W. STEINER (1982): Geologische Streifzüge. Landschaft und Erdgeschichte zwischen Kap Arkona und Fichtelberg. – Leipzig.
WAGENBRETH, O. u. E. WÄCHTLER (Hrsg.) (1990): Bergbau im Erzgebirge. – Leipzig.
Werte der deutschen/unserer Heimat (1957 ff.) Ergebnisse der heimatkundlichen Bestandsaufnahme in der DDR. – Berlin (diverse Bände).
WILDT, D. (1965): Deutschland deine Sachsen. – Hamburg.
ZEMMRICH, J. (1923): Landeskunde von Sachsen. – Leipzig (Neudruck Berlin 1991).

PASSAUER SCHRIFTEN ZUR GEOGRAPHIE
Herausgegeben von der Universität Passau durch Klaus Rother
Schriftleitung: Ernst Struck

Heft 1
Ernst STRUCK
Landflucht in der Türkei.
Die Auswirkungen im Herkunftsgebiet – dargestellt an einem Beispiel aus dem Übergangsraum von Inner- zu Ostanatolien (Provinz Sivas).
1984. 136 Seiten, DIN A4 broschiert, 30 Abbildungen, 16 Tabellen und 10 Bilder. Summary, Sonuç.
(vergriffen)

Heft 2
Johann-Bernhard HAVERSATH
Die Agrarlandschaft im römischen Deutschland der Kaiserzeit (1.–4. Jh. n. Chr.).
1984. 114 Seiten, DIN A4 broschiert, 19 Karten und 5 Abbildungen. Summary.
(vergriffen)

Heft 3
Johann-Bernhard HAVERSATH & Ernst STRUCK
Passau und das Land der Abtei in historischen Karten und Plänen.
1986. 18 und 146 Seiten, DIN A4 broschiert, 30 Tafeln und eine Karte.
DM 38,–. ISBN 3-922016-67-7

Heft 4
Herbert POPP (Hrsg.)
Geographische Exkursionen im östlichen Bayern.
1987. 188 Seiten, DIN A4 broschiert, 103 Abbildungen.
DM 28,–. ISBN 3-922016-69-3
(unveränderte Neuauflage 1991)

Heft 5
Thomas PRICKING
Die Geschäftsstraßen von Foggia (Süditalien).
1988. 72 Seiten, DIN A4 broschiert, 28 Abbildungen (davon 19 Farbkarten), 23 Tabellen und 8 Bilder. Summary, Riassunto.
DM 29,80. ISBN 3-922016-79-0

Heft 6
Ulrike HAUS
Zur Entwicklung lokaler Identität nach der Gemeindegebietsreform in Bayern.
Fallstudien aus Oberfranken.
1989. 118 Seiten, DIN A4 broschiert, 79 Abbildungen (davon 10 Farbtafeln), 58 Tabellen und 11 Bilder. Summary.
DM 29,80. ISBN 3-922016-89-8

Heft 7
Klaus ROTHER (Hrsg.)
Europäische Ethnien im ländlichen Raum der Neuen Welt.
Kolloquium des „Arbeitskreises Bevölkerungsgeographie" in Passau am 12./13. November 1988.
1989. 134 Seiten, DIN A4 broschiert, 56 Abbildungen, 22 Tabellen und 10 Bilder. Summaries.
DM 28,–. ISBN 3-922016-90-1

Heft 8
Andreas KAGERMEIER
Versorgungsorientierung und Einkaufsattraktivität.
Empirische Untersuchungen zum Konsumentenverhalten im Umland von Passau.
1991. 121 Seiten, DIN A4 broschiert, 20 Abbildungen und 81 Tabellen. Summary.
DM 32,–. ISBN 3-922016-97-9

Heft 9
Roland HUBERT
Die Aischgründer Karpfenteichwirtschaft im Wandel.
Eine wirtschafts- und sozialgeographische Untersuchung.
1991. 76 Seiten, DIN A4 broschiert, 19 Abbildungen (davon 4 Farbbeilagen), 19 Tabellen und 11 Bilder. Summary.
DM 32,–. ISBN 3-922016-98-7

Heft 10
Herbert POPP (Hrsg.)
Geographische Forschungen in der saharischen Oase Figuig.
Beiträge zur Physischen Geographie und zur Wirtschafts- und Sozialgeographie einer traditionellen Bewässerungsinsel im Südosten Marokkos.
1991. 186 Seiten, DIN A4 broschiert, 73 Abbildungen (davon 18 Farbbeilagen), 14 Tabellen und 27 Bilder.
DM 49,80. ISBN 3-922016-99-5

Heft 11
Ernst STRUCK
Mittelpunktssiedlungen in Brasilien.
Entwicklung und Struktur in drei Siedlungsräumen Espirito Santos.
1992. 174 Seiten, DIN A4 broschiert, 55 Abbildungen (davon 6 Farbkarten), 37 Tabellen und 20 Bilder. Summary, Resumo.
DM 49,80. ISBN 3-86036-003-5

Heft 12
Armin RATUSNY
Mittelalterlicher Landesausbau im Mühlviertel / Oberösterreich.
Formen, Verlauf und Träger der Besiedlung vom 12. bis zum 15. Jahrhundert.
1994. 147 Seiten, DIN A4 broschiert, 61 Abbildungen, 4 Tabellen und 32 Bilder. Summary.
DM 55,–. ISBN 3-86036-013-2

Heft 13
Herbert POPP & Klaus ROTHER (Hrsg.)
Die Bewässerungsgebiete im Mittelmeerraum.
Tagung des „Arbeitskreises Mittelmeerländer-Forschung" in Passau am 30. April und 1. Mai 1992.
1993. 195 Seiten, DIN A4 broschiert, 76 Abbildungen (davon 6 Farbkarten), 38 Tabellen und 26 Bilder. Summaries, Résumés.
DM 69,–. ISBN 3–86036–011–6

Heft 14
Johann-Bernhard HAVERSATH
Die Entwicklung der ländlichen Siedlungen im südlichen Bayerischen Wald.
1994. 228 Seiten, DIN A4 broschiert, 77 Abbildungen, 30 Tabellen und 19 Bilder. Summary, Český sourhn.
DM 69,80. ISBN 3–86036–017–5

PASSAUER KONTAKTSTUDIUM ERDKUNDE

Band 1
Herbert POPP (Hrsg.)
Probleme peripherer Regionen.
1987. 157 Seiten, DIN A4 broschiert, 76 Abbildungen, 37 Tabellen, 34 Fotos und 7 Materialien.
DM 32,80. ISBN 3–924905–17–7

Band 2
Johann-Bernhard HAVERSATH & Klaus ROTHER (Hrsg.)
Innovationsprozesse in der Landwirtschaft.
1989. 151 Seiten, DIN A4 broschiert, 42 Abbildungen, 24 Tabellen, 43 Bilder und Materialien.
DM 29,80. ISBN 3–922016–93–6

Band 3
Ernst STRUCK (Hrsg.)
Aktuelle Strukturen und Entwicklungen im Mittelmeerraum.
1993. 110 Seiten, DIN A4 broschiert, 48 Abbildungen, 16 Tabellen, 29 Bilder und Materialien.
DM 29,80. ISBN 3–86036–009–4

Band 4
Klaus ROTHER (Hrsg.)
Mitteldeutschland – gestern und heute.
1995. 104 Seiten, DIN A4 broschiert, 55 Abbildungen, 22 Tabellen, 20 Bilder und Materialien.
ISBN 3–86036–024–8.

PASSAUER UNIVERSITÄTSREDEN

Heft 7
Klaus ROTHER
Der Agrarraum der mediterranen Subtropen.
Einheit oder Vielfalt?
Öffentliche Antrittsvorlesung an der Universität Passau – 15. Dezember 1983.
1984. 28 Seiten, DIN A5 geheftet, 8 Abbildungen, 13 Bilder.
DM 7,50. ISBN 3–922016–45–6

PASSAUER MITTELMEERSTUDIEN
Herausgegeben vom Arbeitskreis zur Erforschung der Mittelmeerländer

Heft 1
Klaus DIRSCHERL (Hrsg.)
Die italienische Stadt als Paradigma der Urbanität.
1989. 164 Seiten, 16x 24 cm broschiert, 7 Abbildungen und eine Tabelle.
DM 24,80. ISBN 3-922016-86-3

Heft 2
Klaus ROTHER (Hrsg.)
Minderheiten im Mittelmeerraum.
1989. 168 Seiten, 16 x 24 cm broschiert, 19 Abbildungen, 3 Tabellen und 12 Bilder.
(vergriffen)

Heft 3
Hermann H. WETZEL (Hrsg.)
Reisen in den Mittelmeerraum.
1991. 282 Seiten, 16 x 24 cm broschiert, 11 Abbildungen und 24 Bilder.
DM 34,–. ISBN 3-86036-001-9

Heft 4
Hans-Jürgen LÜSEBRINK (Hrsg.)
Nationalismus im Mittelmeerraum.
1994. 166 Seiten, 16 x 24 cm broschiert.
DM 34,–. ISBN 3-86036-014-0

Heft 5
Herbert POPP (Hrsg.)
Das Bild der Mittelmeerländer in der Reiseführer-Literatur.
1994. 154 Seiten, 16 x 24 cm broschiert, 12 Abbildungen, 2 Tabellen und 28 Bilder (davon 14 in Farbe). Summaries, Résumés.
DM 34,–. ISBN 3-86036-015-9

Heft 6
Machiel KIEL & Friedrich SAUERWEIN
Ost-Lokris in türkischer und neugriechischer Zeit (1460–1981).
1994. 130 Seiten, 16 x 24 cm broschiert, 20 Abbildungen, 2 Tabellen und 27 Anlagen (davon 18 im Anhang). Summary.
DM 38,–. ISBN 3-86036-021-3

MAGHREB-STUDIEN
(bis Heft 3: Passauer Mittelmeerstudien, Sonderreihe)
Herausgegeben von Herbert Popp

Heft 1
Abdellatif BENCHERIFA & Herbert POPP (Hrsg.)
Le Maroc: espace et société.
Actes du colloque maroco-allemand de Passau 1989.
1990. 286 Seiten, DIN A4 broschiert, 38 Abbildungen, 63 Tabellen und 32 Fotos.
DM 49,80. ISBN 3-922016-94-4

Heft 2
Abdellatif BENCHERIFA & Herbert POPP
L'oasis de Figuig. Persistance et changement.
1990. 110 Seiten, DIN A4 broschiert, 18 Farbkarten, 26 Abbildungen und 10 Tabellen.
DM 49,80. ISBN 3-922016-95-2

Heft 3
Hubert LANG
Der Heiligenkult in Marokko. Formen und Funktionen der Wallfahrten.
1992. 235 Seiten, DIN A4 broschiert, 53 Abbildungen und 3 Tabellen.
DM 49,80. ISBN 3-86036-006-X

Heft 4
Herbert POPP (Hrsg.)
Die Sicht des Anderen – Das Marokkobild der Deutschen, das Deutschlandbild der Marokkaner.
Referate des deutsch-marokkanischen Symposiums in Rabat, November 1993.
1994. 268 Seiten, DIN A4 broschiert, 75 Abbildungen (davon 2 in Farbe) und 17 Tabellen.
DM 59,80. ISBN 3-86036-018-3

Heft 5
Abdellatif BENCHERIFA, Mohamed BERRIANE, Hans HOPFINGER, Andreas KAGERMEIER & Herbert POPP
REMIGRATION NADOR I:
Regionalanalyse der Provinz Nador (Marokko) – Analyse régionale de la Province de Nador (Maroc).
1995. ca. 150 Seiten, DIN A4 broschiert, Abbildungen (davon z.T. in Farbe) und Tabellen.
ISBN 3–86036–022–1   (*im Druck*)

Heft 6
Andreas KAGERMEIER
REMIGRATION NADOR II:
Der tertiäre Sektor im ländlichen Raum der Provinz Nador (Marokko) unter dem Einfluß der Arbeitsmigration – Le secteur tertiaire en milieu rural de la Province de Nador (Maroc) et les effets de l'émigration du travail.
1995. 280 Seiten, DIN A4 broschiert, 94 Abbildungen (davon 6 Farbbeilagen), 12 Photos und 14 Tabellen.
ISBN 3–86036–023–X

Heft 7
Abdellatif BENCHERIFA & Herbert POPP
REMIGRATION NADOR III:
Landwirtschaftliche Entwicklung in der Provinz Nador (Marokko) unter dem Einfluß der Arbeitsmigration – Le développement agricole dans la Province de Nador (Maroc) et les effets de l'émigration du travail.
1996. ca. 150 Seiten, DIN A4 broschiert, Abbildungen (davon z.T. in Farbe) und Tabellen.
(*in Druckvorbereitung*)

Passavia Universitätsverlag GmbH Passau
Vornholzstraße 40, D–94036 Passau